Felix Weingartner

Akkorde

SEVERUS

Weingartner, Felix: Akkorde
Hamburg, SEVERUS Verlag 2014

ISBN: 978-3-86347-951-0
Druck: SEVERUS Verlag, Hamburg, 2014
Nachdruck der Originalausgabe von 1912

Der SEVERUS Verlag ist ein Imprint der Diplomica Verlag GmbH.

Bibliografische Information der Deutschen Nationalbibliothek:
Die Deutsche Nationalbibliothek verzeichnet diese Publikation in der Deutschen Nationalbibliografie; detaillierte bibliografische Daten sind im Internet über http://dnb.d-nb.de abrufbar.

AKKORDE

GESAMMELTE
AUFSÄTZE

VON

FELIX WEINGARTNER

SEVERUS

INHALT

Eine Begegnung mit einer Zeitgenossin Beethovens.

Als ich im Frühjahr 1898 zum ersten Male in Brüssel dirigierte, wurde mir von einer über neunzig Jahre alten Dame erzählt, die Beethoven noch gekannt habe. Man versprach mir, mich ihr im Konzert vorzustellen. Leider war sie durch Unwohlsein am Erscheinen verhindert und ich mußte scheiden, ohne die interessante Bekanntschaft gemacht zu haben. Das Jahr darauf kam ich wieder nach Brüssel, und meine erste Frage war, ob Frau Grebner, so war der Name der Dame, noch lebe. Auf die erfreulicherweise bejahende Antwort hin beschloß ich, sie zu besuchen. Am nächsten Tage wurde ich auf der Probe durch die Nachricht überrascht, Frau Grebner sei da und wünsche mich zu sprechen. Die liebenswürdige Greisin hatte von der Absicht meines Besuches gehört und war mir zuvorgekommen. Ich fand eine trotz ihres hohen Alters rüstige Persönlichkeit, die lebhaft und klar in unverfälschtem Wiener Dialekt sprach. Ihre Tochter, die Brüsseler Gesangslehrerin Frau v. Vogri, eine ebenfalls schon bejahrte Dame, hatte sie begleitet. Frau Grebner erzählte nun mir und einigen andern andachtsvoll Zuhörenden, daß sie die erste Aufführung der Neunten Symphonie im Sopran mitgesungen habe. Beethoven befand sich, um hören zu können, so gut es sein Leiden erlaubte, schon bei allen Proben mitten unter den Ausführenden. Er hatte ein Pult vor sich, auf dem sein

Manuskript lag. Das damalige junge Mädchen, das jetzt als ehrwürdige Greisin vor mir saß, stand wenige Schritte von diesem Pult entfernt, hatte also Beethoven fortwährend vor Augen. Sie schilderte ihn, wie es uns überliefert ist, als untersetzten, sehr robusten, etwas beleibten Mann mit gerötetem, pockennarbigem Gesicht und dunklen stechenden Augen. Die ergrauten Haare fielen ihm oft in dichten Strähnen über die Stirn. Seine Stimme sei ein sonorer Baß gewesen, gesprochen habe er aber nur wenig, meist sinnend in seiner Partitur gelesen. Man habe den tragischen Eindruck empfangen, daß er nicht imstande war, der Musik zu folgen. Trotzdem es den Anschein hatte, als lese er mit, blätterte er weiter, wenn die einzelnen Sätze schon zu Ende gespielt waren. Bei der Aufführung trat nach Beendigung jeden Satzes ein Herr zu ihm, klopfte ihm auf die Schulter und wies ihn auf das Publikum. Die Bewegung der applaudierenden Hände, das Winken der Tücher veranlaßte ihn zu einer Verneigung, was stets großartigen Jubel entfesselte. Überhaupt sei der Eindruck, den das Werk bei seiner ersten Aufführung hervorgebracht habe, ein ganz gewaltiger gewesen. Mitunter sei der Beifall während des Spieles losgebrochen. Als eines solchen Momentes erinnerte sich Frau Grebner des unvermuteten Eintritts der Pauke im Scherzo.[1]) Das hätte wie ein Blitz gewirkt und eine spontane Äußerung des Enthusiasmus erzeugt. Wer das Wiener Publikum kennt, wird sich darüber nicht wundern. Noch heute besitzt der Wiener, wie übrigens auch der Pariser, ein merkwürdiges Feingefühl im schnellen Erfassen besonders gelungener Einzelheiten. Eine schön gesungene oder ge-

---

1) 

spielte Phrase, ein überraschender Instrumentaleffekt erwecken dort momentanen Nachhall, während der Norddeutsche mehr das Ganze auf sich wirken läßt und dann erst versucht, sich eine Meinung zu bilden. So ist es nicht erstaunlich, daß die so überaus originelle Verwendung der Pauke im Scherzo der Neunten Symphonie damals im Augenblick als Genieblitz erfaßt und gewürdigt worden ist.

Einer weiteren Begegnung mit Beethoven erinnerte sich Frau Grebner. Als sie mit einer Schar von Freundinnen über den Graben ging, rief eine von ihnen plötzlich: »Da kommt der Beethóven!« — in dieser Betonung sprechen nämlich die Wiener den Namen aus — worauf sie alle stehen geblieben seien und den Meister ehrfurchtsvoll angestarrt hätten. Dieser habe die Schar jugendlicher Bewunderinnen bemerkt, sei ebenfalls stehen geblieben, habe sie mit der Lorgnette betrachtet, ihnen freundlich zugenickt und hierauf seinen Weg fortgesetzt. Es war tief rührend, diese einfache Erzählung aus dem Munde der Greisin zu vernehmen und dabei in ihr Auge zu blicken, das den größten Tondichter noch leibhaftig erschaut hatte. Wie ein heiliger Schauer aber überlief es uns, als sie plötzlich ausrief: »Ja, den Beethóven hat man nicht gar viel auf der Straßen g'seh'n, aber den Schubert, den hab'n mer oft begegnet, am Glacis, in den Gärten, im Theater, da war er überall z'finden. Der hat alleweil gar so lieb dreing'schaut!« — —

Schließlich erzählte sie noch, sie sei im ersten Konzert gewesen, das Liszt als elfjähriger Knabe in Wien gegeben hat. Sie schwärmte von dem blassen, bildschönen Jungen, der alle Herzen im Sturme gewonnen habe und meinte nachher treuherzig: »Ich hab' den Liszt später öfter wieder g'hört, aber ich mein' halt, so schön wie's allererstemal hätt' er nit wieder g'spielt.« —

1*

Das Orchester war durch die lange Unterbrechung unruhig geworden, und ich sah mich schließlich genötigt, die Probe fortzusetzen. Mit Gefühlen und Worten innigen Dankes verabschiedete ich mich von der würdigen Dame, die mir noch versprach, in das Konzert zu kommen. Und sie kam wirklich zum zweiten Teil, der Beethoven gewidmet war. »Die moderne Musik«, so flüsterte mir ihre Tochter zu, »kann sie halt gar nicht recht vertragen. Aber wenn die Klassiker kommen, vor allem Beethoven, da wird sie ganz jung.« Halir hatte das Violinkonzert meisterhaft gespielt, den Schluß bildete die C moll-Symphonie. Nachher traf ich Frau Grebner im Korridor des Theaters. Sie war ganz begeistert und rief wiederholt: »Der Beethóven ist halt mein Alles!« »Und gar auswendig haben's die Symphonie dirigiert!« setzte sie hinzu, mich ganz verwundert ansehend. Als ich erwiderte, daß dies wohl jeder gute Dirigent heutzutage könnte, da die Beethovenschen Symphonien das Evangelium des Musikers seien, lachte sie auf und meinte: »Ja, wer das seinerzeit denkt hätt', wo so viele übern Beethóven g'sagt hab'n, er sei verruckt. Er is' aber auch gar so eigen g'wesen. Im Wirtshaus soll er a mal auf'n Tisch Noten g'schrieb'n haben. Und wie der Wirt kommen is und g'sagt hat, sein Tisch sei zum Essen da, aber nit für die Schmierage, da is' er grob g'worden. So ähnliche Stückeln hat er halt öfter g'macht, und da hab'n die Leut' g'meint, er sei närrisch. Aber bei sein'm Leichenbegängnis«, schloß sie feierlich, »hab'n doch die ersten Musiker 's Bahrtuch getragen.«

Ein besorgter Blick Frau v. Vogris' zeigte mir, daß weiteres Sprechen die durch das Konzert ungewöhnlich erregte Greisin zu sehr ermüden könnte, und so schieden wir denn definitiv. Um eine unvergeßliche Erinnerung reicher verließ ich die belgische Hauptstadt.

Frau Grebner lebte noch mehrere Jahre nach dieser Begegnung. Plötzlich wurde sie von unstillbarem Heimweh erfaßt und übersiedelte nach Wien, das sie jahrzehntelang nicht gesehen hatte und infolge der eingreifenden Veränderungen nicht wiedererkannte. Wenige Wochen nach der Übersiedlung starb sie.

Grazer Jugenderinnerungen.

Ich war ungefähr acht Jahre alt, als ich zum erstenmal eine Oper hörte. Zur Belohnung für ein gutes Zeugnis aus der Volksschule verkündigte mir meine Mutter, daß sie mich heute ins Theater zu »Oberon« führen werde. Zwar fühlte ich mich nicht recht wohl, verschwieg es aber sorgfältig, da ich ja sonst hätte zu Hause bleiben müssen. Die Oper selbst gefiel mir gar nicht. In mein kindliches Gehirn hatte sich eingeprägt, daß im Schauspiel gesprochen in der Oper gesungen und in der Operette gesprochen und gesungen würde. Also stand beim ersten Wort des Dialogs bei mir fest, daß der »Oberon« eine Operette sei. Ein zunehmendes Fieber trübte wohl auch meine Empfänglichkeit für das fantastische Feenspiel, das mich unter normalen Umständen sicher entzückt hätte. Auf dem Heimwege erklärte ich sehr entschieden, ich wolle keine Oper mehr sehen, und legte mich zu Bett, um, mit den Masern behaftet, einige Zeit ruhig darin zu bleiben. So waren meine ersten Beziehungen zur musikalisch-dramatischen Kunst keine sehr erfreulichen. Das änderte sich aber, als ich einige Monate später, nunmehr in voller Gesundheit, den »Don Juan« hörte, der mir einen ungeheuren Eindruck machte. Die Ouvertüre, »Keine Ruh bei Tag und Nacht«, der Tod des Komturs, »Reich mir die Hand mein Leben«, die gewaltigen Harmonien des steinernen Gastes waren mein ständiger musikalischer Besitz geworden, den ich mir durch oftmaliges Spielen des Klavierauszuges stets zu vermehren bestrebte. Nun wollte ich natürlich wiederum nur mehr Opern sehen. Immer war es ein Festtag, wenn ich mittags aus der Schule heimkehrte und erfuhr, daß ich Abends in's Theater durfte. Ein Abonnement in der damaligen Tandlerschen Musikalienhandlung am Franzensplatz ermöglichte mir auch, die meisten der gehörten Opern daheim aus den Klavierauszügen genauer kennen zu lernen. Meine Geburtstags- und Weihnachtswünsche richteten sich hauptsächlich auf den ständigen Besitz solcher Klavierauszüge, und so kam allmählich eine kleine Bibliothek zusammen, die mir auch die Kenntnis von Werken vermittelte, die ich noch nicht gehört hatte. Eine sehr wohlklingende Singstimme verschrie ich mir leider dadurch vollständig, daß ich, gut gemeinter Warnungen nicht achtend, sämtliche Partien möglichst in der Originallage und mit wütender Dramatik beim Klavier durchbrüllte.

Mein ganzes Sehnen ging aber nun dahin, auch etwas über das Orchester zu wissen, dessen geheimnisvolles Klingen mich mit ahnungsvollen Schauern erfüllte. Wer beschreibt nun mein Entzücken, als ich, etwa zwölf Jahre alt, unter meinem Weihnachtsbaume die Partitur des »Fidelio« in der Edition Peters vorfand? — Ich hatte dieses Wunderwerk kurz vorher gelegentlich eines Gastspiels der Marianne Brandt gehört und stand ganz in seinem Banne, wenn ich auch damals bei weitem noch nicht die Fähigkeit besaß, es zu verstehen. »Die« Partitur, wie ich sie, ohne ihren Titel näher zu bezeichnen, immer nannte — ich hatte ja vorläufig nur die eine — war nun mein höchster Schatz, und wenn ich nicht Schularbeiten zu machen hatte, trug ich sie beständig mit mir herum. Später folgten bei ähnlichen festlichen Gelegenheiten »Freischütz« und »Don Juan«. Diesen drei Meisterwerken verdanke ich nächst meinem Lehrer die ersten Kenntnisse der Instrumentation. Nachdem sich meine musikalische Befähigung klar erwiesen hatte, bekam ich von meinem zehnten Jahre an Klavierstunden, die mir bis dahin meine Mutter erteilt hatte, sowie auch Theoriestunden bei Dr. Wilhelm Mayer, dem früheren Direktor des steiermärkischen Musikvereines, der u. a. auch Busoni, Kienzl und Reznicek zu seinen Schülern zählte. Volle acht Jahre blieb ich seiner anregenden und liebevollen Leitung anvertraut und ihm habe ich es zu verdanken, daß ich, als ich Graz verließ, ein fertiger Musiker mit klaren Zielen war, der wohl wußte, wo er lernen, aber auch, wo er verdorben werden könne. Nachdem ich den Kurs der Kompositionslehre ungefähr in meinem vierzehnten Lebensjahre zurückgelegt hatte, bat ich dringend darum, ihn nochmals von den ersten Anfängen an mit aller Gründlichkeit durchmachen zu dürfen, welchen Wunsch mir mein Lehrer nach anfänglichem Widerstreben auch gewährte. Und so fing ich, nachdem ich bereits eine leidliche Partitur schreiben konnte, nochmals mit der Harmonisierung der C-Dur-Tonleiter an und gelangte zum zweitenmal ans Ziel. Gerade dieser zweite, im reiferen Alter durchlebte Kurs aber war es, der mir diejenige technische und ästhetische Festigkeit gewährte, deren zu bedürfen ich deutlich fühlte. Kein Künstler kann ohne das Handwerkszeug auskommen. Müßte ich mich heute einem Examen über musikalische Theorie aussetzen, so fiele ich wohl mit Pauken und Trompeten durch; aber jener zweite Kurs schärfte mein Empfinden für die Schönheitsgesetze der Tonkunst, die es gibt und geben wird, mögen sich ihre Ausdrucksfähigkeiten auch in ungeahnter Weise vervielfachen. Er machte mich frühzeitig stark zum Widerstand gegen oberflächlich blendende Experimente, welche die heiligste aller Künste leider nur zu oft zum Tummelplatz für Scharlatanismus und Streberei machen.

Mein Lehrer spielte, nachdem ich einige Fertigkeit auf dem Klavier und im Blattlesen erlangt hatte, viele der Haydnschen und Mozartschen, dann auch die Beethovenschen und Schubertschen Symphonien vierhändig mit mir durch und erweckte so in mir den Sinn für unsere große klassische Musik und die instrumentale Polyphonie. Nachdem ich zum erstenmal die »Eroica« auf diese Weise kennen gelernt hatte, kam ich nach der Klavierstunde heim und erklärte kategorisch, daß ich bestimmt nichts anderes werden wolle als Musiker. Daß mein Entschluß bei der in diesem Berufe häufigen Aussicht auf Brotlosigkeit Schrecken und Zweifel erweckte, war begreiflich. Ich blieb aber fest und war durch nichts mehr davon abzubringen.

Die Musikvereins-Konzerte im Rittersaal besuchte ich regelmäßig. Noch heute erinnere ich mich des mächtigen Eindrucks der langsamen Einleitung von Beethovens vierter Symphonie, der ersten Symphonie, die ich überhaupt vom Orchester gehört habe. Bleibend für mein musikalisches Empfinden war auch die unbestimmte, aber gewaltige Wirkung, welche die Johannis-Passion auf mich ausübte. Erst später freilich, als ich das »wohltemperierte Klavier« studierte, bekam ich eine richtige Ahnung von Bachs Größe. Unvergeßlich ist mir, wie Joachim einst kam und das Beethovensche Konzert spielte, ebenso das Erscheinen Rubinsteins, der einen ganzen Abend allein spielte, was damals höchst selten vorkam. Liszt einmal zu hören, war mein Traum. Ich ahnte nicht, daß mich ein späteres Schicksal diesem Meister auch persönlich so nahe bringen werde. Ein interessantes Ereignis war die Aufführung der Fantastischen Symphonie von Berlioz. Mein Lehrer liebte Berlioz eigentlich nicht, stand aber trotzdem in seinem magischen Bannkreis, seit er in Prag mehreres unter seiner persönlichen Leitung gehört hatte und wurde nicht müde, mir davon zu erzählen. Er gab mir die Partitur der Fantastischen Symphonie gelegentlich ihrer Aufführung mit der Bemerkung: »Hören Sie's mit Aufmerksamkeit an, aber nehmen Sie sich kein Beispiel daran.« Der Eindruck war sehr zwiespältig. Erst durch Aufführungen, die ich viele Jahre später selber leitete, lernte ich Berlioz verstehen und lieben. Die erste Wagnersche Oper, die ich hörte, war »Tannhäuser«. Man erzählte damals in Graz von Wagner eigentlich nur, daß seine Musik viel Lärm mache, und so war ich zunächst ganz erstaunt, daß der »Tannhäuser« ganz leise anfing. Die dreimalige Steigerung des Pilgerchors in der Ouvertüre imponierte mir riesig. »Lohengrin« hörte ich ein Jahr später. Hauptsächlich schwärmte ich damals, ohne meiner Umgebung etwas zu verraten, von den schönen, großen Augen der Mallinger, die als Gast die Elsa sang.

Bei meiner Liebe fürs Theater war es nur zu natürlich, daß ich sehr frühzeitig versuchte, selber Opern zu komponieren, sowie auch, daß ich über jeden Zweifel, ob ich schon die nötige Reife dazu besitze, sehr gekränkt war. Zunächst ersann ich mir selbst eine Handlung. Ein »Tenor« trat in der Halle eines Schlosses auf und sang eine Arie. Hierauf kam der »Bariton«, natürlich der Bösewicht, und begann seine dramatische Aktion, indem er den Rivalen hinauswarf und dazu sang:

Hinaus, hinaus
Aus diesem Haus!

Auf diese klassischen Verse war ich sehr stolz; mit ihnen schloß aber mein Erstlings-Bühnenwerk bereits ab. Dann fing ich an, den für mein Puppentheater zurecht gemachten »Ali Baba« zu vertonen, womit ich aber auch nicht weit kam. Als ich gehört hatte, daß von Spontini eine Oper »Ferdinand Cortez« existiere, verschaffte ich mir das Textbuch, komponierte aber merkwürdigerweise nicht dieses, sondern dichtete zu den drei vorhandenen noch zwei Akte hinzu, von denen einer mit unverhohlenen Anleihen an die »Afrikanerin« auch in Musik gesetzt wurde. Für Meyerbeer hegte ich überhaupt einige Zeit große Vorliebe. Die »Hugenotten« waren mein Ideal, den vierten Akt des »Prophet« hielt ich für den Inbegriff des Dramas. Mit Schulfreunden, die bereits wütende Wagnerianer waren, gab es im Stehparkett des alten Landestheaters und bei sonstigen Zusammenkünften lebhafte Dispute. Mein Meyerbeer-Enthusiasmus bekam erst einen Stoß, als das Grazer Theater die kühne Tat vollbracht hatte, die »Meistersinger« zu geben. Die damalige Aufführung, der erst mehrere Jahre später unter Kapellmeister Muck eine dauernde Wiedererweckung folgte, war wohl nicht besonders gut. Mir zeigte sie aber doch zum mindesten, daß ein dramatisches Ideal vielleicht anderswo als bei Meyerbeer liegen könne, und ich begann, Wagner zu studieren.

Inzwischen hatte uns junge Leute infolge der damals schon beginnenden Gefährdung des Deutschtums in Österreich, verbunden mit dem Aufblühen des Deutschen Reiches jenseits der schwarzgelben Pfähle und der wachsenden Begeisterung für Wagner ein nationaler Enthusiasmus ergriffen, dem ich in einem großen Bühnenwerke Ausdruck zu geben beschloß. Ich entwarf mit einem Freunde ein Textbuch »Hermann, der Befreier Deutschlands«, das bis zum dritten Akte gedieh. Der erste wurde bis zur Schlußszene komponiert und instrumentiert. Diese, vom praktischen Standpunkte immerhin schon mögliche Partitur, in der sich Meyerbeer und Wagner brüderlich die Hand reichen, ist noch erhalten und bereitet mir von Zeit zu Zeit ein herzliches Vergnügen. Nach manchem Stoff streckte ich vorübergehend die jugendliche Hand aus, bis ich, ungefähr sechzehn Jahre alt geworden, doch einsah, daß es zur Oper noch nicht »langte«. Ich ließ also alle großen Pläne einstweilen beiseite und wandte mich kleinen Formen zu. Ein Heft Klavierstücke fand den Beifall meines Lehrers und so schickte ich es, mutig wie immer, nacheinander an einige deutsche Verleger, die es aber gottlob ablehnten. Bald sah ich seine Unreife selbst ein und lernte an dieser Einsicht. Eine neue, etwas bessere Folge von Klavierstücken sandte ich aufs Geratewohl nach Hamburg an Fritz Schuberth und erhielt umgehend die Verlagsannahme mit einem sehr schmeichelhaften Briefe. So erschien mein Op. 1 unter dem Titel »Skizzen«. Dr. Friedrich von Hausegger widmete ihm einige freundliche Zeilen in der »Tagespost«. Wer war glücklicher als ich? — Ich war verlegt, gut rezensiert; in der Musikalienhandlung, an der ich täglich mehrmals vorbeistolzierte, lag mein Erstlingswerk ausgestellt. Ich zweifelte damals nicht, daß ich, wenn auch noch nicht auf der höchsten, so doch bereits auf der vorletzten Staffel höchster Berühmtheit angelangt sei. Wie schwer es ist, vorwärts zu kommen, wenn man nichts weiter hat, wie seine Begabung, seine Ideale und den Mut zur Wahrheit gegen sich und andere, erfuhr ich erst später. —

Gerne gedenke ich, trotz späterer kindischer Angriffe, die ich von ihm erfuhr, des Herrn Friedrich Hofmann, eines kunstbegeisterten Privatmannes, in dessen Hause am Fuß des Rosenbergs zwei meiner Freunde und ich in einem Kreise geistvoller Männer, zu denen auch Wilhelm Kienzl gehörte, mit großer Freundlichkeit aufgenommen waren.

Ein bedeutsames Ereignis ergab sich mir aus meiner ersten Publikation, nämlich die persönliche Bekanntschaft mit Robert Hamerling. Ich wohnte mit dem berühmten Dichter in einem Hause und verehrte seine Werke in hohem Maße. Sein größtes, der »Homunculus«, war damals noch nicht erschienen. Stets trat ich ehrfurchtsvoll grüßend beiseite, wenn die weltverlorene Erscheinung mit den tiefen Augen und dem wallenden Silberhaar still an mir vorüberschritt. Meine Freude war unbeschreiblich, als eines Tages ein Billet bei mir abgegeben wurde, in dem Hamerling mich einlud, ihn zu besuchen. Er hatte meine Klavierstücke kennen gelernt und mit Interesse beurteilt. Wie viele inhaltreiche Stunden habe ich dem hervorragenden Manne zu verdanken! —

Eine weitere Reihe Klavierstücke, zu denen mich die »Studien« von Adalbert Stifter angeregt hatten, veröffentlichte ich als Op. 2 ebenfalls bei Schuberth in Hamburg und auch sie wurden von Dr. von Hausegger freundlich besprochen. Aber schon wollte mich das Unheil in Gestalt einiger Gymnasiallehrer fassen, die plötzlich dicht vor dem Maturitätsexamen meine Maßregelung beantragten, weil ich gegen den Paragraphen, der den Schülern die Veröffentlichung geistiger Produkte verbietet, verstoßen hätte. Der mir wohlgesinnte Direktor der Anstalt sprang mir jedoch schließlich durch die Bemerkung bei: »Na, der Weingartner hat keine geistigen Produkte veröffentlicht, er hat ja nur Noten g'schrieben«, und damit rutschte ich durch. Dank noch in das Grab dem freundlichen Manne für diese zwar nicht ganz zutreffende, mir aber damals hochwillkommene Auffassung meiner Kunst. Ich konnte mein Examen unbehelligt bestehen. Ein österreichisches Staatsstipendium war mir verliehen worden und so trat ich denn, im September des Jahres 1881 im Leipziger Konservatorium als Zögling aufgenommen und an der dortigen Universität inskribiert, die Reise nach Deutschland an.

Ein Vierteljahrhundert nach Wagners Tod.

(13. Febr. 1908.)

Als heute vor fünfundzwanzig Jahren der Telegraph die Trauerbotschaft aus dem Palazzo Vendramin in alle Kulturländer übermittelte, stand das Herz der musikalischen Welt eine Weile still. Eine mächtige Pulsader, die es zu den heftigsten Schlägen angespornt hatte, war plötzlich unterbunden. Als ob die leuchtende Sonne erloschen sei, so legte sich Finsternis über die Gemüter derer, die des Meisters Spuren gefolgt waren, und fast meinte man, kein Frühling könne den trüben Februartagen des Jahres 1883 mehr folgen. »Was nun?« So frug es bang aus den bleichen Angesichtern der Jünger. »Was nun?« So klang es mit schlecht verhehltem Triumph von den Lippen der Gegner. — Der Gegner? — Sind wir uns heute noch bewußt, daß Wagner auch Gegner hatte? Ist die Erinnerung daran, daß der Schöpfer der »Nibelungen« auf das heftigste angefeindet worden war, im Rausche der allgemeinen Vergötterung nicht schon so verblaßt, daß es wie ein Märchen klingt, wenn man ernstlich daran erinnert, daß »Wagnerianer« ein Spottwort war?

Noch um die Zeit von Wagners Tod tobten die Kämpfe für und wider ihn mit beinahe unverminderter Heftigkeit. Unerwartet rasch hat sich das Blatt gewendet. Nur etwa vier Jahre später kam der letzte Anti-Wagnerianer, Friedrich Nietzsche, mit seinem fulminanten Angriff bereits zu spät. Die scharfgeschliffene Toledanerklinge, die er im »Fall Wagner« schwingt, vermochte dem Gewaltigen keinen Nadelstich mehr zuzufügen. In seiner Verblüffung darüber sah sich Nietzsche nach einem Helfershelfer um, den er in Karl Spitteler gefunden zu haben glaubte, wie wir aus den neuesten Veröffentlichungen des großen Schweizer Dichters erfahren haben. Jedoch Spittelers geradem Charakter widerstrebte die ihm zugedachte Rolle, und Nietzsche blieb nichts übrig, als nochmals allein, in noch schärferer, aber weniger geschmackvoller Weise gegen Wagner loszugehen — abermals ohne Erfolg. Der einst geschmähte Meister war bereits populär geworden. Es gehörte schon zum guten Ton, für ihn zu schwärmen, und wer einst verhöhnt wurde, weil er für ihn eintrat, wurde nun gesteinigt, wenn er nicht auch vor seiner Familie auf dem Bauche kroch. Die Theaterleiter, die oft geseufzt hatten, wenn sie um den schrecklichen Zukunftsmusiker nicht herumkonnten, rieben sich nun die Hände und strichen mit der Versicherung aufrichtigster Kunstbegeisterung die enormen Summen ein, die ihnen die Aufführungen seiner Werke einbrachten, deren imponierende Zahl bis heute nicht einmal durch die sensationellsten »Schlager« in zweite Reihe gedrängt werden konnte und deren finanzielles Ergebnis nur dort etwas abnahm, wo der Raubbau mit ihnen allzu toll getrieben worden ist.

Siege, wie sie Wagner errungen hat, stehen in der Kunstgeschichte vereinzelt da. Dem schärfer Hörenden mischt sich aber ein Mißklang in den Jubelakkord, der seinen Namen überall umbraust. Seine Musik ist in der ganzen Welt heimisch geworden. Die große Idee der Bühnenreform aber, die Wagner in Werk, Tat und Schrift zu verwirklichen suchte, ist unverstanden geblieben. Im Gegensatz zu unseren buntscheckigen Theatern und unabhängig von ihnen wollte er eine Pflegstätte der hohen dramatischen Kunst schaffen, die zwar in erster Linie für seine eigenen Werke, aber — wenigstens nach seinen ursprünglichen Absichten — nicht ausschließlich für diese bestimmt war. In München sollte sich ein dieser Idee würdiger Tempel erheben. Die beschämenden Vorgänge, die den wundervollen Plan hintertrieben haben, sind bekannt. Nach unsäglichen Schwierigkeiten erstand später das Bayreuther Haus. Wagners Hauptwerk »Der Ring des Nibelungen« wurde dreimal dort aufgeführt, ohne daß es zu seinen Lebzeiten wiederholt werden konnte. Sechs Jahre später folgte der »Parsifal«. Freunde, Neugierige und Gegner kamen, aber das »Publikum« fehlte. War es nicht reif für ein modernes Olympia, wie es der Geist des hochstrebenden Meisters erträumt hatte? — Es scheint so. Der aktive Widerstand der teils kurzsichtigen, teils böswilligen damaligen Münchener ausschlaggebenden Kreise hatte begonnen, den großen Gedanken zu untergraben, die Passivität derer, die von Bayreuth ferne blieben, setzte das Zerstörungswerk fort, und — hier beginnt das tragische Moment — Wagner selbst vollendete es, als er, schon ein Jahr nach den Bayreuther »Nibelungen«-Aufführungen, die vier Werke den Bühnen freigab und nicht sehr lange hernach sie dem gewandtesten aller Impresarios, Angelo Neumann, mit der Bewilligung verkaufte, eine Tournee damit zu unternehmen. Wie wir aus Neumanns Aufzeichnungen entnehmen, wäre ihm der »Parsifal« möglicherweise auch verfallen, so daß es fast scheint, als habe nur Wagners Tod für die Zeit der gesetzlichen Schutzfrist, soweit eine solche wirksam ist, sein letztes Werk für Bayreuth gerettet.

Warum wohl blieb sich Wagner nicht selbst treu? — Warum dekretierte er nach 1876 nicht von seiner Hochburg aus: »Entweder hört ihr meine ‚Nibelungen' hier wieder oder gar nicht mehr.« — Auch der »Tristan« wäre vor dem Schicksal, Repertoireoper zu werden, noch zu retten gewesen, denn nur zwei Bühnen, München und Berlin, hatten dieses Werk bis dahin gegeben. Als dritte Bühne folgte Leipzig erst im Jahre 1882. — War es wirklich nur die Notwendigkeit, ungefähr hunderttausend Mark zur Deckung der Festspielkosten aufzubringen, die ihn seine Ideale so rasch preisgeben ließ? — Vielleicht wäre es Wagner, der sich, trotzdem ihm wirtschaftliches Talent mangelte, durch unglaubliche finanzielle Schwierigkeiten durchgeschlagen hatte, doch möglich gewesen, diese Summe herbeizuschaffen, ohne sich vom Endziel all seines Wirkens abzuwenden. Verzweifelte er wirklich daran, seiner hohen Festspielidee dauernden Boden zu gewinnen und bedeutete das Verkaufen an die Bühnen einen Akt der Resignation? Oder war es eine Schwäche des alternden Meisters, daß er als Ersatz für die Größe der Einsamkeit die Breite der Popularität suchte? — Eine objektive, für Menschliches und Allzumenschliches nicht blinde Biographie Wagners, die bis jetzt noch fehlt, wird klarstellen können, inwieweit diese Motive zusammenwirkten und welches das stärkste war. Wir können nur die Tatsachen hinnehmen und müssen uns damit abfinden, daß Wagner heute wohl der beliebteste Bühnenkomponist ist, daß aber die künstlerische Kultur des Theaters, die herbeizuführen sein Lebenswerk sein sollte, nicht in die Erscheinung getreten ist.

Ich möchte anläßlich des heutigen Gedenktages pessimistischen Empfindungen nicht allzu freien Lauf lassen; jedoch ist ein Hinweis darauf wohl angebracht, daß die

Freigabe der letzten Werke Wagners diesen selbst nicht günstig war. So gut und schlimm es ging, mußten sie, ganz entgegen ihrer eigentlichen Bestimmung, den Spielplänen der Theater eingefügt werden. Mit Kürzungen, bei denen nicht künstlerische Einsicht, sondern lediglich das Nützlichkeitsprinzip herrschte, mit unzulänglichen szenischen Hilfsmitteln und einseitiger Bevorzugung des orchestralen Teiles wurden sie gespielt und abgespielt. Die künstlerische Grundlage der Theater wurde durch sie nicht gehoben, sondern die Werke in das jeweilige bessere oder schlechtere Niveau hinabgezogen. Man bemüht sich heute, alte Schäden auszubessern, aber das, worauf es ankommt, ein dem Charakter der Wagnerschen Werke entsprechender Stil der Wiedergabe tritt nur in Ausnahmefällen zutage. Bayreuth hat sich seit Wagners Tod nur dort zu wirklicher Größe aufschwingen können, wo es nicht selbständig schuf, sondern des Meisters Hinterlassenschaft treu verwaltete, was es leider viel zu selten tat. Wird der »Parsifal« einmal auf allen Theatern heimisch, was wohl kaum abwendbar sein wird, so verliert Bayreuth noch mehr von seiner Ausnahmestellung, als es bisher schon davon verloren hat, und die letzte Spur des großen Gedankens, der es erschuf, löst sich in Alltäglichkeit auf.

Die Verallgemeinerung jener übergroß angelegten Bühnentondichtungen, die ihr Schöpfer in kühnem und richtigem Selbstbewußtsein isoliert wissen wollte, hat auch insofern verderblich gewirkt, als sie die Empfänglichkeit für Kunstwerke, die mit weniger wuchtigen Mitteln gearbeitet sind, beeinträchtigt und dadurch teils Einseitigkeit, teils Verflachung des künstlerischen Empfindens im Theater herbeigeführt hat. Mehr wie jemals wirkt heute auf die Menge, was auf untergeordnete Triebe der menschlichen Natur spekuliert. Grazie, harmonische Proportion und echter Humor stehen in der allgemeinen Gunst abseits. Ich erinnere an die »Widerspänstige«, den »Barbier von Bagdad«, den »Falstaff«. Keines dieser drei herrlichen Meisterwerke kann sich dauernd im Repertoire erhalten. Die feine Spieloper ist durch eine frivole Abart der Operette, die Tragik durch Neurasthenie verdrängt. Mozarts Opern begegnen allgemeiner Teilnahmslosigkeit, Fidelio »zieht« nicht, und Gluck ist in deutschen Landen so gut wie verschollen. Schmerzlich aber ist es, sich gestehen zu müssen, daß die absteigende Linie des guten Geschmacks beim Theaterpublikum zum nicht geringen Teil mit Wagner zusammenhängt, mit ihm, der die Bühne idealisieren wollte.

Eine Auswahl der edelsten musikalisch-dramatischen Werke, von denen man eine Anzahl nur dort und nirgendwo anders hören könnte, in einer Weise aufgeführt, wie es andere Theater, die an einen wechselvollen Spielplan, an ein feststehendes Personal gebunden sind und mehr oder minder von Kasseneinnahmen abhängen, nicht können, das wäre ein Bayreuth in Wagners Sinn gewesen. So hatte er es ersehnt, erstrebt, zum Teil erreicht — und dann selbst vernichten helfen.

Gibt die fünfundzwanzigste Wiederkehr seines Todestages auch zu besonders festlichen Betrachtungen keinen Anlaß, so möchte ich mir doch nicht versagen, heute, unabhängig von störenden Begleiterscheinungen eines einzigen seiner Werke freudig zu gedenken, nämlich der »Meistersinger«. Es ist rührend und erhebend zugleich, wie im Wesen des stets dem Düster-pathetischen oder Überweltlich-phantastischen zugeneigten Wort-Tondichters einmal der Humor und das rein menschliche Empfinden mit voller Kraft durchbrachen und ihn gerade diese Wendung auf die höchste Höhe der Kunst führte. Der sein Leben als Weiser überschauende Hans Sachs mit seinem klaren Gemüt, Walter Stolzing, das Urbild des hochgesinnten deutschen Idealisten, das frische, gesund-sinnliche Evchen, der drollige Lehrbub David, der sich von seiner Magdalene so gern füttern und verhätscheln läßt, daß er ihre Runzeln übersieht, und endlich der nie aussterbende Beckmesser, der immer wieder andere »fehl am Ort« hält, während er's selbst ist, das sind Figuren aus Fleisch und Blut, voll von wahrhaftigem Leben, und doch der niedrigen Sphäre kleinlicher Realität entrückt. Das Ganze ist mit subtilster Meisterschaft ausgeführt und dabei doch im edelsten Sinne populär.

Unserer Bühnenkunst möge ein ähnlicher Sonnenstrahl beschieden sein, wie es die Inspiration zu diesem herrlichen Werke im Leben und Schaffen Wagners war, dann könnten wir aus vollem Herzen mit den geschmückten Nürnbergern singen: »Wach' auf, es nahet gegen Tag!«

Striche bei Wagner.

Es gibt zwei Gattungen von Strichen; die einen bewirken lediglich, »daß es nicht zu lang dauert«, die andern suchen Weitschweifigkeiten zu beseitigen, von denen die Hand des Schöpfers oft die schönsten Kunstwerke nicht völlig gereinigt hat.

Als Wagners Musikdramen die Bühnen zu erobern begannen, fielen sie den Strichen der ersten Art zum Opfer. Nach den Bayreuther Festspielen des Jahres 1876 wurden die »Nibelungen« in Wien und Leipzig zum erstenmal auf gewöhnlichen Theatern aufgeführt. Weltberühmte Apostel Wagners dirigierten. Sie führten Kürzungen ein, die teilweise von ihrem Meister sanktioniert waren, teilweise den Zweck hatten, den Sängern ihre ungewohnten Aufgaben zu erleichtern. Alle jedoch entsprangen der nicht unrichtigen Besorgnis, daß Vorstellungen, die das Interesse des Publikums zu stark in Anspruch nehmen, ermüden. Auch die recht häßliche Unterbrechung des »Rheingold« mit dem hinzukomponierten Schluß nach der zweiten Szene ist darauf zurückzuführen. Zwar wurde das »Rheingold« dadurch nicht kürzer, sondern länger, aber es war doch bequemer, sich während des Abends einmal bewegen und unterhalten zu dürfen, als ohne Pause bis zum Schluß ausharren zu müssen.

Die übrigen Bühnen folgten dem gegebenen Beispiel. Wo Wagner zu hören war, in den »Nibelungen« und in andern seiner Werke, begegnete man den Wiener oder Leipziger Strichen. Nur München, das Wagner gegenüber stets eine besondere Stellung eingenommen hat, und durch den Bau eines für seine Werke geeigneten Theaters auch noch heute einnimmt, führte sie nicht ein.

Die erwähnten Striche wichen in manchen Einzelheiten voneinander ab. Nicht alle waren schlecht, die meisten jedoch zeichneten sich in gleicher Weise dadurch aus, daß gerade das wegfiel, worauf es dichterisch ankommt. Im zweiten Akt der »Walküre« hielt Fricka ihrem Gatten die bekannte Gardinenpredigt und der brave Wotan frug hierauf sofort: »Was verlangst du?«, womit Siegmunds trauriges — ich sage im Hinblick auf diese Kürzung absichtlich nicht »tragisches« — Schicksal besiegelt war. Derselbe Wotan wollte Brünhilde sein Herz ausschütten und begann seine Erzählung mit der Mitteilung, daß er Brünhilde mit acht Schwestern aufgezogen habe, damit sie Helden zum Schutze Wallhalls gewännen, verschwieg aber seine Verstrickung in den unheilbringenden Vertrag mit den Riesen, seine Sehnsucht nach dem »freien Helden«, der die ihm selbst verwehrte erlösende Tat wirken könne, und damit den Kernpunkt der dramatischen Entwicklung. Keine Spur davon, daß Siegmund den ewigen Gesetzen zur Sühne seines Ehebruchs und der Vermählung mit der eigenen Schwester verfallen muß, weil er der freie Held nicht ist, dessen die Welt und Wotan bedürfen. »Fromm streite für Fricka, hüte ihr Eh' und Eid,« war das ohne Kampf gewonnene Resumé. Man kann dem obersten der Götter recht viel Übles nachsagen; der Pantoffelheld, zu dem er durch diese unüberlegten Kürzungen gestempelt wurde, ist er tatsächlich nicht. Gegen den »freien Helden«, die treibende Idee der ganzen Dichtung, schienen sich die streichenden Dirigenten überhaupt verschworen zu haben, denn im Anfang des zweiten Aktes des »Siegfried« waren wiederum die wichtigsten Worte Alberichs an Wotan:

> An Heldensöhne
> hält sich dein Trotz,
> die traut deinem Blute entblüht.
> Pflegtest du wohl eines Knaben,
> der klug die Frucht dir pflücke,
> die du nicht brechen darfst?

gestrichen, während den drohenden Ausbrüchen des Zwerges gegen die Götter, die wir schon vom »Rheingold« her kennen, kein Zwang auferlegt war.

Die Szene zwischen Siegfried und Wotan, die dem ewig klagenden, scheltenden und fragenden Gott einen menschlich sympathischen Zug verleiht, war bis zur Unkenntlichkeit verstümmelt. Gänzlich verschwanden endlich öfters die bedeutsamen Szenen der Nornen, der Waltraute und des Alberich in der »Götterdämmerung«.

Ehrliche Wagnerianer konnten es nur freudig begrüßen, als das Mannheimer Hoftheater durch die Initiative seines damaligen Präsidenten Emil Heckel und das Karlsruher, dank Felix Mottl, begannen, dem Münchner Beispiel zu folgen und diese sinnlosen Kürzungen zu beseitigen. Der seit Wagners Tod stets wachsende Einfluß Bayreuths, das Strichlosigkeit als Vorbedingung stilgerechter Wagner-Aufführungen verkündigte, wirkte mit, daß in verhältnismäßig kurzer Zeit, nach Überwindung heftiger Widersprüche, die übrigen Bühnen, samt Wien und Leipzig, dem gegebenen Beispiel folgten. Die kleinsten Theater dürfen sich heute ungestrichener Wagner-Aufführungen rühmen, die man früher an den größten für unmöglich gehalten hätte.

»Die Welt ist rund und muß sich dreh'n!« ist der Refrain eines Couplets, das eine lustige Person in einer fast verschollenen Oper Marschners singt. Ist einmal ein gewisser Fortschritt erreicht, so werden diejenigen, die ihn bewirken halfen, und ihr Anschluß gerade in Beziehung auf das Erreichte konservativ und wenden wie zusammengekauerte Igel ihre steifen Stacheln gegen jeden, der daran rühren will. So geschieht es, daß heutzutage jemand, der Striche bei Wagner für notwendig hält, ebenso heftig angegriffen wird, wie früher derjenige, der sie beseitigte. Das hat nun allerdings einen so humoristischen Anstrich, daß es sich beinahe verlohnte, die alte Oper Marschners wieder aufzuführen und dem erwähnten lustigen Couplet einige Verse mit zeitgemäßen Anspielungen zu unterlegen, wie es ja bei Couplets erlaubt ist. Doch lassen wir den Humor beiseite und wenden wir uns wieder ernsthaft unserem Thema zu.

Es gibt sehr wenig Bühnenwerke, die ungekürzt zur Aufführung gelangen. Gewiß wird oft oberflächlich und unnötig gekürzt. Wirft man aber die Frage auf, ob der Gebrauch des Streichens an und für sich berechtigt sei, so wird im bejahenden Sinne geantwortet werden müssen. Unsern großen klassischen Dramen geschähe durch gänzlich unverkürzte Aufführungen kaum ein Gefallen. Shakespeare verträgt verständnisvolle Reduktionen, ohne an seiner Wirkung Schaden zu leiden, und in den klassischen Opern, mit Ausnahme von »Zauberflöte«, »Freischütz« und »Fidelio«, muß unbedingt gekürzt werden. Ließe man z. B. alle Arien des vierten Aktes von »Figaros Hochzeit« singen, so verwandelte sich die Bühne in einen Konzertsaal. Und doch sind es hier Perlen, die geopfert werden müssen. Daß sich große Dichter und Komponisten gegen Kürzungen prinzipiell gewehrt hätten, ist nicht bekannt. Von Schiller wird berichtet, daß er bei der geringsten Empfindung von Länge oft nur mit Mühe zurückgehalten wurde, mehr wegzustreichen, als er später hätte verantworten können. Goethe akzeptierte für die Weimarer Aufführung des »Faust« eine Bearbeitung von Klinger, die heute kein Provinztheaterdirektor seinem Publikum zu bieten wagte. Diesen erleuchteten Geistern war nicht jedes Wort, das sie geschrieben hatten, ein unantastbares Heiligtum. Traten die Probleme der Bühne an sie heran, so stand ihnen die szenische Wirkung über allem, und danach richteten sie ihre Dramen ein.

Wie verhielt sich nun Wagner gegenüber Kürzungen in seinen Werken? Im allgemeinen ist die Ansicht verbreitet, er habe sie unbedingt verurteilt. Dem ist aber nicht so. Daß er sich über Striche empörte, wie sie Vinzenz Lachner in Mannheim vorgenommen hatte, ist begreiflich. Es erscheint heute wie ein schlechter Witz, daß damals im »Holländer« die ergreifende Stelle »Dich frage ich, gepries'ner Engel Gottes« gestrichen war, daß ferner in den »Meistersingern« ein großer Teil des Vorspiels, Sachsens Wahnmonolog, ja sogar der Chor »Wach auf, es nahet gegen Tag« fortblieb. Hier handelte es sich nicht mehr um Leichtsinn, sondern vielmehr um böswillige Entstellung. Lachner, der Wagner ingrimmig haßte, strich gerade diejenigen Stellen weg, von denen er fürchten mußte, daß sie dem damaligen, an Melodie gewöhnten Publikum gefallen würden. Hier ist Wagners Zorn also mehr wie erklärlich. Hingegen berichtet er selbst, daß er bei der ersten Aufführung des »Tannhäuser« in Dresden die Stelle »Zum Heil den Sündigen zu führen« wegließ, weil Tichatschek den richtigen Ausdruck dafür nicht fand. Seit es üblich geworden ist, Wagner ohne Striche aufzuführen, wird diese schöne, aber enorm schwierige Stelle natürlich überall gesungen; ich habe sie aber schon so jämmerlich ächzen hören, daß ich ihr Ende kaum erwarten konnte. Sind Stimme und Vortrag des Sängers nicht ersten Ranges, so ist hier ein Strich geradezu eine Wohltat.

Von den Proben der »Nibelungen« in Berlin (1881) berichtet Angelo Neumann, daß Wagner über die Striche kein Wort verloren habe; erst eine geschickt inszenierte kleine Komödie des über das Nichtengagement seiner Gattin ärgerlichen Heinrich Vogl machte ihn darauf aufmerksam. Am bemerkenswertesten aber ist es, daß Wagner, als er, längere Zeit nach der ersten Aufführung, den »Tristan« in München wieder hörte, im zweiten und dritten Akt Striche gebieterisch gefordert und für den dritten Akt zu diesem Zweck einige überleitende Takte eingefügt hat. Durch eine Eintragung in die Münchner Partitur hat Hermann Levi dieses Gebot des Meisters der Nachwelt in unzweideutigster Weise überliefert. Und dies geschah im »Tristan«, dem nächst den »Meistersingern« einheitlichsten Werke Wagners, und in München, wo damals wie an keinem andern Orte die Mittel für vollkommene Aufführungen vorhanden waren. Wir wissen nicht, was Wagner gefordert hätte, wenn er öfter, als dies geschehen ist, mit seinen Werken in praktische Berührung gekommen wäre. Vielleicht hätte er, gerade wie im »Tristan«, auch in den »Nibelungen« und anderswo Striche angeordnet. Zugestanden hat er sie in gewissen Grenzen stets, wenn auch mitunter, wie aus einem Briefe an den Wiener Hofoperndirektor Jauner zu ersehen ist, mit ironischen Bemerkungen, die ihm aber so natürlich waren, daß sie nicht allzu gewichtig genommen werden dürfen, bezeichnet er sie doch später im gleichen Briefe als Spaß. Von einer prinzipiellen Weigerung Wagners, Striche anzuerkennen, kann, vor allem nach dem Münchner Vorkommnis, keine Rede mehr sein. Jedoch war Wagner eine so explosive Natur und sind seine Äußerungen so oft gerade aus dieser Seite seiner Natur heraus zu erklären, daß ich ihnen weder einen absolut bindenden Charakter zuerkennen, noch auch sie einfach ignorieren möchte. Wohl aber geben sie Berechtigung, die Frage aufzurollen, ob Striche bei Wagner künstlerisch zu rechtfertigen sind.

Diese Frage wird zunächst am besten durch eine zweite beantwortet: Enthalten die Werke Wagners Längen? — Länge und lang ist nicht dasselbe. Es gibt lange Werke, die keine Längen haben, und kurze, die zu lang sind. Als Beispiel diene hier der »Fliegende Holländer«. Im dritten Akt, als der ruhelose Seemann Sentas Untreue entdeckt zu haben glaubt und alles zur Katastrophe drängt, singen Senta, Erik und der Holländer ein ausgedehntes Terzett, was den hier so notwendigen Fortgang der Handlung lähmt. Wagner stak, als er den

»Holländer« schrieb, noch zu sehr in den Formen der von ihm selbst später überwundenen Oper, als daß ihm dieser dramatische Verstoß hätte fühlbar werden können. Ein Strich, der das Terzett stark verkürzt, ist von großem Vorteil. In der Ouvertüre des »Tannhäuser« hören wir das Lied an Venus zweimal und in der gleich darauf folgenden Szene, von Tannhäuser gesungen, noch dreimal. Diese keineswegs schönste von Wagners Melodien klingt also innerhalb etwa einer halben Stunde fünfmal an unser Ohr. Die Weglassung einer Strophe in der Venusbergszene, wodurch nichts für das Drama Wichtiges verloren geht, habe ich als Gewinn empfunden und erprobt. In den alten Klavierauszügen des »Tannhäuser« findet sich im Schlußensemble des zweiten Aktes ein von Wagner selbst herrührender Strich, der erst mit der Pariser Bearbeitung bedauerlicherweise verschwunden ist. Ihn wieder einzuführen halte ich, namentlich wenn man die viel frischere und wirkungsvollere alte Fassung beibehält, sogar für eine Pflicht des guten Geschmacks. Die im »Tannhäuser« noch etwas brutale Wirkung der auf Meyerbeer fußenden großen Ensembles ist bereits im »Lohengrin« in wundervoller Weise künstlerisch veredelt. Namentlich im zweiten Akt hat Wagner ein Meisterstück geschaffen. Daß hier nach Lohengrins bangen Worten »Elsa, wie seh' ich sie erbeben« die Handlung nicht sofort weiterschreitet, sondern die unheimlich ungewisse Stimmung erst ausklingt, bevor der König das erlösende Wort findet, bringt eine Wirkung hervor, wie sie nur im musikalischen Drama möglich ist. Es ist bewundernswert, wie Wagner hier die verschiedenartigsten Empfindungen der einzelnen Personen und des Chores in einem großzügigen Musikstück von schöner melodischer Linie vereinigt hat. Dieses Ensemble einfach wegzulassen, ist eine Barbarei. Als ich es in Hamburg, Mannheim und Berlin herstellte, blieben mir Vorwürfe nicht erspart. Die Welt ist rund und muß sich dreh'n!

Gehen wir nun zu den »Nibelungen« über, auf welches Werk Wagners, weil es am meisten unter und für Ausnahmebedingungen geschaffen ist, ich meine Betrachtungen fortab beschränken will.

Der Begriff der »Länge« ist nicht leicht zu definieren, weil er sehr subjektiv ist; der eine Zuhörer wird bereits ungeduldig, wo der andere noch schwelgt. Möglichst objektiv, das heißt vom Standpunkt des partei- und vorurteilslosen Künstlers aus, möchte ich feststellen, daß das Gefühl der Länge bei denjenigen Stellen entsteht, deren Fehlen man nicht empfände, wenn sie überhaupt nicht vorhanden wären, an denjenigen Stellen also, wo das Gefühl einer Lücke bei deren Weglassung nur dadurch zur Empfindung kommen kann, daß man weiß, was wegblieb, und aus diesen oder jenen Gründen bedauert, daß es weggeblieben ist.

Nehmen wir an, Wagner hätte im dritten Akt der »Walküre«, nachdem die Wotanstöchter den zürnenden Vater um Schutz für die verfolgte Brünhilde angefleht haben, folgende Fassung der Worte für die Komposition angenommen:

Wotan:

Weichherziges
Weibergezücht!
So matten Mut
gewannt ihr von mir?
Erzog ich euch kühn
zum Kampfe zu zieh'n,
schuf ich die Herzen
euch hart und scharf,

daß ihr Wilden nun weint und greint,
weil mein Grimm eine Treulose straft?
Hörst du's, Brünhilde?
Du, der ich Brünne,
Helm und Wehr,
Wonne und Huld,
Namen und Leben verlieh?
Hörst du mich Klage erheben,
und birgst dich feig dem Kläger,
daß feig du der Straf' entflöh'st?

Brünhilde:

Hier bin ich, Vater:
gebiete die Strafe!

Wotan:

Nicht send' ich dich mehr aus Walhall,
nicht weis' ich dir mehr
Helden zur Wal.
(Ohne Kürzung weiter bis zum Schlusse dieser Szene.)

Niemand würde auf den Gedanken kommen, daß hier etwas fehle. Im Gegenteil, man könnte sich an eine eventuelle spätere Einfügung der von Wotan zweimal gegebenen philosophisch-philologischen Definition von Brünhildens Schuld und Strafe vielleicht nur schwer gewöhnen. Desgleichen würde man, die folgende dichterische Anordnung in der letzten Szene vorausgesetzt,

Wotan:

So tatest du,
was so gern zu tun ich begehrt,
doch was nicht zu tun
die Not zwiefach mich zwang?

Es[1]) labte süß
dich selige Lust;
wonniger Rührung
üppigen Rausch
enttrankst du lachend
der Liebe Trank,
als mir göttlicher Not
nagende Galle gemischt. —

nicht darauf kommen, daß hier die ausführliche Schilderung dieser »nagenden Galle göttlicher Not« nachgetragen werden müßte. Wenn in der letzten Szene des »Siegfried« der liebentbrannte Held das erste Weib, das er erschaut, mit den Worten umfängt: »den du gebunden in mächt'gen Banden, birg meinen Mut mir nicht mehr« und Brünhilde sich ihm mit den Worten entreißt: »Kein Gott nahte mir je« — hier handelt es sich übrigens um einen alten Strich — so wird kaum jemand die dazwischen liegenden einzelnen Phasen von Siegfrieds zunehmender Sinnlichkeit vermissen. Allerdings geht bei diesem Strich die sehr schön ausgedrückte wachsende Trauer Brünhildens um den Verlust ihrer Göttlichkeit verloren. Es versteht sich beinahe von selbst, daß in einem Werke von der Bedeutung der »Nibelungen« bei Kürzungen auch Wertvolles geopfert werden muß. Es frägt sich nur, ob man durch derartige zeitweilige Opfer nicht noch Wertvolleres gewänne, nämlich erhöhte Genußmöglichkeit für das noch reichlich übrigbleibende Wertvolle. Doch davon später.

Durch die Auswahl obiger drei Beispiele aus vielen wollte ich vorerst nur dartun, daß es tatsächlich Stellen

---

1) »Es« statt »Da«, einer der sehr seltenen Fälle, wo einem Strich zu Liebe ein Wort geändert wird.

gibt, an denen gestrichen werden kann, ohne daß der Sinn zerstört wird. Ein merkwürdiger Umstand tritt dazu. Überall, wo dichterisch ein Übergang möglich ist, ergibt sich ein solcher auch musikalisch mit geradezu unheimlicher Leichtigkeit. Der schwerste Eingriff, den ich einmal in der »Walküre« für nötig erachtete, war die Transposition einiger Takte um einen halben Ton, während die meisten der früheren, sinnentstellenden Striche nur durch eingreifende, oft geradezu gewalttätige tonale Änderungen bewerkstelligt werden konnten. Hätte der geniale Zusammenhang zwischen Dichtung und Musik in Wagners Werken noch eines Beweises bedurft, er wäre gefunden in dieser verblüffenden Übereinstimmung der dichterischen und musikalischen Strichmöglichkeiten, die es tatsächlich schwer machen, an eine innere, ich möchte sagen, organische Berechtigung solcher Striche nicht zu glauben. Daß es, wenn man streicht, besser ist, so zu streichen, wie ich es mitunter versuche, als wie es früher üblich war, dürfte wohl auch nicht zweifelhaft sein.

Aber warum denn überhaupt streichen? In der Beantwortung dieser Frage will ich meine Sympathie für gute Striche und meine feste Überzeugung, daß sie künstlerisch eher nützlich als schädlich sind, ausschalten und hier nur das Verhältnis des Nibelungenringes zu unserem Theaterpublikum, also die praktische Seite, berühren. Schon einmal habe ich es ausgesprochen, daß Wagner mit der Preisgabe seines Hauptwerkes an die Theater das von ihm selbst erweckte Ideal zerstört hat. Lesen wir in seinen Schriften und Briefen nach, was er mit seiner groß angelegten Schöpfung gewollt hat, und sehen wir, was daraus geworden ist, so möchte uns ein tiefer Jammer ergreifen. Was ist daraus geworden? Lassen wir einmal alle schöngefärbten Phrasen beiseite und antworten wir, getreu der nackten Wahrheit: Vier Repertoireopern. Nicht einmal ein Zyklus von vier Repertoireopern, denn die Unmöglichkeit, den Ring an vier aufeinander folgenden Abenden aufzuführen, weil man den Trägern der Hauptrollen diese abnorme Anstrengung nicht zumuten kann, solange ihre Kräfte während der Saison auch für ganz andersartige Aufgaben in Anspruch genommen sind, ferner die zweite Unmöglichkeit, das Theater an den Zwischentagen zu schließen, endlich die Aufteilung unter die Serien des Abonnements und die oft eintretende Notwendigkeit, die über mehrere Abende verteilten Hauptrollen von verschiedenen Darstellern statt von je einem ausführen zu lassen, machen den zyklischen Gedanken illusorisch, auch wenn man die vier Werke im Laufe von acht bis zehn Tagen hintereinander gibt. Wie viele Besucher, namentlich in großen Städten, können sich gerade an diesen vier Abenden freihalten? Wie viele sind pekuniär nicht in der Lage, alle Teile zu sehen, und wie viele haben endlich gar keine Lust dazu und suchen sich lieber von Zeit zu Zeit denjenigen Teil aus, der ihnen gerade am besten zusagt. Welches sonderbar fragmentarische Dasein führt also das »Bühnenfestspiel«, wie es trotzdem noch auf den Plakaten genannt wird, trotz der zu so eminenter Wichtigkeit aufgebauschten Strichlosigkeit auf unseren Theatern!

Wie wenig ein für die große Oper und das Ballett gebautes Logenhaus den Ansprüchen genügt, die Wagner hier an die Szene stellt, soll gar nicht erst erörtert werden. Aber auch mit dem Bau eines dafür passenden Theaters ist es nicht getan. Den schlagendsten Beweis erbringt München. Dort steht das Prinz-Regenten-Theater, neben dem Bayreuther wie kein zweites für Wagner geeignet. Was läge nun wohl näher, als dort die »Nibelungen« ganz aus dem Repertoire des alten Hoftheaters loszulösen und sie nur im Prinz-Regenten-Theater zu geben? Und doch geschieht es nicht, und zwar aus naheliegenden Gründen. Gäbe man die »Nibelungen« auch im Winter im Prinz-Regenten-Theater, so wäre den Sommerfestspielen der besondere Charakter genommen, oder praktisch gesprochen, man könnte dann für diese nicht mehr die hohen Eintrittspreise erheben. Gäbe man sie aber nur im Sommer, so verletzte man die Ansprüche des ständigen Münchner Publikums, das seine »Nibelungen« auch während der eigentlichen Theatersaison hören will. So ereignet sich in der Stadt, wo die Verhältnisse so glücklich liegen wie nirgends anderswo, der merkwürdige Fall, daß das eingestandenermaßen für Wagner geschaffene Haus geschlossen ist, während in dem nach dem Muster italienischer Opernhäuser gebauten alten Hoftheater das »Bühnenfestspiel« aufgeführt wird. Eine Loslösung der »Nibelungen« aus dem Repertoire und eine damit verbundene Wahrung des ihnen gebührenden Festspielcharakters, die sich allmählich auch auf andere Werke, und zwar nicht nur auf solche Wagners, erstrecken könnte, also eine allmähliche Spezialisierung der Vorstellungen, was ihre Daseinsbedingungen betrifft, wäre sehr wohl, auch an anderen Orten wie München, möglich. Sie setzte aber eine eingreifende Reorganisation des gesamten Theaterbetriebes voraus, die sich, wenn überhaupt, erst in geraumer Zeit verwirklichen ließe. Vorerst müssen wir uns also damit abfinden, die »Nibelungen« als vier Repertoireopern zu betrachten, zu geben und zu behandeln.

Mit den strichlosen Aufführungen hat man eine Pflicht der Pietät gegen den großen Meister, eine Pflicht der Gewissenhaftigkeit, im Gegensatz zum früheren Leichtsinn, erfüllt; darüber besteht kein Zweifel. Hat man aber etwas für die Dauer Ersprießliches damit geschaffen? Ich glaube, nein. Dem Außergewöhnlichen ist der Stempel der Alltäglichkeit aufgedrückt und mit einem übermäßigen Aufwand von Kräften wird ein Zustand aufrecht erhalten, der alle Beteiligten schwächt.

In den letzten Jahren meiner Berliner Operntätigkeit, als die strichlosen »Nibelungen« unter meiner Leitung standen, kam es vor, daß ich das ermüdete Orchester in den Schlußakten nicht mehr zu einer energischen und fein abgestuften Leistung anfeuern konnte. Die Kräfte versagten und damit auch die künstlerische Fähigkeit. Desgleichen wurden die Sänger mitunter gegen den Schluß matt und führten ihre Aufgaben nur mit fühlbarer Anstrengung zu Ende. Damals schon tauchte mir der Gedanke auf, ob es nicht richtig wäre, eine Konzession zu machen, nach möglichen Strichen zu suchen und die ungekürzten Vorstellungen vielleicht bei Neueinstudierungen aufrecht zu erhalten, sie sonst aber Bayreuth oder besonders festlichen Veranstaltungen zu überlassen. Ähnliche Erfahrungen machte ich später auch in Wien. Und das geschah an den beiden größten Operntheatern. Wie mag es an kleineren Bühnen aussehen, wo man es wagt, ungekürzte Aufführungen der riesigen Werke mit unzulänglichen Mitteln zu Stande zu bringen? Wie oft nötigt die Übermüdung eines Darstellers, noch am Abend, während zweier Akte, eilige Striche anzuordnen, die stören, weil sie überhastet gemacht und nicht probiert sind. Wie oft *müssen* die Tempi überhetzt werden, weil den Sängern der Atem ausgeht und das Gefühl der allgemeinen Ermüdung gebieterisch zu möglichst frühem Schlusse drängt. Ist das künstlerisch?

Wenn ich im Publikum verschiedener Städte deutliche Zeichen der Abspannung gewahrte, wie das bedenkliche

Nachlassen des stets nach dem ersten Akt stärksten Beifalls, vorzeitigen Aufbruch, fluchtartiges Verlassen des Hauses bei und vor dem letzten Akkord, so richtete ich wohl manchmal an einen Besucher die Frage, ob ihn die große Länge ermüdet habe. Nicht selten erhielt ich die Antwort: »Freilich, aber man blamiert sich ja, wenn man's laut sagt.« Gewiß fällt eine derartige Antwort nicht schwer ins Gewicht, weil sie aus Kreisen stammt, die am Gängelbande geführt sein wollen. Auch das gleichgültige »Wir sind's einmal gewohnt« kann keinen höheren Wert beanspruchen. Wohl aber bestätigten mir feinsinnige Künstler und Menschen, deren Urteil mir wert ist, daß die störende Empfindung der Länge ihnen die Erhebung an Wagners Kunst wesentlich herabmindere. Schließlich machte ich an mir selbst die Erfahrung, daß ich einer ungekürzten Aufführung der letzten drei »Nibelungen«-Teile nur etwa dann mit voller Teilnahme folgen konnte, wenn ich selbst am Pult saß, mein Interesse also durch die mittätige Arbeit ungeschwächt erhalten werden konnte. Man lese doch einmal aufmerksam in Wagners Schriften nach, wie wenig er ein Publikum, das »mit ermüdetem Hirn«, »nach mühsam im Kontor, im Bureau oder in sonst welcher Berufstätigkeit hingequältem Tage« abends das Theater aufsucht, einer intensiven Aufnahme seiner Werke für fähig hält und beherzige ein wenig die Mahnungen, die er dort gibt.

Wie viele vortreffliche Sänger sind heute in verhältnismäßig jungen Jahren stimmliche Ruinen, weil sie ihre Kräfte durch die furchtbare Anstrengung der ungekürzten Aufführungen jahrelang übernommen haben. Wie dann, wenn einmal aus diesen Kreisen die Weigerung käme, das kostbare Kapital der Kehle länger dem Phantom der Strichlosigkeit zu opfern und erleichternde Kürzungen gebieterisch verlangt würden? — Wie dann, wenn eines schönen Tages auch etliche Beherzte im Publikum trotz Wagner- und anderer Vereine sich nicht mehr genierten, laut zu sagen, daß sie die Vorstellungen zu lang finden, und die große Menge ähnliche Gefühle entdeckte und allmählich wegbliebe? — Dann gäbe es nur zwei Möglichkeiten; entweder man schüfe Ausnahmebedingungen, oder die Direktoren griffen zum Rotstift. Es ist aber tausend gegen eins zu wetten, daß das letzte geschähe. Natürlich machte man nicht etwa neue gute, sondern holte die alten, schlechten Striche hervor, deren Sanktion durch den »Willen des Meisters« man leicht einschmuggelte. Die alte Sinnlosigkeit wäre wieder da, alles wäre zufrieden, und die Welt hätte sich wieder einmal gedreht.

Das Theater soll das Publikum erziehen; ganz gewiß. Überspannen aber heißt nicht erziehen. Ein Kind, dem man zuviel zumutet, wird schlecht erzogen, noch schlechter freilich, wenn man ihm eine Meinung mit Gewaltmitteln aufzwingen oder sein natürliches Empfinden durch Verherrlichung des nun einmal Gewohnten zu machtloser und unaufrichtiger Duldung einlullen will. Und mit dem Publikum geht es ebenso.

Zwei Wagner-Abende in London.

(1898.)

Mit sehr niedrig gespannten Erwartungen, offen gesagt, mehr begierig, das glänzende Bild, das der Zuschauerraum eines vornehmen englischen Theaters bietet, als die Vorgänge auf der Bühne zu sehen, begab ich mich in das Covent-Garden-Opernhaus in London, wo eine Vorstellung der »Meistersinger« in italienischer Sprache stattfand. Ich betrat die Loge während Pogners Ansprache an die Meister. Ein flüchtiger Blick zeigte mir das riesige, vom elegantesten Publikum dicht besetzte Haus, dann übte sofort die Musik ihren unwiderstehlichen Zauber aus und ließ mich alles andere vergessen. Mein Interesse steigerte sich von Takt zu Takt, und am Schluß des ersten Aktes war ich derartig hingerissen, daß ich, nachdem ich mir anfänglich vorgenommen hatte, höchstens einige Szenen »auszuhalten«, nunmehr beschloß, die ganze Aufführung zu hören und diese Absicht auch bis zum Beginn der letzten Verwandlung durchführte. Sicherlich wäre ich bis zum Ende geblieben, wenn die Striche, die in den ersten zwei Akten noch erträglich waren, in der Werkstattszene nicht Dimensionen angenommen hätten, die ein Genießen des Werkes unmöglich machten. Wenn Sachs nach Davids Abgang statt mit »Wahn, Wahn, überall Wahn« mit der Stelle begann, die im Deutschen heißt »Wie friedsam treuer Sitten, getrost in Tat und Werk«, wenn ferner von der Szene zwischen Sachs und Walther, vielleicht dem Höhepunkt der Dichtung und Musik, nur Rudimente übrig blieben, denen sich das Preislied wohl oder übel anschloß, so konnte ich nur die Lehre davontragen, wie man nicht streichen darf, will man sich nicht der Verstümmelung schuldig machen. Der Geist Vinzenz Lachners schien mir wieder lebendig geworden. Als nun gar nach dem Quintett ein friedlicher Ges-dur-Schluß ertönte, und eine Pause für den Applaus eintrat, zog ich es vor, auf den Rest zu verzichten. Trotzdem verließ ich das Theater mit dem Bewußtsein, einen in seiner Art ganz einzigartigen künstlerischen Eindruck erhalten zu haben. Woher mochte dies kommen, da doch eigentlich fast alle Vorbedingungen für eine gute Aufführung der »Meistersinger« fehlten?

Abgesehen von den unverantwortlichen Kürzungen, namentlich im dritten Aufzuge, mangelte es auch vollständig an jeder Regie, deren sorgfältige Führung mich einige Wochen vorher in der Pariser großen Oper, ebenfalls gelegentlich einer »Meistersinger«-Aufführung, sehr befriedigt hatte. Im zweiten Aufzuge z. B. suchte man vergeblich nach der Laube, in der sich Walter und Eva verbergen konnten. Hinter einer Bank war ein grüner Busch aufgestellt, welcher die vor ihm Sitzenden den Blicken jedes Vorübergehenden preisgab. Das Pärchen mußte das Heikle seiner Situation wohl empfinden, denn während Sachsens Schusterlied verschwand es und ward bis zum Fallen des Vorhanges nicht mehr gesehen. Possierlich wirkte das plötzliche Auftreten und die halbkreisförmige Aufstellung des Chores in der Prügelszene. Alle Verstöße und Unterlassungssünden aufzuzählen, ist unmöglich. Gewiß wird auch niemand behaupten wollen, daß eine Übertragung in das Italienische dem Eindruck des urdeutschen Meisterwerkes förderlich sei. Wie ist also die merkwürdig große, oft sogar faszinierende Wirkung zu erklären, welche gerade diese Londoner Vorstellung der »Meistersinger« auf mich ausübte? — Die Antwort lautet: »Es wurde an diesem Abend ausgezeichnet — g e s u n g e n.« — Man wird mich kopfschüttelnd fragen: »Ist es möglich, daß einzelne vorzügliche Gesangskräfte über sonstige, schwerwiegende Mängel der Darstellung hinwegtäuschen können?« — In unserem lieben deutschen Vaterlande hört und liest man gar viel von stilgerechter, historisch treuer Ausstattung, man erfährt unter der Hand auch mitunter die Kosten, welche diese »Echtheit« der von berühmten Meistern gezeichneten Dekorationen und Kostüme verschlungen hat. Man hört ferner von der unerhörten Prachtentfaltung des Orchesters und von so manchen anderen wesentlichen und unwesentlichen Faktoren einer Opernaufführung; nur von einem spricht man wenig und nicht gerne — vom Gesange. Das wirklich schöne Singen, der *bel canto* ist an den deutschen Theatern mit wenigen Ausnahmen vollständig verschwunden, und alle sonstigen Betäubungsmittel für Auge und Ohr können uns diese Lücke nicht verdecken. Wir haben leider vielfach vergessen, daß Singen eine Kunst ist. Darum atmete ich tief auf im wonnigen Gefühle eines ungewohnten Genusses, als ich einmal, leider im Auslande, die gegenteilige Erfahrung machte, und vortreffliche Sänger mich sonstige Unzulänglichkeiten der Darstellung momentan vergessen ließen. Die Opern müssen gesungen, und zwar schön, gut und künstlerisch gesungen werden. Das ist das oberste Gesetz, über welches uns nichts hinweghilft. »Aber,« wird mich dieser oder jener wieder fragen, »sollte der *bel canto* auch in den neueren Werken von Wagner, die keine eigentlichen Opern sind, z. B. gerade in den doch vorwiegend deklamatorisch behandelten ‚Meistersingern' wirklich ebenfalls von so großer Wichtigkeit sein?« Dem so Fragenden hätte ich gewünscht, daß er mit mir ein Zeuge jener Vorstellung in London gewesen wäre, und den Zauber, den das schöne Singen nicht nur eines einzelnen, sondern aller Hauptdarsteller ausübte, auch an sich selbst empfunden hätte.

Wie wundervoll erklang die gewiß im besten Sinne des Wortes »deklamatorisch« gehaltene Anrede Pogners an die Meister aus dem Munde Plançons. Man verstand, daß Wagner gerade diese Episode, wenn er sich in seiner Ausdrucksweise gehen ließ, mit »Arie« bezeichnet hatte. Wie entzückend sang der berühmte

Jean de Reszke, den ich an diesem Abend zum ersten Male hörte, den Walther! Keine besonders große Stimme, keine Riesentöne standen ihm zur Verfügung, aber dafür welche Klarheit des Vortrags, welches intime Verständnis für Melodik, für Aufbau der Perioden, und welche Beherrschung des Materials! Nicht nur die »Lieder« im ersten und dritten Akte kamen wundervoll zur Geltung, sondern jede, auch die kleinste Phrase wurde gesungen, wirklich gesungen, nicht mit »Sprechgesang« hervorgestoßen. Dabei kam doch alles ausdrucksvoll und sinngemäß belebt zur Geltung. Welche Wohltat war es, die gefürchteten Stellen der Eva im dritten Akt »O Sachs mein Freund« und die Oberstimme des Quintetts ohne Forcieren des Tones, ohne fühlbare Anstrengung von Frau Eames vortragen zu hören, während man es den meisten unserer im Ganzen allerdings temperamentvolleren deutschen Evchen anmerkt, wie sie sich dabei abquälen müssen, und zwar aus dem einfachen Grunde, weil sie zu wenig singen gelernt haben, und ihnen bei dem, fortwährend in allen Gattungen der Oper wechselnden Repertoire unserer Theater auch die Möglichkeit einer weiteren Ausbildung nach dieser Seite geraubt ist. Auch der Vertreter des Beckmesser, der sich im Spiel zu täppisch gab, sang vortrefflich. Die Partie des Sachs war zu lächerlich zusammengestrichen, als daß es dem mit einer unvergleichlichen Baritonstimme begabten Eduard de Reszke möglich gewesen wäre, sie voll zur Geltung zu bringen. Hier wirkte die Erinnerung an die unvergeßlichen Vorbilder Betz und Gura zu mächtig. Immerhin ließen die übrig gebliebenen Bruchstücke der Rolle die hohen Vorzüge auch dieses Sängers zutage treten.

An einem deutschen Hoftheater hörte ich vor Jahresfrist eine Vorstellung der »Meistersinger« in durchwegs mittelmäßiger Besetzung, aber es war keine Note gestrichen, und Ausstattung sowie Inszenierung ließen keinen Wunsch unbefriedigt. Trotzdem kam kein Gefühl warmer Teilnahme in mir auf. Im Covent-Garden in London ging es so stillos wie möglich her, aber es wurde schön gesungen, und ich lauschte hingerissen der herrlichen Musik, deren Wirkung mir so jung und frisch erschien wie nie zuvor. Noch mehr aber als bisher lernte ich das herrliche Werk lieben, das diesmal in so völlig ungewohnter Gewandung, ich möchte sagen, auf den ihm so gänzlich ferne liegenden Boden der italienischen Oper verpflanzt, mir seinen wunderbaren Wert in noch höherem Maße als früher offenbarte, weil ein Element seines Wesens mir dank der Sänger deutlicher zu Bewußtsein kam, als bei den deutschen Aufführungen, nämlich sein speziell melodischer Gehalt. Mit beglückender Deutlichkeit empfand ich es wiederum, daß Wagner, so viel neue Ausdrucksmittel er auch gefunden, so viel neue Wege er betreten hat, sich doch vom Wesen der Musik, als der über allem Wort- und Begriffsinhalt stehenden Kunst, niemals so weit entfernt hat, als er vielleicht selbst geglaubt und gewollt hat, daß er niemals ein schaler Illustrator und leerer Tonmaler geworden ist, wie leider so mancher spätere Komponist, sondern daß aus seinen Werken, wenn auch in anderer Weise, noch derselbe Genius spricht, den wir in den Tonschöpfungen unserer älteren Meister anbeten. Wie wäre es sonst möglich gewesen, daß eine Aufführung, die beinahe in jeder Hinsicht die Forderungen des Schöpfers unerfüllt ließ, durch den einzig noch übrig gebliebenen künstlerisch-musikalischen Gesang eine ergreifende Wirkung ausüben konnte? Ich gestehe offen, daß ich, vor die Wahl zwischen einer sogenannten stilgerechten Aufführung mit ungenügenden Sängern und einer stillosen mit Künstlern des Gesanges gestellt, dieser den Vorzug gebe. Die Musik ist auch in Wagners Werken das mächtigste und wichtigste Ausdrucksmittel. Ihr muß zuerst Gerechtigkeit widerfahren.

Noch einen Umstand will ich erwähnen, der in der betreffenden »Meistersinger«-Aufführung den musikalischen Eindruck wesentlich verstärkte. Sie wurde überraschend gut dirigiert. Ich sage »überraschend«, denn nie hätte ich geglaubt, daß ein Italiener die Partitur der »Meistersinger« so beherrschen könne, wie Kapellmeister Mancinelli. Er dirigierte mit so viel Temperament und Energie, mit so richtigem Erfassen des Melos und feinem Verständnis für die Dynamik des Orchesters, dabei ohne Nervosität, ohne die Kunststückchen des fatalen »*Tempo rubato*«, daß ich manchem deutschen Dirigenten wünschte, von ihm lernen zu können.

Einige Tage nach den »Meistersingern« hörte ich im Covent-Garden die zweite Hälfte von »Tristan und Isolde«. Vor allem konnte ich wieder Jean de Reszkes Gesangskunst bewundern, mit der er die gewaltige Rolle des Tristan bewältigte. Die Striche waren in mäßigen Grenzen gehalten, doch störte mich in dieser Aufführung — so paradox es klingen mag — die deutsche Sprache, weil man es zu deutlich merkte, daß Ausländer sangen. Wagners melodische Phrasierung ist so eng verwandt mit den Worten, daß auch der beste Sänger nicht voll zur Geltung kommen kann, wenn er in den Geist der Sprache nicht eingedrungen ist, und man ihm die Mühe anmerkt, die ihm das Erlernen seiner Rolle mit den ihm fremden Worten bereitet hat, abgesehen davon, daß bei der außergewöhnlich schwierigen Behandlung der Sprache und Wortstellung, wie sie Wagner gebraucht, Gedächtnisfehler nur zu leicht unterlaufen. Jedes Bühnenwerk wird naturgemäß in seiner Originalsprache am besten zur Erscheinung kommen. Ist es jedoch, was deutsche Opern betrifft, nicht zu ermöglichen, daß sich ausländische Sänger das deutsche Idiom so aneignen, wie ihre Muttersprache, was jahrelange Übung und ein tiefes Erfassen der edlen Seite des deutschen Wesens erfordert, so wird man besser tun, die Werke im Ausland in derjenigen Sprache aufzuführen, die den Sängern die geläufigste ist, natürlich in möglichst guter Übersetzung. Der Eindruck wird dann immerhin noch ein vollkommenerer sein, als er durch Radebrechen des Originals erreicht wird. Dies erfuhr ich zur Genüge in den italienischen »Meistersingern«. Wenn freilich viele unserer stimmbegabten, hoffnungsvollen Bühnensänger sich so manchen Ausländer, wie z. B. Jean des Reszke, als Vorbild nehmen und dieselbe Mühe, denselben Ernst auf die Vervollkommnung ihrer stimmlichen Technik verwenden wollten, wie jener auf das Bewältigen Wagnerscher Rollen in der schwierigen deutschen Sprache, so wäre unseren Theatern viel geholfen. —

Erinnerungen an Liszt.

Im Frühling des Jahres 1882 kam ich zum erstenmal nach Weimar. Konrad Ansorge, mein damaliger Kollege am Leipziger Konservatorium, hatte mich ermutigt, brieflich bei Liszt anzufragen, ob ich ihm etwas von meinen Kompositionen vorlegen dürfe. Ich tat es nach Überwindung einiger Scheu, denn ich erwartete sicher, keine Antwort zu erhalten, stellte ich mir doch Liszt, obwohl er nur zwei Eisenbahnstunden weit von mir wohnte, nicht anders vor, als in unerreichbarer Ferne, gleichsam in einem hochgelegenen, prächtigen Palaste thronend, wo es nur Glanz und Glorienschein gäbe. Aber die Antwort kam, postwendend sogar und von seiner eigenen Hand geschrieben, daß ich ihn jeden Nachmittag von 3 bis 7 Uhr »freundlich bereitwillig« anträfe. Es waren dies die Stunden, in denen Kunstbeflissene nach vorheriger Anmeldung bei ihm erscheinen und ihm entweder Proben ihres Könnens ablegen oder zuhörend seiner Unterweisungen teilhaftig werden durften. Einzelunterricht gab er nicht, auch nahm er keine Honorare. Der Titel »Schüler von Liszt« ist daher in sehr weitem Sinne aufzufassen; viele haben sich ihn beigelegt, die kein Recht dazu besaßen.

Ansorge und ich fuhren nach Weimar. Nach einer weihevollen Stunde in Schillers pietätvoll erhaltener letzter Wohnung gingen wir nach Liszts Behausung, der Hofgärtnerei, die so gar nichts von meinem Phantasiepalast an sich hatte. Der erste Eindruck konnte einen Neuling wohl einschüchtern. Bereits auf der Treppe hörte ich heftiges Schelten. Beim Öffnen der Tür gewahrte ich Liszt, von einer Menge von Personen umgeben, vor dem Klavier stehen, an dem ein blasser Jüngling saß, der recht schlecht gespielt haben mußte, denn Liszt kanzelte ihn unbarmherzig herunter. »Glauben Sie, daß ich dazu da bin, Ihre ungewaschene Wäsche zu waschen?« rief er in höchster Wut und warf die Noten auf die Flügeldecke. Kaum jemals, auch nicht nach recht minderwertigen Darbietungen habe ich Liszt wieder so zornig gesehen wie gelegentlich unserer allerersten Begegnung. Der Jüngling stahl sich wie ein begossener Pudel vom Klavier fort, und Liszt wandte sich heftig um, wodurch sein Blick zufällig gerade auf mich fiel; sofort wurde er ruhig und sah mich fragend an. Ich nannte meinen Namen und berief mich auf meinen Brief. »'s ist gut, 's ist gut,« brummte er und gab mir freundlich die Hand. Ich bewunderte die Selbstbeherrschung, mit der er seinen Unmut dem fremden Ankömmling gegenüber so rasch gedämpft hatte. Nun betrachtete ich ihn genauer. Die hagere, hohe Gestalt, die ich nach seinen Bildern erwartet hatte, fand ich nicht mehr; er war beleibt, und sein Rücken war ziemlich gekrümmt, was ihn kleiner erscheinen ließ, als er war. Auffallend helle Augen blitzten aus dem mächtigen Kopfe hervor, von dem langes, schneeweißes Haar in unverminderter Fülle herabfiel. Der Gang war etwas schlürfend.

Es kamen nun einige belanglose Vortäge, die Liszt mahnend und verbessernd unterbrach. Mitunter spielte er selbst einige Takte, und es war denkwürdig, zu sehen, mit welch spielender Leichtigkeit er technische Schwierigkeiten überwand, an denen sich andere die Finger zerbrachen. Von der eigentlichen Bedeutung seines Klavierspiels sollte ich freilich erst später einen Begriff bekommen. Dann setzte sich ein bescheidener junger Mann ans Klavier und donnerte — ich finde kein anderes Wort für diese Art von Spiel — die große A-moll-Etude von Chopin. Alles war sprachlos vor Erstaunen. Liszt hob die Arme weit empor, rief: »Es ist außerordentlich, außerordentlich!« und umarmte und küßte den Spieler. Es war Eugen d'Albert, der bald nachher seinen Siegeslauf durch die Welt antreten sollte.

Endlich wurde ich zum Spielen gerufen. Ich hatte Klavierstücke mitgebracht, die später unter dem Titel »Phantasiebilder« erschienen sind. Ein unerwarteter harmonischer Übergang in den ersten Takten veranlaßte Liszt, mir ein ermunterndes »Bravo!« zuzurufen, das er an einer späteren Stelle wiederholte. Im dritten Stück mißglückte mir eine Passage in der linken Hand.

»Nicht pudeln!« unterbrach er, mir die Hand haltend, »das tut man nur auf dem — Konservatorium,« und ich mußte die Stelle nochmals spielen, die mir nun auch gelang. Auf die Konservatorien war Liszt sehr schlecht zu sprechen und ließ bei jeder Gelegenheit seinen Spott gegen diese Anstalten los; mit Vorliebe belegte er sie mit dem Ehrentitel »abgestandene Eierspeisen«. Nur dem Wiener Konservatorium zollte er etwas größere Hochachtung. Nachdem ich geendet hatte, lud er mich ein, nunmehr öfter zu kommen, womit der erste Besuch schloß.

Nach ungefähr acht Tagen fuhr ich wieder zu ihm, verhielt mich aber diesmal nur zuhörend. Bemerkenswert war mir dieser zweite Besuch dadurch, daß ich zum erstenmal eine seiner größeren Kompositionen hörte. Zwei seiner Schüler spielten auf zwei Klavieren die »Festklänge«. Bei einer sehr graziösen Stelle konnte ich einen Ausruf des Wohlgefallens nicht unterdrücken, was Liszt, der neben mir stand, veranlaßte, mir freundlich die Wange zu streicheln. Auch heute noch liebe ich die selten gespielten »Festklänge« sehr; sie sind frisch in der Erfindung und von prächtiger Orchesterwirkung. Das nächstemal sah ich Liszt im Sommer desselben Jahres gelegentlich der ersten »Parsifal«-Aufführungen im Hause Wahnfried, wo ich durch Heinrich Porges, den »Blumenvater«, wie er als Einstudierer des Chores der Blumenmädchen genannt wurde, eingeführt worden war. In diesem erlauchten Kreise hielt ich meine Sehnsucht, mich ihm zu nähern, bescheiden zurück; doch war ich Zeuge einer schönen Szene. Liszt, der erst am selben Abend angekommen war, wurde in ein Nebenzimmer gebeten, in das ich, ohne indiskret zu sein, durch eine halbgeschlossene Portiere gut hineinsehen konnte. Plötzlich stürzte dort

Wagner herein und flog an Liszts Hals. Es war fast drollig zu sehen, wie der kleine Mann an der ihn trotz der schon gebückten Haltung hoch überragenden Gestalt Liszts in ungestümer Freude emporsprang. Bald darauf erschien Wagner, den ich damals zum erstenmal sah, an Liszts Arm im Kreise der Gäste.

Erst im nächsten Jahre wurden meine Beziehungen zu Liszt bedeutungsvoller. Ich hatte im Herbst 1883 eine Oper »Sakuntala« vollendet und bat ihn abermals brieflich, diesmal vertrauensvoller, das Werk seinem Urteil unterbreiten zu dürfen. Auf seine zustimmende Antwort fuhr ich nach Weimar mit der Absicht, am nächsten Nachmittag zur allgemeinen Versammlungsstunde hinzugehen. Am Morgen nach meiner Ankunft aber — ich weiß nicht, wer Liszt davon Mitteilung gemacht hatte — erschien sein Diener bei mir mit der Aufforderung, gleich zu ihm zu kommen und die Oper mitzubringen. Ich stand zum erstenmal dem Gewaltigen allein gegenüber. Nachdem er die Partitur aufgeschlagen hatte, lobte er meine deutliche Handschrift; dann las er ziemlich lange darin. Hierauf forderte er mich auf, die Partitur bei ihm zu lassen und abends wieder zu kommen, um ihm daraus vorzuspielen. »Dann ist niemand sonst mehr da,« sagte er, »nur Hofkapellmeister Lassen will ich's sagen, und Otto Leßmann aus Berlin, der gerade hier ist. Es wird Ihnen nützen, wenn diese Herren was davon hören.« Am Abend spielte ich und sang, so gut ich konnte, den ersten Akt, den Liszt in gütigster Weise lobte. Auch die beiden anderen Herren äußerten sich sehr beifällig über meinen ersten dramatischen Versuch. Liszt lud mich, nachdem er über einige Stellen der Partitur sehr eingehend gesprochen hatte, zum Abendessen ein und forderte mich dabei auf, ganz nach Weimar zu ziehen. Er werde diesmal wohl länger dableiben als sonst, meinte er, und dann solle ich nur immer zu ihm kommen. Ich willigte mit tausend Freuden ein, und in kurzer Zeit war Weimar meine Heimat.

Nun begann eine an Anregungen überaus reiche Zeit meines Lebens. Der eigentümliche Dornröschenzauber des thüringischen Landes hatte mich bald umsponnen. War und ist mir doch immer, als schliefen sie nur, die anmutigen und großen Gestalten, die einst dort wandelten, und müßten sie eines Tages in verjüngter Gestalt wieder erwachen, die Saat, die in diesem geheiligten Boden ruht, zu neuem, herrlichem Blühen erweckend. Die Stadt Weimar bot im Jahre 1883 ein charaktervolleres Bild als heute, wo sie durch stillose Neubauten in mancher Beziehung entstellt ist, und aus ihrer großen Zeit spannen sich noch schwache persönliche Fäden in die Gegenwart herüber. Der Großherzog Karl Alexander, den man sehr mit Unrecht zum Urbild der Serenissimus-Anekdoten gemacht hat, hatte Karl August, seinen Großvater, noch gekannt und war von Goethe unterwiesen worden. So war der verehrungswürdige Fürst der bedeutendste lebende Zeuge der klassischen Vergangenheit. Aber es gab deren noch mehrere. Ein ständiger Gast Liszts war Hofrat Gille aus Jena, der als Knabe öfter bei Goethe war. Da die Enkel des Dichters noch lebten, lag über seinem, für die Allgemeinheit verschlossenen Hause der Reiz der Unnahbarkeit, und nur durch besondere, schwer zu erlangende Vergünstigung konnte man die geheimnisvollen Räume für kurze Zeit betreten. Schließlich war es mir bedeutungsvoll, daß die alte Dame, bei der ich mich eingemietet hatte, sich sehr deutlich an Goethe erinnerte und erzählte, ihm einmal, als er gerade ausfahren wollte, ein Blumensträußchen überreicht zu haben.

In Liszts Haus versammelten sich Künstler und interessante Persönlichkeiten aus aller Herren Länder. Naturgemäß waren die Pianisten, von denen Friedheim, Reisenauer, Sauer, Stavenhagen und Siloti ständig in Weimar wohnten, weitaus in der Überzahl. Aber auch Sänger kamen, Cellisten, Geiger; ein Lieblingsgast war der Harfenist Posse aus Berlin, der Liszt durch sein geniales Spiel stets hoch erfreute. Fast jeden Nachmittag war Versammlung beim »Meister«, wie wir Liszt kurzweg nannten. Wahl und Reihenfolge der Vortäge bestimmte er in zwangloser Weise; seine Bemerkungen waren kurz und treffend. Herzlich und rückhaltlos lobte er, wenn Bedeutendes geleistet wurde. Tadel kleidete er häufig in das Gewand des umschreibenden Sarkasmus, aber nicht jeder war feinhörig genug, ihn richtig zu verstehen und hielt für Lob, was in Wirklichkeit scharfe Verurteilung war. Die Unfähigkeit mußte schon sehr offen hervortreten, wenn er ungeduldig werden sollte; aber selbst dann vermochte er mitunter ein Wort zu finden, das die Ablehnung wenigstens scheinbar milderte. Einmal spielte eine sehr hübsche junge Dame eine Chopinsche Ballade ganz dilettantenhaft. Liszt ging aufgeregt herum und murmelte: »Heiliger Bimbam! Heiliger Bimbam!« Wir alle waren begierig, was erfolgen würde. Als sie geendet hatte, ging er freundlich auf sie zu, legte die Hand wie segnend auf ihre Locken, küßte sie auf die Stirn und sagte leise: »Heiraten Sie bald, liebes Kind — Adieu!«

Atemloses Schweigen legte sich über die Versammlung, wenn der Meister selbst an das Klavier trat. War er in angeregter Stimmung, so spielte er auch wohl länger, mitunter sogar ein ganzes Stück. Nie habe ich wieder einen ähnlichen Anschlag gehört. Ältere seiner Zeitgenossen berichten von seiner ungestümen Kraft, von der alles fortreißenden titanenhaften Gewalt seines Spieles. Das war vorbei; reifste Vollendung war an die Stelle jugendlichen Überschwangs getreten. Er saß in würdevoller Haltung, fast unbeweglich vor dem Instrument, und, was er auch spielte, Einfaches oder Kompliziertes, Figuration oder Kantilene, die Hände glitten mit vollkommener Ruhe über die Tasten; aber aus den langen, schmalen Fingern floß ein warmer, magnetischer Strom und es klang, als sänge die Seele des Klaviers. Drei Jahre später, als ich an seinem Totenbett stand, mußte ich sinnend immer wieder diese fein geformten Hände betrachten, von denen so viel rätselvoller, nun für ewig verstummter Zauber ausgegangen war.

Einige Bevorzugte, zu denen ich so glücklich war, mich zählen zu dürfen, hatten die Erlaubnis erhalten, auch zu anderen als den gemeinsamen Stunden zu ihm zu kommen. Einmal war ich allein in der Hofgärtnerei, als ein neues Stück eines italienischen Komponisten eintraf. »Das wollen wir gleich zusammen durchspielen,« sagte Liszt; ich mußte sogar die obere Partie übernehmen. Das Stück war wertlos (»vortrefflich vom Verleger ausgestattet« lautete des Meisters Urteil), aber ich danke ihm die unvergeßliche Erinnerung, mit Liszt vierhändig gespielt zu haben.

Wertvolle Einblicke in sein inneres Leben konnte ich durch den immer vertrauter werdenden Umgang mit ihm gewinnen. Alle seine menschlichen Eigenschaften wurden überstrahlt durch seine unerschöpfliche Güte. Wie vielen hat er den Weg geebnet, wie viele heimlich unterstützt! Wie war er stets bemüht, unbekannte, bedeutende Werke der Vergangenheit ins richtige Licht zu setzen und auf solche der Gegenwart das Augenmerk zu lenken! Was Wagner und andere ihm verdanken, ist zu bekannt, als daß ich hier daran erinnern müßte. Seine Güte war so groß, daß sie mitunter in Schwäche ausartete, indem er nicht vermochte, Personen von minderwertiger Qualität abzuschütteln, die sich geschickt an ihn heranzudrängen wußten. Bis zum vollständigen Übersehen dessen, was er der, durch seine Persönlichkeit so adelig vertretenen Kunst schuldig war, konnte in seinen letzten Lebensjahren diese Schwäche gehen.

Sein in vieler Hinsicht äußerst fein ausgebildetes Kunstempfinden wies auch deutliche Lücken auf. So mußte ich bald erkennen, daß der Sinn für das Dramatische bei ihm nicht stark entwickelt war. Wenige Tage, nachdem ich ihm den ersten Akt meiner »Sakuntala« gezeigt hatte, spielte ich ihm auf seine Aufforderung hin die beiden anderen Akte vor. Das Eintreten des Königs Duschyanta im Tempel wird von einer orchestralen Steigerung vorbereitet, die im kräftig instrumentierten Königsthema gipfelt. Liszt unterbrach mich: »Diese Stelle müssen Sie zweimal bringen!« Ich erwiderte erstaunt: »Aber, Meister, ich kann den König doch nicht zweimal auftreten lassen.« — »Das macht nichts; schöne Stellen muß man wiederholen,« war die Antwort, und trotz meiner Einwendungen blieb er bei seinem »wiederholen!« und fügte noch hinzu: »Nicht zu viel reflektieren, sich mehr gehen lassen! Auch Wagner hat sich leider oft nur sehr reflektiert gehen lassen.« Den Rat, schöne Stellen einfach zu wiederholen, gab er häufig; es dürfte nicht zu verkennen sein, daß eine Schwäche seiner Kompositionsweise vom eigenen Befolgen dieses Rates herrührt. Besuchte er eine Oper, so sah er selten auf die Bühne; meistens las er in einer Partitur oder in einem Klavierauszuge mit. Die szenischen Vorgänge waren ihm gleichgültig. Dadurch ist auch erklärlich, daß er die Theateraufführung seiner »Heiligen Elisabeth« nur sehr widerwillig gestattete, trotzdem eine poesievolle Darstellung dem Eindruck dieses Werkes vorteilhaft ist.

Merkwürdig wenig hatte er für den Humor in der Musik übrig. Die besten Werke der französischen Spieloper bedachte er mit nicht gerade schmeichelhaften Ausdrücken, ja, einmal gestand er mir, daß ihm sogar Mozarts »Figaro« langweilig sei, während er von der »Zauberflöte« mit der größten Bewunderung sprach. Auch von symphonischen Werken standen ihm solche ernsten Charakters unverhältnismäßig näher als die heiteren. In seinen Kompositionen findet sich dazu die Parallele; die Lisztsche Musik ist pathetisch, glänzend, leidenschaftlich oder schwärmerisch; gänzlich aber fehlt ihr jenes halb kindliche, halb göttliche Lachen, das die klassischen Meister und Brahms anstimmen konnten, jenes Lachen, das den, der tragischen Muse dienenden Wagner zwang, die »Meistersinger« zu schaffen, und das sogar die Züge des gestrengen Bach mitunter erhellte. Eine Ausnahme scheint sein Eintreten für den »Barbier von Bagdad« zu bilden, doch hat er auch hier den Wert der gerade für den humorvollen Charakter des Werkes wichtigen Originalouvertüre so weit verkannt, daß er Cornelius veranlaßte, eine zweite, viel bombastischere, aus Themen der Oper zusammengesetzte Potpourri-Ouvertüre zu schreiben.

Gegen Brahms verhielt sich Liszt ablehnend. Leider hatte die Art, wie Brahms vielfach als Gegenpapst des großen Reformators des musikalischen Dramas ausgespielt wurde, nicht nur diesen, sondern auch seinen treuesten Freund und Vorkämpfer, sowie alle aufgereizt, die zu beiden hielten. Dadurch ist einem Teil der jüngeren Künstlergeneration, und ich muß es bekennen, auch mir, der Blick so weit getrübt worden, daß die Erkenntnis von Brahms' monumentaler Bedeutung erst in späteren Zeiten möglich wurde. Immerhin soll Liszt, was ich allerdings nicht aus eigener Erfahrung bestätigen kann, den Wert von Brahms' herrlichem B-dur-Konzert so weit erkannt haben, daß er, alles Persönliche hintansetzend, es einigen Schülern empfohlen hat.

In hellster Erinnerung steht mir eine mit Liszt unternommene Fahrt nach Eisenach, wo ich Bülow persönlich kennen lernte, der dort mit der Meininger Hofkapelle konzertierte. Die Situation mag für Liszt nicht ganz leicht gewesen sein, denn Bülow stellte ihm damals seine zweite, ihm erst seit kurzem angetraute Gattin vor; doch des Meisters weltmännisches Feingefühl überwand sofort die Spannung des ersten Moments, und der ganze Abend verlief in anregender Weise. Bülow hatte seinen guten Tag; er war nicht nur menschlich sehr liebenswürdig und von übersprudelnder Laune, sondern dirigierte auch so frei von Übertreibungen, wie ich es in späteren Zeiten nicht oft mehr von ihm gehört habe. Ich saß in einer Bühnenloge hinter Liszt. Bei der wundervollen Stelle in der Ouvertüre »Römischer Karneval« von Berlioz, wo die in den Violinen erklingende Kavatine aus der Oper »Cellini« von den Violoncellen kanonisch imitiert wird, wandte sich Liszt strahlenden Auges zu mir um und rief wiederholt: »Wie schön klingt das!« Selten habe ich sein Gesicht von solcher Hoheit verklärt gesehen wie in diesem Augenblick. Aber auch humoristische Episoden sollten wir noch erleben. Die Erzählung, daß Bülow sich in Köln, als er Ferdinand Hiller in der ersten Reihe gewahrte, den Flügel habe umdrehen lassen, um Hiller den Rücken zuzukehren, war damals in aller Munde. Als sich nun Bülow in Eisenach anschickte, ein Klavierkonzert von Raff zu spielen, ließ er sich den Flügel etwas anders stellen. »Halloh!« rief Liszt so laut, daß man es wohl auch im Saale vernahm, »es ist doch kein Hiller da!« Während einer sehr süßlichen Stelle der Raffschen Komposition flüsterte er mir mit unnachahmlich schalkhaftem Ausdruck ins Ohr: »Das sind die von der Familie erlaubten Zärtlichkeiten.« Noch in der Bahn hatte er mich gebeten, gelegentlich mit Bülow das Gespräch auf den Sänger Anton Schott zu bringen, mit dem jener das verhängnisvolle Rencontre in Hannover gehabt hatte. »Sie werden sehen,« sagte er, »Bülow wird dann einen prächtigen Witz machen, den ich Ihnen vorher nicht verraten will.« Als wir nach dem Konzert in kleinem Kreise zusammen waren, folgte ich Liszts Rat. Sofort platzte Bülow heraus: »Schott, vortrefflicher Sänger! Entweder dis-toniert oder des-toniert er; mitunter singt er richtig, da de-toniert er!« — »Sehen Sie, was ich Ihnen gesagt habe,« triumphierte Liszt zu mir, »diesen Witz macht er immer, wenn von seinem Freunde Schott die Rede ist.«

Der Aufführung meiner »Sakuntala« im März 1884, die ich Liszts Empfehlung verdankte, wohnte er nicht bei, da er um diese Zeit in Rom war, doch hatte ich die Ehre, ihm die dritte Vorstellung gelegentlich des Tonkünstlerfestes in Weimar selbst vorzudirigieren. Oft habe ich bedauert, schon als zwanzigjähriger, unreifer Jüngling diesen herrlichen Stoff gewählt zu haben. Statt dem Schauspiel Kalidasas seine naive Poesie zu belassen, glaubte ich, tief im Wagnerismus befangen, ein tristanisches Stück schaffen zu müssen. Diesen Grundfehler meiner dramatischen Erstlingsarbeit erkannte ich sehr bald. Liszts Rat, künftig mehr nach Einfachheit des Ausdrucks zu streben, war mir wertvoll, und ich bin ihm gefolgt.

Der Mangel jeglichen Vermögens zwang mich, Weimar zu verlassen und einen Posten als Kapellmeister anzustreben. Mein Schicksal verschlug mich nach Königsberg, wodurch ich zu meinem Schmerz auch von Liszt getrennt wurde. Immerhin nahm ich es als günstiges Omen an, daß Liszt zu Königsberg insofern in Beziehung stand, als er Ehrendoktor der dortigen Universität war. Von jetzt an sah ich ihn nur noch vorübergehend, aber dann in denkwürdigen Stunden. Im Frühjahr des Jahres 1885 wohnte ich einige Monate in Sondershausen bei Reisenauer, der dort Lehrer am Konservatorium war. Wir beschlossen, unserem Meister einen Ehrenabend zu veranstalten und übten zu diesem Zweck die Faust- und die Dante-Symphonie auf zwei Klavieren ein. Die Chöre und Soli, die von einer Galerie herabklangen, studierte Professor Schultz-Dornburg ein. Liszt hatte versprochen, zu kommen, und wir ließen es uns natürlich nicht nehmen, ihn dazu von Weimar abzuholen. Auf der Fahrt ereignete sich ein heiteres Intermezzo. In Erfurt, wo der Zug nach Sondershausen abzweigt, waren wir zu Fünft in einem Coupé untergebracht: Liszt, Reisenauer, Siloti, ich und Liszts Diener, der ihn immer begleitete. Liszt schien zu schlafen und war tief in eine Ecke zunächst dem Fenster gelehnt, so daß er von außen kaum zu sehen war. Ein Passagier wollte einsteigen, wurde aber vom Schaffner daran gehindert, der Liszt offenbar kannte und ihn mit uns allein lassen wollte. Der Passagier suchte aber den Eintritt zu erzwingen, räsonnierte fortwährend und rief endlich: »Aber es sind doch nur vier Personen drin!« — »Fünf!« rief Liszt plötzlich mit Donnerstimme und steckte sein Riesenhaupt mit finsterem Ausdruck zum Fenster hinaus. Der biedere Erfurter glotzte ihn erschreckt an und entfloh.

In Sondershausen empfingen den Meister der gesamte Lehrkörper sowie die Zöglinge des Konservatoriums; ein schönes Mädchen überreichte ihm Blumen. Unsere Hausleute hatten zwei nette Zimmer für ihn und seinen Diener hergerichtet, denn wir wollten der Ehre teilhaftig werden, Liszt als unseren Gast zu begrüßen, was bei seiner Anspruchslosigkeit nicht sehr umständlich war. Das Konzert verlief zu seiner großen Zufriedenheit. Eine Mahlzeit schloß sich daran, bei der die Begeisterung so hoch stieg, daß, als Liszt zur Ruhe zu gehen wünschte, die Konservatoristen sich anschickten, die Pferde auszuspannen und den Wagen selbst zu ziehen. »Wo ist das liebe Mädchen, das mir die Blumen gebracht hat?« rief Liszt plötzlich. »Sie muß mit mir fahren!« Und zu Viert, Liszt mit der jungen Dame, Reisenauer und ich, ging's im Holterdipolter des von der enthusiastischen Jugend gezogenen Wagens nach Liszts und unserer Behausung, wo, als wir uns näherten, ein prächtiges Feuerwerk aufflammte. Da kam etwas wie Rührung auf Liszts Züge, und er murmelte: »'s sind merkwürdige Leute in Sondershausen.« Mit Umarmung und Kuß verabschiedete er sich von der Dame und uns beiden und begab sich zur Ruhe, während wir uns in den froh erregten Kreis der Schüler mischten. Am andern Morgen um 5 Uhr war Liszt bereits auf; er erhob sich stets in den frühesten Tagesstunden. Um 8 Uhr war eine Feier im Konservatorium angesetzt, wobei das Orchester und die besten Schüler mitwirkten. »Nun wird der alte Pudel auch noch aufmarschieren,« sagte Liszt und setzte sich unter unbeschreiblichem Jubel ans Klavier. Es war das letztemal, daß ich ihn spielen hörte. Gegen 10 Uhr fuhr er nach Weimar zurück. Am Nachmittag erhielt das Konservatorium — ein Strafmandat der Polizei wegen »nächtlicher Ruhestörung«. Was mochte sich wohl die biedere Behörde unter dem Besuch des großen Mannes vorgestellt haben? Nicht die höchste und allerhöchste Anerkennung hätte uns so heiter stimmen können wie dieses Strafmandat, von dem wir dem Meister sofort brieflich Kenntnis gaben, damit er unser Vergnügen teile.

Einige Wochen später fand das Musikfest in Karlsruhe statt. Reisenauer und ich besuchten ihn, als er, ziemlich ermüdet, gerade eine ausgedehnte Vorstandssitzung des allgemeinen deutschen Musikervereins beendigt hatte. Wir wollten uns entfernen, doch er hielt uns mit den Worten zurück: »Jetzt bleiben wir unter uns Musikern,« ließ Kaffee und Zigarren bringen und erzählte höchst anregend von Berlioz und Wagner, unter anderem, daß er sich mit Berlioz Wagners wegen so entzweit habe, daß er wohl noch mit ihm zusammengekommen sei, aber nicht mehr über Musik mit ihm gesprochen hätte. Mir hatte damals das Requiem von Berlioz keinen sehr großen Eindruck gemacht und ich fand meine Meinung merkwürdigerweise von Liszt bestätigt, der diesem Werke Mangel an Zartheit der Empfindung vorwarf, während er von Berlioz' Orchesterkompositionen mit höchster Bewunderung sprach. Erst später lernte ich diese grandiose Totenfantasie besser verstehen, begriff aber auch, daß Liszts Auffassung von Kirchenmusik mit Berlioz' herber Tonsprache nicht übereinstimmen konnte.

Das nächste und letzte Wiedersehen mit Liszt war sehr traurig. Er kam 1886, bereits an einer starken Lungenaffektion erkrankt, in Bayreuth an. Sein Husten wurde mit jedem Tage bedenklicher. Der »neue Kurs« hatte begonnen, indem Frau Wagner ihr Talent als Festspielleiterin mit der Einstudierung des »Tristan« erproben wollte. Für den, der nicht nur blind bewunderte, gab es viel zu beobachten und zu denken. In der ersten Aufführung saß ich neben dem bereits schwer leidenden und fiebernden Meister. Er hörte trotzdem noch aufmerksam zu. Ich frug ihn, wie er zufrieden sei und erhielt die ebenso originelle wie wahre Antwort: »Ich glaube nicht, daß es — unter den obwaltenden Umständen — besser sein könnte.« Ich geleitete ihn zum Wagen und sah ihn wehmütigen Herzens nach seiner Wohnung fahren, die er nicht mehr lebend verlassen sollte.

Über die Art, Liszt zu dirigieren.

(1911.)

Die vornehmste Aufgabe des Dirigenten besteht darin, das Wesen des Komponisten zu erfassen, dessen Werke er wiedergibt. Sich nicht mit oberflächlichen Effekten zu begnügen, nicht sich und das Publikum mit wohl ausgedachten, aber schlecht angebrachten Spitzfindigkeiten und Überraschungen zu blenden, sondern in das Innere des Kunstwerkes vorzudringen, seine Einheit, seine Notwendigkeit zu erfassen und es mit derselben Einheit, mit der gleichen Notwendigkeit, der man kein Überlegen, kein Suchen anmerkt, wiederzugeben, das macht den Wert einer Dirigentenleistung aus. Worauf es bei einem Werk, bei einem Komponisten ankommt, muß der Dirigent in sein eigenes Wesen aufgenommen haben, ehe er an die Vorbereitung der Aufführung und an diese selbst geht.

Worauf kommt es nun bei Liszt an, dessen hundertsten Geburtstag die musikalische Welt jetzt feierlich begeht?

Man wird in seinen Kompositionen verschiedene Eigenschaften vermissen, welche die Musik unserer Großmeister auszeichnen und ihren Werken neben tausend anderen Vorzügen ihren unvergänglichen Wert sichern: zwingende Logik des Aufbaues, große Linie, Polyphonie, gründliche Verschiedenheit jedes Hauptwerkes vom anderen. Es muß für den Dirigenten, so lange er seines Amtes waltet, gleichgültig bleiben, ob er vielleicht gerade diese Eigenschaften für die echte Musik unerläßlich hält und in Liszts Kompositionen den erwähnten Mangel als Fehler empfindet, oder ob er anderer Meinung ist. Er hat hier die Werke eines idealen Feuergeistes vor sich, der fest an seine Mission und die Richtigkeit seines Vorgehens glaubte; Werke, die auch für den Gegner durch ihren prinzipiellen Standpunkt und die Energie, mit der dieser durchgeführt ist, interessant sein müssen, und die außerdem in ihren Einzelheiten oft große und unleugbare Schönheiten aufweisen. Wie sie am besten wiederzugeben sind, ist daher ein Problem, das keineswegs einfach ist, aber dem, der es wohl erwogen und möglichst gut gelöst hat, lohnende Früchte trägt.

Liszt sagt selbst in der seinen symphonischen Dichtungen beigegebenen allgemeinen Vorrede, daß die Wiedergabe das »Meiste und Vorzüglichste« an seinen Werken zu vollbringen habe. In der Wahl dieser Worte verbirgt sich die unendlich liebenswürdige Eigenschaft Liszts, den Wert seiner Kunstgenossen zu seinem eigenen Nachteil zu erhöhen. Aber trotzdem birgt die erwähnte Äußerung ein erheblich großes Korn Wahrheit. Eine klassische Symphonie, metronomisch im Takt durchgeschlagen, ist zwar wenig erfreulich, läßt ihren hohen Wert aber immer noch trotz der schlechten Wiedergabe erkennen. Ein Lisztsches Werk aber, in dieser Weise gespielt, ist ein Unding. Die Kapellmeister der alten Schule wußten deshalb auch nichts damit anzufangen. Auch bei Wiedergabe einer klassischen Symphonie kommt es auf die Persönlichkeit des Dirigenten und auf seine Eigenart an. Das Eigene und Eigentümliche muß hier aber trotzdem aus dem Werke selbst geschöpft sein und alle fremden, rein persönlichen Zutaten sind vom Übel. Wie in einem Spiegel soll das Werk in der Seele seines Interpreten sich abformen, und je feiner geschliffen der Spiegel ist, desto schöner strahlt das Bild daraus wieder. Bei Liszt hingegen muß der Dirigent ein Eigenes hinzutun, daß er nicht mehr aus dem Werke, sondern aus seiner Person schöpft. Das reine Bild würde nicht befriedigen. Der Spiegel muß in irgend einer Weise getrübt, das Bild verändert werden, etwa in dem Sinne, wie man eine Person, die auf der Bühne auftritt, durch Perücke, Schminke und Kostüm verändert, soll der beabsichtigte Eindruck entstehen. Liszts Werke vertragen nicht nur, sondern fordern eine Art von Maske.

Der Hauptgrund für diese im Bereich der Musik so merkwürdige Erscheinung liegt darin, daß Liszt nicht in erster Linie vom musikalischen Standpunkt aus in Angriff genommen werden darf. Er befand sich in der seltsam widerspruchsvollen Lage, daß er der Musik neue Wege weisen wollte, dies aber nicht aus dem inneren Wesen der Musik heraus unternahm, sondern dadurch zu erreichen suchte, daß er dichterische Vorgänge von außen hineintrug und nun versuchte, diese mit Hilfe des klingenden Elementes anstatt des Wortes zur künstlerischen Erscheinung zu bringen. Nicht die reine Musik, sondern die »Tonsprache« ist das Lebenselement der Werke Liszts. So lange der Dirigent mit ihnen zu tun hat, muß er sich in diesem Elemente zurechtfinden.

Die meisten symphonischen Dichtungen enthalten neben dem allgemeinen noch ein zweites Vorwort, das den Inhalt dessen angibt, was die Töne uns verkünden sollen. In wenigen andern Fällen weisen die Titel auf bekannte Dichtungen hin, die nun ihrerseits einen Anhalt geben. Der Dirigent muß nun zunächst zu ergründen suchen, was Liszt sagen wollte. Nicht das Ganze wird er zu diesem Zweck ins Auge fassen, sondern die einzelnen Partien, die zu einem Ganzen vereinigt sind. Er wird erforschen, was mit den Musikbruchstücken und den sie verbindenden Übergängen, also den Formationen, wie wir sie im wesentlichen gleich in allen Lisztschen Kompositionen finden, gemeint ist, welche poetischen Bilder den Tondichter zu diesen improvisatorischen Klangverbindungen angeregt haben, die verschwinden, um neuen Platz zu machen, die ebenso wieder kurzlebig sind und neuen Bruchstücken oder Wiederholungen früherer weichen müssen.

Diese Aufgabe ist nicht allzu schwer; die Musik selbst kommt dabei zu Hilfe. Gerade weil sie eine Sprache der Empfindung, nicht der Vorstellung ist, aber dennoch vermag, durch dasselbe Tonstück in dem einen Zuhörer diese, in dem anderen jene, in einem dritten und vierten wieder andere Vorstellungen zu erwecken, die alle untereinander gänzlich verschieden sind, können ihr alle möglichen Bedeutungen glaubhaft unterlegt werden. Wo Liszt selbst ausgesprochen hat, was seine Absicht war, wie in den »Idealen« und im ersten Satz der Dante-Symphonie, ist es überflüssig, zu suchen. Wo er ein Programm gegeben hat, ist die Reihenfolge festgestellt, und der Empfindungsgehalt der Musik gibt nie versagende Winke. Wo z. B. im »Tasso« das Lamento aufhört und der Trionfo beginnt, hört ein musikalisches Kind. Die Liebesidylle in Ferraras Blütengärten wird man mühelos in dem sehr eleganten scherzoartigen Mittelteil entdecken können. Auch in den »Préludes« unterscheidet sich das Pastorale greifbar deutlich von der Kriegsmusik usw.

Aber auch in den Werken, wo derartige Bezeichnungen fehlen, sind die Beziehungen zur poetischen Anregung herzustellen, und — »was man nicht heraushört, das hört man hinein«; so darf ich wohl den bekannten Ausspruch Vansens im »Egmont« mit einer kleinen Variante hier zitieren.

Im ersten Teil der Faust-Symphonie gewinnt man die besten Aufschlüsse durch den ersten Monolog der Tragödie. Mit dem Anfang korrespondiert etwa:

»Und seh' daß wir nichts wissen können,
Das will mir schier das Herz verbrennen,«

mit den energischen ersten Geigenfiguren des Allegro:

»Weh', steck' ich in dem Kerker noch.
Verfluchtes, dumpfes Mauerloch,«

für das Thema in E-dur:

»Ach, könnt ich doch auf Bergeshöhn
In Deinem lieben Lichte gehn.«

Liszt bezeichnete selbst diesen Satz als »seinen« Faust-Monolog. Man kann natürlich auch andere Stellen der Dichtung herausgreifen, die mehr oder minder ebenso passen.

Diese Art des Aufsuchens der dichterischen Momente in den symphonischen Werken Liszts — und nur von diesen ist hier die Rede — bewährt sich überall. Sie entspricht der Kompositionsweise Liszts und dem Ziel, das er für die Tonsprache erstrebte.

Hat man diese Beziehungen möglichst alle herausgefunden, so beginnt der schwierigere Teil der Aufgabe. Man besitzt jetzt eine Menge von einzelnen Themen, Melodien, satzartigen Kombinationen und Figurationen, über die man sich im einzelnen klar ist und deren Ausdruck man vom poetischen Standpunkt aus wiederzugeben wissen wird. Aber, wie vorhin die Musik hilfreich eingriff, so stellt sie sich jetzt drohend und hemmend entgegen und spricht ihre strengen Forderungen aus: »Ich bin ein Ganzes, ein unteilbarer Organismus,« ruft sie, »was soll ich mit diesen Fragmenten?« Und nun sehen wir tatsächlich, daß wir eine Menge dichterisch-musikalischer Momente gewonnen haben, die aber nur notdürftig miteinander verbunden sind. Liszt wollte es nicht anders, — er konnte es vielleicht nicht anders. — Einerlei! — Die Forderung der Musik nach einheitlicher Gestaltung ist zu stark, als daß sie übersehen werden könnte. Der Dirigent muß hier eingreifen und aus Eigenem heraus ein ununterbrochenes Band zu schaffen suchen, das in Wirklichkeit nicht existiert. Er wird sich mit Elastizität von einem Fragment auf das andere zu schwingen versuchen, damit man die Kluft nicht merke. Andererseits wird er gegebenenfalls gerade einer schlecht überbrückten Kluft erhöhte Festigkeit geben, indem er sie nach irgend einer Seite hin, etwa nach der dynamischen, besonders fein ausarbeitet und dadurch die Aufmerksamkeit mehr auf sie lenkt, als sie es eigentlich verdient, dadurch aber den wohltuenden Anschein erwecken, daß wir über keine Kluft, sondern auf einem vollkommen sicheren Wege geschritten seien, indem eine übermäßig hervorgehobene Nebensache die hauptsächliche Gefahr übersehen ließ. Er wird sich auch mit den zahlreichen, den natürlichen Fluß unterbrechenden Pausen abzufinden suchen, indem er einmal über eine solche Pause rasch hinweggeht, ja, sie unterdrückt und die Lücke vertuscht, einer anderen aber wieder durch überlanges Aushalten den Ausdruck atemloser Spannung verleiht, wodurch der ihr folgende Eintritt erhöhten Reiz in verschiedensten Abstufungen gewinnen kann.

Das Schöne hervorzuheben und in Beziehungen zueinander zu setzen, das Minderwertige und Notdürftige, das sich in allen Kompositionen Liszts findet, zu verwischen und dadurch nach Möglichkeit ein einheitliches Bild zu schaffen, sei das ehrliche Bestreben des Liszt-Dirigenten. Öfter empfiehlt es sich auch — erschrecken Sie nicht, meine Herren Wagnerianer, es ist nur von Liszt die Rede — einen Strich zu machen.

Wird die Hand des Dirigenten von der Liebe geleitet, die der tatsächlichen Bewunderung des Schönen, das seine Werke enthalten, oder der Erinnerung an seine herrliche Persönlichkeit entspringt, so wird diese synthetische Arbeit in vielen Fällen gut gelingen.

Endlich gibt es noch einen dritten Teil der Aufgabe. Es schadet nichts, bei Liszt etwas zu übertreiben. Wie in allen hier geschilderten Funktionen, so muß natürlich der Dirigent auch in dieser Beziehung mit Einsicht und Geschmack vorgehen. Es fördert den Eindruck, wenn gefühlvolle Melodien Liszts etwas affektiert vorgetragen werden, wenn man sich bei schön klingenden Stellen überlang ausbreitet, wenn man die bei Liszt einander ziemlich ähnlichen Schlußsteigerungen zu einer pathetischen Kraftentfaltung führt, die bei anderer Musik überladen erschiene, und im Zeitmaß, auch wo es nicht vorgeschrieben ist, große Schwankungen eintreten läßt. Das *Tempo rubato*, der Feind des echten Rhythmus, ist hier zu Hause und stiftet kein Unheil. Liszt liebte das *Tempo rubato*, verlangte es für seine Musik und schrieb es ausdrücklich vor.

Im wesentlichen stellt sich die Aufgabe des Dirigenten für Liszts Werke umgekehrt dar, wie für andere Musik. Er gehe vom Einzelnen auf das Ganze, anstatt vom Ganzen aufs Einzelne, er suche zu retouchieren, statt schärfste Deutlichkeit walten zu lassen und scheue sich nicht, seinem Talente zur Virtuosität gelegentlich die ihm sonst durch die Forderungen der Reinheit des Stiles angelegten Zügel abzunehmen. Was sonst Stillosigkeit wäre, ist hier Stil. Ohne Äußerlichkeiten geht es bei Liszt nicht ab. Der Dirigent pflücke Blumen vom Felde des Lisztschen Schaffens, er binde sie geschickt zum Strauß zusammen, und versagt mitunter der Duft, so helfe er unbesorgt mit etwas Parfüm nach. Liszts Tonsprache verlangt nach einer Art von Kunstmitteln, ebenso wie die Reize mancher interessanten Frau sie nicht entbehren können.

Die erste Ouvertüre zu Cornelius' »Barbier von Bagdad«.

Man braucht kein Nietzsche-Schwärmer zu sein, um das Wort »Unzeitgemäß« zu lieben und in seinem Sinne gelegentlich Betrachtungen anzustellen. Zu einer solchen reizt mich eine kleine Partitur, die erst im Jahre 1905 der Vergessenheit entrissen worden ist. So frisch, naiv und vornehm, so unprogrammatisch und unpathologisch mutet das bereits über ein halbes Jahrhundert alte Werkchen an, und so knapp gefaßt ist seine Form, daß man es, trotzdem es eigentlich ganz moderne Züge trägt, doch sofort als unzeitgemäß erkennt. Aber bereits zur Zeit seiner Entstehung krankte dieses Werkchen, ich meine die erste Ouvertüre zu Cornelius' »Barbier von Bagdad« an diesem ehrenvollen Übel, ebenso wie die ganze gemütstiefe und geistvolle Oper des bei Lebzeiten gänzlich verkannten Meisters, den man sich heute eifrig bemüht, mit dem Lorbeer des zeitgemäßen und unzeitgemäßen Nachruhms zu schmücken. Damals schon hatte der Wagner-Stil mit seiner glühenden Schwüle und seinen dramatischen Keulenschlägen die Gemüter heftig erregt. Wo sollten sie wohl Platz finden, Nurredins und Margianas zartes Liebesgeflüster, Bostanas zierliche Kuppelei und des köstlichen Ali Eben Bekkar halb gutmütige, halb gaunerhafte Schwatzhaftigkeit neben Tannhäusers Entzückung, neben Elsas Entrückung und neben den schon von ferne herandämmernden phantastischen Ungeheuern des Nibelungen-Ringes? — Hätte auch die Clique Dingelstedts nicht gesiegt, und wären die traurigen Weimarer Vorgänge, die Liszt nach der ersten Aufführung des »Barbier« von seinem dortigen Dirigentenpult vertrieben haben, ungeschehen geblieben, — der Oper selbst wäre Popularität kaum beschieden gewesen. Und — täuschen wir uns nicht — bis heute ist sie nicht populär geworden. Die Kritik erkennt sie als Meisterwerk an, die Theater halten es für eine »Ehrenpflicht«, sie ab und zu zu geben, und das Publikum hört wohl mit mehr oder weniger Interesse zu, steht aber den dichterischen und musikalischen Feinheiten im ganzen teilnahmslos gegenüber. »Sehr schön, aber macht nichts, keine Einnahmen, daher Kaviar fürs Volk« — die bekannten Stoßseufzer — und nach kurzer Zeit verschwindet das Werk wieder vom Spielplan.

Vielleicht könnte es einmal anders kommen, wenn unser sogenannter musikalischer »Fortschritt«, der sich, was das Theater betrifft, lediglich in der Richtung des Wagner-Stils entwickelt hat, eines Tages durch einen neuen Fortschritt einen Umschwung erlitte, welcher der Anmut, der feinen Form, der Kunst des Gesanges, sowie der plastischen Schärfe des Rezitativs auf der Bühne zu ihrem Rechte verhülfe und dementsprechend das heute zu unerträglicher Wichtigtuerei aufgebauschte Orchester in seine natürlichen Schranken verwiese. Dann erglänzten vielleicht auch Mozarts Opern wieder in ihrem eigenen unvergleichlichen Lichte, und wären nicht nur durch prachtvolle, noch dazu oft ganz stilwidrige Ausstattungen für den öffentlichen Geschmack zu retten. Dann erränge sich wohl auch der »Barbier von Bagdad« die lebendige Teilnahme der Gegenwart und bliebe nicht Zukunftsmusik wie so vieles andere, das abseits steht von der Strömung der Zeit.

Die erwähnte Ouvertüre, die Cornelius ursprünglich zu seiner Oper komponiert hatte, mußte das herbe Schicksal des ganzen Werkes in doppelt verstärktem Maße erfahren, denn sogar Liszt, dessen großherziger Enthusiasmus mit voller Liebe für seinen Schützling eingetreten war, hat sie verworfen. Was sein Urteil in zweifellos bester Absicht beeinflußte, mag hier nicht untersucht werden. Er hat sie verworfen, und der »gute Peter«, wie Wagner Cornelius freundschaftlich nannte, schrieb eine neue Ouvertüre, die dann noch durch instrumentale Nachhilfen seitens Liszt und anderer zu einem recht glänzenden Musikstück aufgestutzt wurde. Man kann ihr manches Gute nachsagen; sie klingt prächtig, verwendet geschickt Motive aus der Oper und ist mit ihren wechselnden Rhythmen ein ganz interessantes Stück. Ein rechter Fluß will jedoch nicht hineinkommen; der Schluß ist überhastet, und man merkt ihr an, daß sie mehr infolge persönlicher Einflüsse kombiniert als wirklich komponiert ist. Außerdem ist sie viel zu schwerfällig und pompös für das fein humoristische, beinahe nur auf der Schärfe des Dialogs beruhende Sujet und die duftige, melodienreiche Musik der nachfolgenden Oper. Zu dieser gehört eine frisch dahinströmende, leichte, prickelnde Lustspiel-Ouvertüre; gerade eine solche ist aber das von Liszt und seinen Zeitgenossen unbegreiflicherweise verkannte Stück, dem diese Zeilen gelten und von dessen Dasein wir jetzt erst durch die überaus dankenswerte, von Max Hasse redigierte, bei Breitkopf und Härtel erschienene Gesamtausgabe der Werke von Cornelius Kenntnis bekommen haben. Der Vorzug vor der zweiten Ouvertüre, der ihr schon durch ihren Charakter gebührt, wird in noch erhöhtem Maße durch ihre speziell musikalischen Werte gerechtfertigt.

Zunächst ist durch sie eine Form wieder zu Ehren gekommen, die seit der Ouvertüre zu »Figaros Hochzeit« nicht mehr für ein Orchesterstück verwendet worden ist, die aber gerade für Einleitungen zu komischen Opern höchst geeignet ist, nämlich die Form der Sonatine. Der Durchführungsteil fehlt, ebenso wie in der nachfolgenden Handlung der eigentliche Konflikt; keinerlei Ballast beschwert das zartsinnige Werk und seine leichtbeschwingte Einleitung. Die für eine lustige Ouvertüre ungewöhnliche Tonart, H-moll, gibt ihr, mit Recht, ein etwas orientalisches Kolorit. Sehr ursprünglich ist die Erfindung. Graziös, ohne vorhergehende Einleitung, springt das erste Thema herein, anmutig wird es weiter gesponnen; hierauf intoniert das Cello als Seitenthema einen süßen Gesang, der durch eine kleine trotzige Figur der Holzbläser mehrmals unterbrochen wird. Die beiden Motive, die den Schlußsatz bilden, strotzen von all den Teufeleien, die das Liebespaar vor seinem endlichen Sieg durch den salbadernden, immer an unrechter Stelle hilfbereiten Haar- und Schwatzkünstler Ali Eben Bekkar auszustehen hat. Wenige überleitende Takte führen der Sonatinenform gemäß zur Reprise. Aber welch' meisterliche Überraschung gestattet sich hier der pfiffig lächelnde Komponist! Er bringt uns beinahe das ganze bisherige Stück nunmehr in kanonischer Imitation, den Hauptsatz um einen Takt verschoben in derselben Tonart, den Seitensatz um zwei Takte verschoben eine Quart höher. Frei, mit der Sicherheit der Vollendung schweben die so verdoppelten Tongruppen mit- und durcheinander, als ob tanzende Gestalten ihre zierlichen Figuren vor einem Zauberspiegel ausführten, durch den das gespiegelte Bild Leben gewinnt und aus dem Rahmen heraustritt. In einer fast leidenschaftlichen Phrase klingt das schöne Spiel aus und führt zu einer einfachen Wiederholung des Schlußsatzes. Gerade diese einfache Wiederholung offenbart aber das feine Kunstgefühl des Komponisten, denn, hätte er den Schlußsatz auch kanonisch verdoppelt, so wäre aus einer herzigen Neckerei, die unsere musikalische Phantasie nur flüchtige Augenblicke in reizender Spannung hält, ein ermüdendes polyphones Kunststück geworden, das schließlich, statt daß es wie auf Vogelfittichen vorüberfliegt, durch seine eigene Schwere zu Boden fiele.

Ganz am Schluß zeigt sich der Einfluß des von Cornelius schwärmerisch verehrten Berlioz, der auch hier und da in der Oper selbst fühlbar wird, ohne daß gegen Cornelius der Vorwurf einer Entlehnung erhoben werden könnte. In der Ouvertüre zu »Benvenuto Cellini« bricht das Orchester mit einem Schlage ab, und vor den letzten Takten ertönt in den Violoncellen noch einmal die behäbige Melodie des

Kardinals. Bei Cornelius bricht das Orchester ebenfalls kurz ab, und in Gestalt eines sehr drolligen Posaunensolo macht uns Ali Eben Bekkar seine letzte Verbeugung, worauf ein kurzes Auflachen des Orchesters den definitiven Schluß bildet.

Ein Meisterstück ist diese Ouvertüre, wage ich gegenüber dem Lisztschen Urteile zu behaupten, eine der besten heiteren Opernouvertüren, die überhaupt geschrieben worden sind. Keine andere darf jemals zum »Barbier von Bagdad« gespielt werden.

Und die Instrumentation? höre ich fragen. — Nun, auch hier kann ich mich dem Urteil Liszts nicht anschließen. Die Gesamtausgabe der Werke von Cornelius hat die Kulturpflicht erfüllt, die Partituren dieses Meisters so dem Publikum zu bieten, wie er sie geschrieben hat; jeder, der kein Parteigänger ist, muß sich darüber freuen, sowie es Freude erregt, wenn ein wertvolles Bild unter Übermalungen wieder zum Vorschein kommt.

Die Frage »Original oder Bearbeitung« ist in Beziehung auf den »Barbier von Bagdad« so vielfach erörtert worden, daß ich hier, wo ich mir nur über die Ouvertüre etwas zu sagen vorgenommen habe, nicht auch noch in die Schar der Kämpfer eintreten möchte. Wie es aber, wenn man auch von der ganzen Oper nichts weiter gekannt hätte, als diese Ouvertüre, möglich war und ist, von schlechter Instrumentation zu sprechen, ist einfach unverständlich. Ich stehe nicht an zu erklären, daß die drei größten Meister der Instrumentationskunst, ich nenne sie Mozart, Weber und Berlioz, die Partitur dieser kleinen Ouvertüre nicht feiner, durchsichtiger, dem Inhalt kongenialer und dadurch vollendeter hätten gestalten können, als Cornelius es getan hat. Allerdings, den modernen Riesenpartituren sieht sie nicht ähnlich, aber es gibt ja gottlob auch über Instrumentation verschiedene, ja sogar sehr verschiedene Ansichten.

»Benvenuto Cellini« von Berlioz.

Einige Erinnerungen.

Ich hatte ihn nie auf der Bühne gesehen und liebte ihn bereits, den galanten Opernhelden, der so schön singt und so wenig tut; ich liebte sie, diese fein ziselierte Partitur, vergleichbar einem der Goldschmiedekunstwerke des berühmten Meisters, dessen Namen sie trägt.

Die erste Kunde von der Oper »Benvenuto Cellini« bekam ich durch den seinerzeit berühmten Tenoristen Anton Schott. Er hatte die Titelrolle unter Bülows Leitung in Hannover dargestellt und tat sich nicht wenig auf seine Leistungen zugute. Eine Aufführung dieses Werkes war damals ein Ereignis. Es ging ihm der Ruf so ungewöhnlicher Schwierigkeit voraus, es war so verschrien wegen seiner modernisierenden Tendenzen, daß sich kaum eine Bühne daran wagte. In Frankreich und London war das Werk glatt durchgefallen. Liszt, der unermüdliche Förderer aller Genialität, hatte auch Berlioz unter seinen Schutz genommen und den »Cellini« in Weimar aufgeführt. Er fand zunächst keine Nachahmer, außer eben Bülow in Hannover.

Ich verschaffte mir so schnell als möglich einen Klavierauszug, begriff aber nicht, worin diese exorbitanten Schwierigkeiten liegen sollten. Es sah so einfach aus; alles melodisch gestaltet, Arien, Ensemblenummern, Chöre, Finali, wie in den alten Opern. Erst als ich später in Weimar die Partitur zu Gesicht bekam, begriff ich, worin die Schwierigkeiten lagen. Gerade diese Einfachheit der

Konstruktion, gerade die sonnige Klarheit der Berliozschen Tonformen erfordern ein ausnehmend gewissenhaftes Studium. Hier gilt kein genialisches Darüberwegschmieren, hier muß alles an seinem Platze sein, fein abgewogen und abgetönt bis in die kleinsten Details. Die Oper ist leicht in ihren Einzelheiten, aber außerordentlich schwer im Ensemble. Sie braucht richtige Belcantosänger. Die lyrischen Tenöre mit heldenhaftem Charakter in Stimme und Darstellung, wie sie die Titelrolle erfordert, sind nicht leicht zu finden. Die Gestalt des Fieramosca braucht einen hohen Bariton von ganz besonderer Begabung für das ungewollt Komische und leicht Übertreibende. Weniger anspruchsvoll sind die Frauenrollen; eine gute Teresa, einen guten Ascanio wird man an den meisten Bühnen finden. Rhythmisches Feingefühl ist die oberste Bedingung. Sänger, die es nicht mit jedem Punkt genau nehmen, halte man von diesem Werke fern. Den Chören sind heikle, aber dankbare Aufgaben zugewiesen. Mit entzückender Feinheit ist das Orchester behandelt.

Als ich »Benvenuto Cellini« kennen lernte, waren die Bühnen bereits stark verwagnert. Je mehr Wagner das Repertoir beherrschte, desto ferner rückten die Möglichkeiten guter Darstellungen älterer, auf dem Kunstgesang fußender Opern. Trotzdem gab ich, als ich mich später der Laufbahn als Theaterkapellmeister zuwandte, niemals die Hoffnung auf, diese eigentümliche Meisterpartitur einmal in vollendeter Weise zu klingendem Leben zu erwecken.

An den kleinen Bühnen, wo ich zuerst engagiert war, schloß sich dies von selbst aus. In Hamburg und Mannheim ergaben sich Besetzungsschwierigkeiten. So kam ich im Jahre 1891 an die Berliner Oper, ohne daß sich mein Lieblingsplan verwirklicht hätte. Hier lagen die

Chancen weitaus günstiger: Ein stark besetztes, gutes Orchester, große szenische Mittel, der Baritonist Bulß mit seiner hohen Stimme, der sich auch darstellerisch vorzüglich für den Fieramosca eignete, und Gudehus, der, obwohl er Wagner-Sänger war, doch in Betracht kam, weil er mit dem »Cellini« sehr vertraut war; denn allmählich waren Leipzig und Dresden, wo Gudehus früher engagiert war, dem Beispiele Liszts und Bülows gefolgt. Aber, das Hindernis lag hier an der obersten Stelle. Der damalige Generalintendant, Graf Hochberg, hatte eine unüberwindliche Abneigung gegen alles, was modern hieß. Trotzdem ich in den Konzerten wiederholt Berliozsche Werke mit größtem Erfolg aufgeführt hatte, trotzdem ich ihm kar zu machen suchte, daß es sich ja hier gar nicht um eine Art Musik handle, gegen die er eine so große Abneigung habe, sondern vielmehr um ein Werk, das sich ganz und gar, nur in sehr geistvoller Weise, in den Bahnen der alten Oper bewegte, war er nicht zu bewegen, den »Cellini« anzunehmen. Es vergingen mehrere Jahre meiner dortigen Wirksamkeit. Zahlreiche Kämpfe hatte ich bereits ausgefochten, unglaubliche Widerwärtigkeiten überwunden, als ich eines schönen Tages mit der Nachricht überrascht wurde, der Generalintendant habe sich endlich doch entschlossen, den »Cellini« unter meiner Leitung zu geben.

Es wurde auch bald an die Arbeit gegangen. Durch einen schlauen Schachzug war es mir gelungen, Ernst Kraus an die Berliner Oper zu bringen. Mit der Gewinnung dieses damals noch jugendlichen Künstlers, der mit der schönsten Tenorstimme, die man in deutschen Landen hören konnte, eine ideale Erscheinung verband, war für den Cellini der berufene Vertreter gefunden. Bulß war noch da, Frau Herzog eine prachtvolle Koloratursängerin und Frau Goetze eine Künstlerin, die sich vortrefflich für den Ascanio eignete. Kein Mensch kannte das Werk, man war also doch ausnahmsweise genötigt, meine Vorschläge in Beziehung auf die Besetzung zu Rate zu ziehen, was man sonst keineswegs tat. Auch wandte man sich sogar in Einzelheiten der Inszenierung an mich, was ebenfalls gegen die Tradition der Berliner Oper verstieß; wacht man doch sonst dort mit peinlicher Sorgfalt darüber, daß ja kein Künstler die Grenzen der ihm von seiner hohen Behörde zudiktierten Wirksamkeit überschreitet. Ich hatte also wirklich einmal die seltene Freude, an dieser Stelle ein Werk so herauszubringen, wie es mir vorschwebte. Alle waren mit Feuereifer bei der Sache. Kraus sang den Cellini prachtvoll. Bulß spielte sich geradezu selbst. Er gab sich auch im Leben gern einen etwas koketten Anstrich, und dies kam ihm in dieser Rolle trefflich zustatten. Frau Herzog als Teresa bot ein wahres Raketenfeuer brillanter Koloraturen. Gerne erinnere ich mich ihres Ratschlages bei einer Stelle, die ich falsch aufgefaßt hatte. Ich hatte die Empfindung, daß der zweite Teil ihrer Arie im ersten Akt trivial sei, und schlug ihr vor, daß wir nur den ersten Teil machen wollten. Da sagte sie mir bei einer Probe einmal: »Ich glaube, Sie nehmen das Tempo zu schnell, versuchen wir's langsamer!« Und tatsächlich kam dadurch mit einem Male die vornehme Grazie dieses Musikstücks voll zur Geltung. Ich nahm dies als Beweis, wie fruchtbringend ein Zusammenwirken intelligenter Künstler und eine offene Meinungsaussprache werden können. Ein fein empfindender Sänger hat oft für Tempo und Vortragsart ein richtigeres Empfinden als eigensinnige Taktschläger, die sich für unfehlbar halten.

Die Dekorationen waren für die damaligen Verhältnisse

recht gute; nur der Schluß, die Gußszene, mißlang vollständig. Ich hatte vorgeschlagen, die Gußform nur zum Teil zu beseitigen und etwas vom Kopf der noch mit Schlacken besetzten glühenden Statue sehen zu lassen. Der damalige Oberregisseur, Herr Tetzlaff, war aber stets ein Mann des Effekts. Er behauptete, man müsse unbedingt die Statue ganz sehen, sonst sei es mit dem Schluß nichts. Meine Macht reichte nicht aus, dies zu verhindern, und so erschien denn am Schluß der Oper ein Perseus, dessen schauderhafte Ähnlichkeit mit dem Original wohl geeignet war, Meister Cellinis Grabesruhe zu stören. Beinahe hätte es aber einen noch gefährlicheren Zwischenfall gegeben. Als ich eines Tages zur Probe kam, gewahrte ich, daß vor dem Opernhause eine große Anzahl von Modellstatuen des Perseus abgeladen wurden. Bekanntlich steht das Modell im dritten Akt im Atelier Cellinis. Ich ging ganz arglos auf die Bühne und äußerte gelegentlich zu Ernst Kraus meine Verwunderung darüber, daß so viele Modellstatuen ins Theater geschafft würden. Kraus erwiderte mir in seinem bayrischen Dialekt: »Ja, i muß do in jeder Vorstellung eine z'sammhau'n.« Zuerst begriff ich die Antwort nicht, plötzlich aber ging mir ein fürchterliches Licht auf. Auf der folgenden Probe bestätigte sich meine bange Ahnung. Der Herr Oberregisseur hatte nämlich angeordnet, daß Cellini das Modell zerschlagen müsse, statt der Gußform. Ich suchte ihm begreiflich zu machen, daß das ja doch der bare Unsinn wäre, aber Herr Tetzlaff, der sehr empfindlich war und sich offenbar ohnehin schon etwas ärgerte, daß ich einiges in die Inszenierung hineingesprochen hatte, bestand hartnäckig darauf. Es würde doch sehr gute Wirkung machen, meinte er. Ich stellte nun Ernst Kraus zur Rede und sagte ihm: »Ernst, du mußt dich wehren;

wenn du das machst, was Tetzlaff will, so blamierst du dich.« Kraus, der stets zum Übermut neigte, schien aber ein besonderes Vergnügen daran zu empfinden, die gänzlich verkehrte Vorschrift des Oberregisseurs auszuführen, mit der sich, nach seiner Ansicht, nur dieser, nicht aber er selbst blamieren werde. Das konnte denn doch nicht so hingehen. Ich wandte mich an den Herrn Generalintendanten selbst und stellte ihm die Sache mit beweglichen Worten dar. Graf Hochberg war Tetzlaff gegenüber äußerst vorsichtig, hielt große Stücke auf ihn und meinte, Tetzlaff würde wohl wissen, was er täte, und er könne ihm nichts drein reden. Ich nahm den Klavierauszug, wies ihn auf die szenische Vorschrift hin, aber es half alles nichts. Es sei eben, meinte der Graf, so eine Nuance, und die müsse man dem Regisseur überlassen. Endlich kam mir, ich weiß nicht wie, ein rettender Gedanke. Ich nahm die Partitur, in der sich der französische Text befand, trug sie zu Graf Hochberg hinauf und bat ihn, das Original durchzulesen. »Denken Sie, Exzellenz,« sagte ich, »wenn man zufälligerweise in Paris erführe, wie wir hier gegen die Vorschriften eines französischen Meisterwerkes handeln, was würde man dort sagen?« Das schien zu wirken. Am nächsten Tage war die prachtvolle Nuance »auf höheren Befehl« abgestellt und die zahlreichen Modellstatuen des Perseus schlummern vielleicht heute noch friedlich und unzerschlagen im Archiv der Berliner Oper.

Die Aufführung brachte einen glänzenden Erfolg. Es schlug eigentlich alles ein. Die Arie der Teresa entfesselte einen minutenlangen Beifallssturm, das Terzett zwischen Cellini, Teresa und Fieramosca hätte wiederholt werden müssen, wenn dies nicht durch die Hausgesetze der Berliner Oper verboten gewesen wäre. Die Szene in der Schänke, wo Lieban in der kleinen Rolle des Wirtes eine köstliche Episode schuf, wirkte sehr frisch, desgleichen der recht lebensvoll inszenierte Karneval. Der etwas mattere Eindruck des dritten Aktes hob sich in der prachtvollen Szene des Kardinals zur Höhe der früheren Erfolge. Welche Musik beim Eintritt dieses verschlagenen Kirchenfürsten! Welche Grandezza! Wie wundervoll ist das eigentümlich behäbige und gnadenvolle Lächeln dargestellt, hinter dem sich die grausamsten Gedanken verbergen. Welche moderne Oper kann sich rühmen, eine solche Szene zu besitzen? Nicht minder wie die ganze Oper wirkten auch die beiden Ouvertüren. Selten habe ich das Berliner Opernpublikum so begeistert gesehen.

Der Erfolg schien auch nachhaltig zu werden. Die folgenden Aufführungen waren gut besucht, und immer herrschte der gleiche Enthusiasmus im Publikum. Leider mußte Kraus nach der vierten Vorstellung seinen Amerika-Urlaub antreten, und die Titelrolle fiel an einen anderen Sänger, der es nicht vermochte, das Publikum in gleicher Weise anzuziehen. Nach weiteren vier Vorstellungen verschwand »Cellini« vom Repertoire. Nach mehreren Jahren vernahm ich, daß er wieder neu einstudiert worden sei, und freute es mich, zu hören, daß man meiner dabei gedacht hatte.

Berlioz ist niemals ein Kind des Glückes gewesen. Seine Werke stehen abseits vom großen Strom. Seine Landsleute haben ihn bei seinen Lebzeiten nicht verstanden und würdigen ihn auch heute noch nicht genügend. In Deutschland hat er mit seinen symphonischen Werken wohl festeren Fuß gefaßt, aber lange nicht die Popularität errungen, die ihm gebührt. Gerade »Benvenuto Cellini« ist eine Oper, die wie wenige würdig wäre, einen dauernden Ehrenplatz im Repertoire zu gewinnen. Alle

Voraussetzungen dafür sind vorhanden: Dankbare Rollen für Sänger, gute Gelegenheit für die Entfaltung szenischer Pracht, eine wundervolle Orchestersprache, reiche Melodik im Gesang und in den Chören, und doch bleibt dieses Werk immer und ewig ein Fremdling, und hat es einmal, wie dies in Berlin der Fall war, einen glänzenden Erfolg, so treten gewiß äußere Umstände ein, die eine gedeihliche Weiterentwicklung und das Eindringen in größere Kreise verhindern. Hätte Ernst Kraus damals in Berlin bleiben können, so habe ich die feste Überzeugung, daß »Cellini« dort eine Repertoireoper geworden wäre. — Oder sollte es wirklich nur mehr einem zweifelhaften Hautgout gelingen, die große Menge anzulocken? —

Liszt nannte dieses Werk den französischen »Fidelio«. Das ist ein zu hohes Lob, denn von »Cellini« zu »Fidelio« ist eine weite Kluft, die selbst ein Genie wie Berlioz nicht überfliegen konnte. Aber dessenungeachtet ist dieser Ausspruch Liszts wertvoll. Es ist schöner und fruchtbringender, in seinem Enthusiasmus für ein bedeutendes Werk zu weit zu gehen, als seinen Wert durch ein kindisches Nörgeln und einseitiges Hervorheben von Fehlern verkleinern zu wollen. Läge in unserer ganzen Zeit mehr Enthusiasmus und vor allem mehr werktätiger Enthusiasmus, so würden auch Schöpfungen wie Berlioz' »Cellini« sich dauernd auf den Spielplänen erhalten, und manche unbedeutende, ja geschmackverderbende Novität, für die mehr Reklame gemacht wird, als für sämtliche Werke von Berlioz zusammen, fände keinen Platz.

Wenn man einmal, wie ich, so glücklich war, Liszt über Berlioz sprechen zu hören, und das Aufleuchten seiner glänzenden Augen und die Überzeugungskraft seiner Rede erlebte, so trug man einen unauslöschlichen Eindruck davon. Dieser Eindruck war künstlerisch und menschlich anregender als der feinst abgewogene Tadel, der in Einzelheiten den Berliozschen Werken gegenüber vielleicht richtig sein mag, im großen und ganzen aber vorbeitrifft. —

Als ich die Leitung des Wiener Hoftheaters übernahm, schwebte mir der Wunsch, den »Cellini« zu geben, gleich vom Anfang an vor. Ich wollte damit beginnen. Doch war damals kein geeigneter Vertreter des Fieramosca vorhanden. Auch auf den vortrefflichen Slezak war für den Cellini nicht zu rechnen. Sein Vertrag war nicht erneuert worden, und als ich als Direktor eintrat, war vorauszusehen, daß dieser Sänger höchstens vorübergehend für Wien in Betracht kommen konnte. Dem »Cellini« ist jedoch eine vollständig einwandfreie Aufführung vielleicht nötiger als irgend einem anderen Meisterwerke, denn bei jeder Neuaufführung muß er sich sein Publikum von neuem erobern, wie eine Novität; und für Wien war er tatsächlich Novität. Ich wartete also. Fast hatte ich den »Cellini« aus den Augen verloren, als ein gutes Geschick zwei ausgezeichnete Künstler, Miller und Hofbauer, an die Hofoper brachte. Mein Rücktritt war schon beschlossene Sache, als diese beiden eintraten; nur noch wenige Monate der Leitung lagen vor mir. Es hieß also rasch handeln, wollte ich meinen Plan noch verwirklichen.

Es wurde sofort mit dem Studium begonnen; die ziemlich hohen Kosten waren in generöser Weise bewilligt worden, was mir ermöglichte, dem Werk ein szenisches Gewand zu geben, das die brave Berliner Ausstattung bei weitem übertraf. Hier wie dort war alles mit Feuereifer bei der Sache, die Proben verliefen in anregendster Weise, aber beinahe hätte den genialen Schöpfer des Werkes auch hier sein Mißgeschick ereilt. Beinahe wäre es mir nicht mehr möglich gewesen, die Einstudierung bis zur

Aufführung zu leiten, denn meine direktoriale Frist war abgelaufen. Gerade als letzte Vorstellung, die ich überhaupt im Hofopserntheater leitete, kam der »Cellini« heraus.

Ich habe noch niemals eine Opernvorstellung so genossen wie gerade diese, denn der »andere Tag« existierte diesmal für mich nicht. Der »andere Tag« ist nämlich fast stets dazu gemacht, den Künstler aus der hohen Sphäre, in die er sich durch seine Leistungen hinaufgerungen hat, herabzudrücken. Der Freund, der uns am Abend tränenden Auges vor Begeisterung die Hand gedrückt hat, ist schon am nächsten Tage merklich kühler, weil er da oder dort gehört oder gelesen hat, es sei doch eigentlich nichts Rechtes gewesen. Von allen Seiten raunt und raschelt es zum Ohre des Künstlers, warum er das gerade so und das gerade so gemacht habe, warum das nicht anders und das andere wieder anders, ja, warum er denn die ganze Sache überhaupt gemacht habe. Ist dann der andere Tag bis zum Abend fortgeschritten, so hat er nur zu oft Gelegenheit, recht wehmütig darüber nachzudenken, wie doch vor 24 Stunden, als er sich anschickte, seine Kunstleistung dem Publikum darzubieten, alles in so lichten Farben geglänzt hat, wie er, wenn alles nach besten Kräften gelingt, etwa drei Stunden lang wirklich meinen konnte, auf der Höhe des Daseins zu schweben, und sich noch die Zeit bis zum Schlafengehen diesem seligen Traume hingeben durfte, und wie jetzt schon, nach so kurzer Zeit, alles blaß geworden ist, und ihm das Echo des Geleisteten in so ganz anderer Weise aus dem Gemurmel der sogenannten öffentlichen Meinung wiederklingt. Ist er nun aber gar zufälligerweise Theaterdirektor, so kommt noch ein weiteres Moment dazu, das geeignet ist, die Freude dauernd abzudämpfen, nämlich die unseligen Kassenrapporte. Schon am ominösen »andern Tag« mangelt es nicht an den treuherzigsten und aufrichtigsten Versicherungen, die neue oder neustudierte Oper werde nichts machen. Wenn dann schließlich und endlich diese so eifrig und wohlwollend ausgesprochenen Versicherungen so und so oft wiederholt und weitergegeben worden sind, bis das Publikum sich tatsächlich abhalten läßt, das betreffende Werk anzusehen, dann ist es zur Tatsache geworden, daß es nichts macht. Die Ziffern der Kassenrapporte werden immer kleiner, und schließlich muß sich der Theaterleiter sagen, daß alle Begeisterung und Mühe umsonst war und daß das Gemurmel wieder einmal recht behalten hat. Wieviel echtes Gold ist auf diese Weise schon weggemurmelt worden, um dem Talmi Platz zu machen.

Dieser »andere Tag« existierte nun am Abend jener »Cellini«-Aufführung in Wien nicht für mich. Unbekümmert um die Folgen, unbekümmert um die späteren lokalen Schicksale ließ ich den Geist, die Schönheit und die unnachahmliche Anmut des Werkes auf mich wirken. Ich wußte und weiß es heute, daß Cellini nicht sterben wird, und empfand es mit überzeugender Gewißheit in jedem Takte. Es gibt wirkliche Zukunftsmusik, und dazu gehört auch der »Benvenuto Cellini« von Berlioz. Unter meinen Händen das herrliche Orchester der Hofoper, auf der Bühne Sänger, die ihre Rollen vollendet zur Darstellung brachten, die prachtvoll klingenden Chöre, die schönen, szenischen Bilder, alles zog glänzend und erfreuend an mir vorüber, so daß ich oft überhaupt nicht mehr das Gefühl hatte, selbst der Leiter zu sein, weil ich auf alles Technische mit einem so vollständig mit meinen Intentionen vertrauten Apparat vergessen konnte, und geradezu ein idealer Zuschauer und Zuhörer geworden war. Kein Kassenrapport konnte mich beunruhigen, die Prophezeiung, »daß es nichts machen werde«, konnte nicht mehr zu mir gelangen. Mit einem fröhlichen Schwenken des Hutes hatte ich bereits vor Beginn der Vorstellung meinem Bureau, der Stätte dreijähriger, mühevoller Arbeit, Lebewohl gesagt. Ich wußte, daß nach der Vorstellung ein kleiner Kreis vertrauter Freunde um mich sein werde, daß aber schon am nächsten Morgen der erste Zug mich aus den Wolken meiner Theaterdirektorenzeit auf die reinen Höhen des Semmering entführen werde.

So gestaltete sich dieser Abend zu einem unvergleichlichen und unvergeßlichen Genuß, wie er dem Künstler selten vergönnt ist, und zugleich zu einer Erinnerung, die mir nie getrübt werden kann.

Die Ouvertüre zu »Fidelio«.

Der einzig dastehende Fall, daß zu einer Oper vier Ouvertüren geschrieben sind, wie es bei »Fidelio« der Fall ist, ergibt die Schwierigkeit der Wahl, die noch dadurch verstärkt wird, daß von den beiden, bisher ausschließlich in Betracht gezogenen Ouvertüren die eigentliche Fidelio-Ouvertüre als der Bedeutung des nachfolgenden Werkes nicht ganz entsprechend, die große Leonoren-Ouvertüre aber als zu mächtig empfunden wurde, um als vorbereitende Einleitung zur Oper dienen zu können. Andererseits ist die Ansicht immer wieder durchgedrungen, daß der öfter gewählte Ausweg, beide Ouvertüren zu spielen, mag man sie stellen wie man will, nicht künstlerisch ist, sondern mehr dem Bestreben entspricht, möglichst viel der von Beethoven zum »Fidelio« geschriebenen Musik zu Gehör zu bringen, welcher Absicht schließlich am besten entsprochen würde, wenn man alle vier Ouvertüren spielte, ein Unternehmen, das selbst im Konzertsaal nur vom historischen oder pädagogischen Standpunkt aus gebilligt werden könnte. »Fidelio« hat eine eminent dramatische, auf eine kurze Spanne Zeit zusammengedrängte Handlung. Für das instrumentalmusikalische Bedürfnis während des Werkes hat Beethoven selbst durch das herrliche Vorspiel zum zweiten Akt und durch eine nicht gerade kurze Einleitung zur letzten Szene in ausgiebiger Weise gesorgt. Es liegt also nicht nur nicht die geringste Nötigung vor, eine Ouvertüre einzufügen, sondern es ist sogar ein schwerer Fehler, den Gang der ebenso ergreifenden wie szenisch vortrefflich gestalteten Handlung irgendwie zu unterbrechen. Die große Ouvertüre, wie es öfter geschieht, zwischen dem ersten und zweiten Akt zu spielen, ist plump, sie aber gar nach der Kerkerszene einzuschachteln, im Augenblick, da die aufs äußerste gespannte Handlung zum Schlusse drängt, ist geradezu eine Versündigung. Einem solchen Mißgriff gegenüber behält sogar Zumpe in München Recht, der sie nach dem Schluß der Oper spielte. Da konnte man wenigstens das Theater verlassen, ohne Zeuge dieser Geschmacklosigkeit sein zu müssen.

Ich halte es für richtig, »Fidelio« ganz ohne Pause zu geben, das Vorspiel zum zweiten Akt also unmittelbar an den letzten Takt des ersten anzuschließen, und die Verwandlung der Szene, natürlich bei geschlossenem Vorhang, leise während der Musik vorzunehmen. Nur so bleibt nach meinem Gefühle die intensive Stimmung erhalten und kommt die gewaltige Steigerung von der ersten bis zur letzten Note ohne Störung zur Geltung. Aber, auch wenn man davon absieht, darf in keinem Falle mehr als eine Ouvertüre gespielt werden, und zwar am Anfang der Oper. Aber welche?

Als die geeignetste, alle Ansprüche an eine Opernintroduktion am meisten befriedigende der vier Ouvertüren halte ich diejenige, welche zur ersten Fassung und Aufführung der Oper »Leonore«, der Vorgängerin des »Fidelio«, in Wien gespielt worden ist, also die in den meisten Ausgaben fälschlich als »zweite« bezeichnete Leonoren-Ouvertüre. Die sogenannte »erste« ist später, angeblich für Prag, nachkomponiert worden, sie ist ein nachgelassenes Werk und müßte eigentlich die »dritte« genannt werden, während der großen die Nummer zwei zukäme. Diese sogenannte zweite Ouvertüre wird weit unterschätzt. Ihre frappante Ähnlichkeit mit der großen, sowie der übereinstimmende thematische Gehalt ließ die schwerwiegenden Verschiedenheiten zwischen beiden Stükken übersehen, weshalb sie meistens nur als Skizze zu ihrer jüngeren Schwester beurteilt wird. Ich gestehe offen, daß ich früher diese Ansicht teilte und in der Oper stets die große Ouvertüre als Einleitung zum »Fidelio« spielen ließ, nicht ohne zu fühlen, daß sie nicht dorthin gehöre. Erst meine Tätigkeit als Konzertdirigent veranlaßte mich, mich eingehender mit den übrigen Leonoren-Ouvertüren zu beschäftigen, sie gründlich zu studieren und aufzuführen, und ich fand dabei, daß die »zweite« keineswegs nur eine Skizze zur großen, sondern vielmehr ein durchaus für sich bestehendes, dabei höchst wertvolles Musikstück ist, das nichts anderes darstellt, als die richtige, ja die einzige wirkliche und voll befriedigende Einleitung zum »Fidelio«. Sie ist die echte Opernouvertüre, da sie mit dramatischer Kraft und Deutlichkeit die Hauptmomente der Handlung bis auf Äußerlichkeiten — man sehe die kurz abgerissenen Akkorde beim Abgang des von Leonorens Pistole bedrohten Pizarro aus dem Kerker, — zusammenfaßt, und dadurch auf das Drama vorbereitet, ohne jedoch durch ihre Wucht auf die nachfolgenden szenischen Vorgänge zu drücken, und diese dadurch in unbedeutenderem Lichte erscheinen zu lassen, als sie es verdienen.

An dem Werte dieser Ouvertüre ändert es nichts, daß sich Beethovens Inspiration später in der »großen« zu einer Sternenhöhe erhob, die jede Einzelheit des tatsächlichen Vorganges weit hinter sich läßt. Diese höchste musikalische Emanation der Fidelio-Idee, wie sie nur der Einzige schaffen konnte, gehört aber nicht mehr ins Theater, wo wir mit plastischer Anschaulichkeit zu tun haben sollen. Ihr Platz ist im Konzertsaal, am besten bei Veranstaltungen, wo nur Beethovensche Werke zu Gehör gebracht werden, denn nur die Musik dieses Meisters entgeht der Gefahr, durch jenen Koloß erdrückt zu werden.

Als einzige Einwendung gegen die »zweite« Ouvertüre als Einleitung zum »Fidelio« könnte man geltend machen, daß das Trompetensignal in dieser Ouvertüre anders lautet, wie in der Oper, wo es dem der großen Ouvertüre entspricht. Doch wird dieser Einwand hinfällig, wenn man imstande ist, sich von jenem, oft zu künstlerischen Irrtümern führenden äußerlichen Gefühl der thematischen Übereinstimmungsnotwendigkeit frei zu machen, das erst in späterer Zeit die »Leitmotive« in unser musikalisches Empfinden hineingebracht haben, das aber im »Fidelio« ganz bedeutungslos ist.

Da einem guten alten Sprichwort zufolge Probieren über Studieren geht, so empfehle ich den am Theater wirkenden Herren Dirigenten, einmal den Versuch zu machen, die besprochene Ouvertüre als einzige Einleitung zum »Fidelio« zu spielen. Allerdings warne ich davor, etwa die Anekdote von jenem eitlen Pultvirtuosen wahr zu machen, der den Schluß der zweiten Ouvertüre heimlich mit dem der großen vertauscht haben soll, um sich eines zweifellosen Effektes zu versichern. Auch die zweite Ouvertüre ist, nebenbei bemerkt, von glänzender Wirkung und bringt dem Dirigenten Ehre und Beifall, wenn sie gut gespielt wird.

Da ich mir einmal gestattet habe, einen Rat bezüglich des »Fidelio« zu geben, so sei mir bei dieser Gelegenheit auch ein zweiter gestattet. Man lasse während des Nachspiels zum Duett in der Kerkerszene Florestan und Leonore im Gefühl ihres so schwer wiedererrungenen Glückes in stummer Verschlingung verbleiben. Der Vorhang soll hier noch nicht fallen. Es ist abscheulich, wenn das empfindungsreiche Nachspiel durch Händeklatschen und Hervorruf der Darsteller verdorben wird. Rocco erscheint oben auf der Treppe und spricht die in der Partitur sehr deutlich verzeichneten, aber merkwürdigerweise überall gestrichenen Worte, welche die heilsam eingreifende Wirksamkeit des Ministers und die Gewißheit der endlichen Befreiung verkünden. Dann erst fällt der Zwischenvorhang, das Orchester setzt mit dem strahlenden C-dur-Akkord ein, und eine rasche Verwandlung läßt die finsteren Kerkermauern verschwinden und führt uns zur lichten, glücklichen Oberwelt.

Solange ich Direktor in Wien war, wurde »Fidelio« im dortigen Hofoperntheater in der hier geschilderten Form gegeben.

Vorwort zu Theod. von Frimmels Beethoven-Jahrbuch.

(1907.)

Je ferner uns Beethovens zeitliche Erscheinung rückt, desto rätselvoller wird uns die Gottähnlichkeit seiner Größe. Schon die Nennung seines Namens genügt, um jene weihevolle Spannung zu erzeugen, die das Nahen des Außerordentlichen begleitet. Ein zerstreutes, unruhiges Publikum wird still, die widerstreitenden Meinungen schweigen, alle sonstigen Interessen treten in den Hintergrund; nur Andacht und Hingebung malt sich auf den Zügen der Zuhörer, und die weiten Räume glänzender Konzertsäle durchzittert die Erregung des Schweigens, wenn der Augenblick gekommen ist, da ein Werk Beethovens erklingen soll.

Könnte das einmal anders werden? — Ich habe behaupten hören, daß möglicherweise kommende Jahrtausende zu Beethovens Musik ebensowenig Beziehung haben könnten, als wir sie heute etwa zur Musik der Griechen haben. — Ich glaube nicht daran. — Zwar, täuschen wir uns nicht, auch das Wertvolle kann untergeben, insofern wenigstens, als seine unmittelbar wirkende Kraft versiegt und nur das gefährliche historische Interesse übrig bleibt, das sich zur lebendigen Kunst verhält wie die Mumie zum Menschen. Viele Werke von Haydn, Mozart und Schubert, ja, die meisten von Weber führen nur noch im Lichte der unvergänglichen Schöpfungen dieser Meister ein künstliches Dasein, gehören aber an sich schon der Vergangenheit an; von Beethoven hingegen nichts, einige Gelegenheitskompositionen vielleicht ausgenommen. Er hat sich, von Umarbeitungen einiger Werke abgesehen, nie wiederholt; in jedem Satz ist er sich selber unähnlich und doch wieder ganz nur er selbst. Bei ihm gibt es kein Schema, keine Manier, kein Schaffen bloß um des Könnens willen. Versagt ihm zuzeiten seine Erfindungskraft, daß er das Höchste nicht leisten kann, so schafft er überhaupt nicht; daher der Reichtum und die überzeugende Macht seiner Musik. Bach hat kunstvoller, Mozart harmonischer, Schubert melodiöser, Weber farbenreicher geschrieben, doch keiner reißt uns so auf die von aller Konfession und Konvention freien Sonnenhöhe des wahren Menschentums hinauf, wie Beethoven. Und darin, nicht in Einzelwerten, liegt seine Unsterblichkeit.

So, wie die granitnen Urgesteinsblöcke nur höher werden, je mehr des Erdreichs um sie her vom Wasser weggeschwemmt wird, so wachsen auch die Geistestaten jener Riesen, die es vermochten, der Menschheit die Krone des einzig echten Adels zu verleihen, nur an Erhabenheit, je länger die Wogen der Zeit sie umbranden. Freilich, auch sie sind bis zu einem gewissen Grade Kinder ihrer Zeit; aber was des Minderwertigen Verderben ist, gereicht ihnen zur erhöhten Zier, indem das Zeitliche in ihnen sie allmählich mit einem seltsam ehrwürdigen Schimmer überzieht, sowie eine edle Bronze sich nach und nach mit der Patina bedeckt, wodurch sie noch schöner wird. Bekommt Beethovens Bild dereinst jene Patina, so wird es den kommenden Geschlechtern nur um so heiliger gelten.

»Aus eigener Werkstatt«.

Ein Vortrag, gehalten im Volksbildungs-Verein zu Wien am 30. März 1912.

Ich soll etwas aus der eigenen Werkstatt erzählen. Die Aufgabe ist nicht ganz leicht, vielleicht sogar ein wenig gefährlich. Sollte man nicht gerade die eigene Werkstatt fest nach außen verschließen, und nur das ganz Fertige daraus hervortreten lassen, über den Entstehungsprozeß aber tiefes Stillschweigen bewahren? Sollte man nicht gerade den mystischen Schimmer, der über dem Werdegang unserer Werke liegt, aufrecht zu erhalten suchen, und den Uneingeweihten im Glauben lassen, der Künstler habe eigentlich nichts weiter zu tun, als in halb verträumtem Zustande auf die Inspiration zu warten, und dann wiederzugeben, was diese ihm eingibt? Soll man offen und ehrlich eingestehen, daß Vieles, sehr Vieles, was dem Kunstwerke sein Leben verleiht und verbürgt, Handwerk ist, eine Frage des Könnens, ein Produkt des bewußten, genauen, ja mitunter mathematisch genauen Nachdenkens, ja, daß Kunst ohne einen starken Einschlag der Technik gar nicht möglich ist? —

Der moderne Mensch ist ungenügsam, er will das Kunstwerk nicht nur genießen, er will es auch analysieren. Er will seiner Entstehungsgeschichte bis in die verborgensten Fasern nachspüren, und aus dem Leben des Künstlers selbst die Motive des Kunstwerkes erforschen. Dieses Bestreben ist an sich gerade nicht künstlerisch, denn das große, das ewige Kunstwerk, dasjenige, was die zeitgenössischen Wirbelstürme überdauert, wurzelt zwar tief im Leben des Künstlers, ringt sich aber mit seiner

Vollendung davon los, und hat sein eigenes Leben, so, wie ein organisches Wesen, das einmal zur Welt gekommen ist, unabhängig von seinen Eltern lebt, mag es noch so sehr deren Züge tragen. Von Homer wissen wir nichts, von Shakespeare so gut wie nichts, und doch leben ihre Dichtungen in unverminderter Schönheit in die Jahrhunderte und Jahrtausende hinein. Von Beethovens, Mozarts und Schuberts Persönlichkeiten brauchten wir nichts zu wissen, und doch kann man sich nicht vorstellen, daß die Gewalt, die Anmut und Schönheit ihrer Musik deshalb zu irgendeiner Zeit weniger wirken sollten. Nur solche Werke aber, welche die Strömungen der jeweiligen Gegenwart überwunden haben, zählen wirklich, und nicht, was der Künstler geträumt, gemeint und beabsichtigt, osndern, was er vollbracht hat, ist das Ausschlaggebende. Das vollendet Vollbrachte aber ist von den Umständen, unter denen es vollbracht wurde, nicht mehr abhängig. Zur rein ästhetischen und unpersönlichen Anschauung auch zeitgenössischer Kunstwerke sollte sich daher Jeder erziehen, der ungetrübte Eindrücke gewinnen will. Dennoch sind der stark individuelle Zug unserer modernen Beurteilung und das Bestreben, das Wirken eines Künstlers aus seiner Persönlichkeit zu erklären, keineswegs wertlos, jedoch mehr für den Künstler selbst, als für den Beurteiler. Der Künstler möge aus dem Interesse, das man an seiner Persönlichkeit nimmt, die Mahnung herleiten, auch sein Leben zum Kunstwerk zu gestalten, wirklich und wahrhaft zu leben, seine Seele und seinen Körper zu kultivieren, nach Gesundheit zu streben, innerliche und äußerliche Hemmungen tunlichst zu beseitigen, und so sein ganzes Wesen zum fruchtbaren Boden zu formen, aus dem Kunstwerke erblühen können. Manche große Begabung geht schließlich an einem kulturellen Defekt zugrunde; zu großer Einfluß der Umgebung, falscher Ehrgeiz, verfrühte Erfolge, Täuschung über den einzuschlagenden Weg, und die Sucht, möglichst rasch Geld zu verdienen, haben sie nicht ausreifen lassen. So wie es in unseren Wohnräumen vor allem reinlich sein muß, sollen wir gesunde Menschen bleiben, so muß es auch in unserer Werkstatt reinlich zugehen. Klare Luft, wärmender Sonnenschein sollen hereindringen und die feuchten Dunkelheitsbazillen aufzehren, die zwar mitunter recht schöne Namen tragen, aber doch nur da sind, um uns krank zu machen. Haben wir aber gründlich gelüftet in unserer Werkstatt und blank gescheuert, so können wir unbesorgt die Türe öffnen, und den Besucher freundlich bitten, sich darin umsehen zu wollen.

Es ist tatsächlich schwierig, über sich selbst zu sprechen, namentlich in einer so subtilen Kunst, wie die Musik, der man mit dem dürren Begriff, dem trockenen Wort, so gar nicht beikommen kann. Und auch eine andere Gefahr ist dabei. Zwar kann man in keine Seele so hineinschauen wie in seine eigene; nichts liegt so unzweifelhaft deutlich vor uns, wie das, was wir selbst empfinden, denken, wollen und wirken, weil, um sich philosophisch auszudrücken, das beobachtende Subjekt und das beobachtete Objekt eines und dasselbe sind. Aber da ist so ein ganz verwünschtes kleines Gespenst, ein lächelnder, echt weiblicher Kobold, der stets bereit ist, das, was wir deutlich an uns und in uns zu sehen glauben, in seinem Sinne zu verwischen, oder zum mindesten mit einem falschen Schimmer zu beleuchten. Dieser Kobold ist nichts anderes, wie die Eigenliebe, die uns nur gar zu gern ihr so süß klingendes »Bravo« zuflüstert. Und dabei kann man diesem Gespenst nicht einmal ernstlich böse sein. Das kleine Weibchen wohnt nun einmal bei uns, und ist mit den herbsten Scheltworten nicht wegzutreiben. Schließlich wäre es auch unnatürlich, wollten wir uns selbst, und das, was wir schaffen, nicht lieben, und nicht gern gelobt hören, sei es auch zunächst, so lange das Werk uns allein gehört, nur von uns selbst. Aber auf der Hut sein heißt es mit diesem glitzernden, verführerischen Wesen, denn nichts lügt und betrügt so sehr, wie gerade die Eigenliebe, so treu sie auch an uns hängt.

Ich habe mir nun in meinem Innern einen Gegendämon gezüchtet und nähre ihn von meinem eigenen Blute. Er erscheint, wenn ich ihn rufe, aber sehr oft, zu meinem Heile, auch ungerufen. Er sieht ganz wesentlich anders aus als die herzige Eigenliebe. Seine Züge sind ernst und streng, seine Sprache ist scharf und hart, und ein heiliger Wahrheitseifer leuchtet aus seinen durchdringenden Augen. »Meinen Kritiker«, habe ich diesen Dämon getauft, und Sie können mir glauben, daß ich einen ganz gewaltigen Respekt vor ihm habe. Stets hat er freien Zutritt zu mir, und stets heiße ich ihn, wenn auch mitunter schweren Herzens, willkommen. Nur in seltenen Augenblicken verschließe ich ihm die Tür, und, drängt er sich dennoch ein, so weise ich ihn ab. »Jetzt hast du nichts hier zu suchen«, rufe ich ihm zu, und er ist dann klug genug, sich widerspruchslos zu entfernen, wohl wissend, daß ich ihn später wieder notwendig brauchen werde. Es sind die schönen Augenblicke, da ich etwas fertig gemacht habe, und glaube, gut fertig gemacht zu haben. Dann darf auch die holde Eigenliebe bei mir stehen und mich mit ihren lieblichsten Schmeicheleien verwöhnen, wozu sie stets so gern bereit ist. Diese kurzen Momente seliger Selbstberauschung sind dem Künstler notwendig, und ich sorge, sie mir durch nichts trüben zu lassen. Aber sie darf nicht zu lange dauern, diese selbstgenügsame, glückliche Zeit. Dann ersuche ich das glitzernde Weibchen, die Eigenliebe, sich nun gefälligst zu entfernen. Sie schmollt und schwätzt nach Frauenart alles mögliche über Undankbarkeit und Treulosigkeit, und es bedarf mancher Überredungskunst, bevor sie mich allein läßt. Endlich hat sie mir grollend den Rücken gedreht, und ich nehme nun das neue, kaum geborene Werk und schließe es irgendwo zu tiefst in eine Schublade ein. Dort bleibt es ungesehen liegen, während ich mich bemühe, es gänzlich zu vergessen. Das dauert mehrere Monate, mitunter ein ganzes Jahr, während dessen ich keinen Blick darauf werfe, so schwer es mir, namentlich anfangs, auch wird. Wenn ich meiner selbst so weit sicher bin, daß die mir von meiner Eigenliebe gezollten Lobsprüche gründlich verraucht sind, dann hole ich mit dem Gefühl sehr eigentümlichen Bangens das Manuskript wieder hervor. Nun liegt es wie ein fremdes vor mir, und jetzt ist es Zeit, falls er nicht von selber kommt, den Gegendämon herbeizurufen, meinen strengen Kritiker. »Da hast du mein neues Werk«, sage ich ihm recht bescheiden und kleinlaut, »nun prüfe und richte«. Er macht sich darüber, liest und liest. Endlich fährt er mich an: »Ja, was hast du denn da gemacht? Siehst du denn nicht, daß da ein Riß klafft, daß dieser Übergang nur äußerlich zusammenhält, aber nicht organisch herausgewachsen ist? Und dort, die Mittelstimme, die verläuft im Sand, statt ausdrucksvoll weitergeführt zu werden. Da, der Baß liegt faul da, statt sich zu bewegen; das hemmt ja den natürlichen Fluß. Dieser Teil ist wieder zu kompliziert, zu polyphon. Mit der Polyphonie hilft man sich so hübsch weiter, wenn man nichts Rechtes mehr weiß. Heraus mit den Umkehrungen und Übereinanderschachteleien! Das lebt nicht, lieber ein ganz neues Thema an der Stelle. Und endlich der Schluß, der ist wohl an sich ganz gut, aber nicht vorbereitet genug. Man muß doch wissen warum man schließt, gerade da und nirgend anders.« So gehts fort, ein stattliches Sündenregister. Nun heißt es umformen, Neues schaffen, ganze Partien beseitigen. Hat man aber erst angefangen mit dem Verbessern, so sieht man, daß es mit dem, was man zunächst ändern muß, nicht abgetan ist. Ist eine Stelle verbessert, so stellt sich sehr oft heraus, daß man ganz wo anders, an einer Stelle, die mit jener scheinbar gar nicht zusammenhängt, auch ändern muß. Unendlich fein verzweigt ist der Organismus eines Kunstwerkes und seine Nerven wirken in oft unbegreiflicher Weise aufeinander. Jene zweite entfernte Stelle ist offenbar in irgendeiner Weise auf die erste eingestellt, verträgt den neuen Reflex nicht, der durch die Änderung entstanden ist, und es bedarf sorgfältigen Nachforschens, bis die Gründe dieser Erscheinung sich offenbaren. Diese Änderung hat aber wieder eine andere zur Folge, und so geht es fort, daß man meint, kein Ende zu finden. Und mitunter findet man auch keins. Feindlich stellt sich das eigene Werk gegen uns. Nachdem man sich lange im Schweiße seines Angesichtes geplagt hat, ruft plötzlich der kritische Dämon: »Gib dir weiter keine Mühe, daraus wird nichts. Das ist in einer schwachen Stunde geboren. Weg damit in den Papierkorb!« Sofort meldet sich die kleine Eigenliebe, steckt ihr Köpfchen irgendwo unter dem Schreibtisch oder dem Klavier hervor, und läßt ihr klagendes Stimmchen erschallen: »Mein Gott, wie schade, es hat doch so viel schöne Stellen, versuch' es doch noch einmal, so oder so wirds schon gehen.« Umsonst. Der strenge Kritiker erneuert seine Forderung; einige kräftige Risse, und die Arbeit vieler hoffnungsvoller Tage ist vernichtet für immer. Und Gott sei Dank, daß sie es ist. Noch hat kein menschliches Auge die Unvollkommenheiten des Werkes geschaut, und meine beiden Dämone haben die unschätzbare Eigenschaft, daß sie nicht aus der Schule schwatzen können. Hätte ich im ersten Freudenrausche das Neugeschriebene gleich dem Verleger geschickt, so läge es jetzt mit seinen Schwächen da und ärgerte mich durch seine Gegenwart, wie so manches in früher Jugend voreilig Gedruckte.

Selten gelingt ein Werk auf den allerersten Wurf. Mitunter geht aber der Gegendämon gnädiger mit mir um, als ich es soeben geschildert habe. Er findet nur kleinere Fehler, die verhältnismäßig leicht zu beseitigen sind. Dies trifft namentlich bei Kompositionen von kurzen Dimensionen, z. B. bei Liedern zu. Dann aber kommt es wieder vor, daß allerdings vieles geändert werden muß, doch nicht auf Vernichtung läuft ein unfruchtbares Bemühen hinaus. Nicht feindlich widersetzt sich uns das neue Werk, sondern es hilft uns, die Schlacken auszuscheiden, die seine Adern noch trüben, und seine Nerven, statt sich gegen die Eingriffe zu sträuben, wirken in die Nähe und Ferne im Sinne freudigen Emporstrebens. Ganz von selbst sehen wir, im Gegensatze zu früher, daß eine Partie, die wir vielleicht angezweifelt haben, gerade so, und nicht anders sein kann; daß andererseits an Stellen, wo wir ändern müssen, die kleinste Verschiebung, oft die Änderung einer Note, plötzlich das Bild ergibt, das wir bisher erstrebt, aber nicht erreicht hatten. Es ist, als ob die Unvollkommenheiten selbst kämen und bäten, verbessert zu werden. Lichtstrahlen brechen aus den geheimsten Gängen hervor, und vereinigen sich zu einem Brennpunkt, der nun das ganze Gebäude durchleuchtet, so daß wir klar sehen, wo noch Hand angelegt werden muß. Ist dann das Letzte geschehen, sind alle Proportionen hergestellt, so daß Jedes zum Andern und das Einzelne zum Ganzen paßt, sind die Farben, sowie Licht und Schatten richtig verteilt, fehlt nichts mehr an der Harmonie, und ist auch nichts Überflüssiges mehr zu entdecken, dann geschieht es wohl auch, daß sich die strengen Züge des Gegendämons, meines Kritikers, zu einem Lächeln beleben, und ein warmer Strahl aus seinen scharf blickenden Augen bricht. »Nun ja, so mags bleiben«, meint er dann — und verschwindet. Nun entschließe ich mich, das neue Werk der Öffentlichkeit zu übergeben, nicht mit leichtsinniger Siegesgewißheit, sondern mit dem Gefühl, mit dem die Eltern ein Kind, welches das Alter der Reife erreicht hat, aus dem Hause in die große Welt entlassen. »Geh hinaus«, sagen sie ihm, »und sei mutig. Schweres wirst du über dich ergehen lassen müssen, denn Leben ohne Kampf gibt es nicht. Doch bist du was Rechtes, so wirst du durchdringen und dir früher oder später deinen Platz an der Sonne erobern. Geh mit Gott!«

Zwei Eigenschaften muß der Künstler in sich entwickeln, der rechte Geisteskinder in die Welt senden will; er muß Geduld haben, und er muß *sein eigener Gegner* sein können, mit anderen Worten: Erziehung zur schärfsten Selbstkritik ist eines der Lebenselemente des künstlerischen Schaffens. — —

Ich habe bisher nur von meinem Verhalten einem fertigen Werke gegenüber gesprochen. Ich lese aber in Ihren Mienen die Frage, wie denn nun eigentlich so ein Werk entsteht, wie seine Anfänge sind, und wie es sich bis zur Fertigstellung entwickelt. »Hier stehen wir vor steilern Stufen«, sagt Mephistopheles zu Faust, als dieser sich anschickt, zu den Müttern hinabzusteigen. Und zu den Müttern, d. h. zu den Anfängen alles Seins müssen auch wir versuchen zu dringen, wollen wir über die Entstehung eines Kunstwerkes sprechen. Da stoßen wir aber überall auf Unerklärliches. Mag die Wissenschaft noch so tief nach den Urgründen alles Lebens forschen und das Erstaunlichste finden, schließlich kommt sie zu Punkten, wo sie Halt machen muß. Die Kräfte, die das Weltall erschufen und erhalten, kennen wir in ihren Wirkungen, aber ihr Wesen ist von Rätseln durchdrungen, die um so tiefer werden, je mehr man sich bemüht, sie zu lösen. Der freieste Geist kann sich vom Wunderbaren, das unser ganzes Leben durchdringt, nicht befreien, darum wird auch eine Art von Religion, sei sie welcher Art immer, stets auf der Welt herrschen müssen. Auch die Kunst, die eine Art von Religion ist, und zwar eine sehr hohe und edle Art, wurzelt in ihren Anfängen und in ihrem Wesen im Wunderbaren. Ihre Elemente zwar liegen klar vor uns. Wir wissen, um bei unserer Kunst, der Musik, zu bleiben, wie ihr Material, die Töne, entstehen, und können sie mathematisch messen. Wir wissen hier vielleicht sogar genaueres als von den Farben und den Elementen anderer Künste. Dieses Material aber, in unserem Falle die Töne, künstlerisch zu formen, das Vermögen, eine Ansammlung von Schwingungen zu einer Sprache zu gestalten, die uns mehr sagt als jede andere Sprache, das ist rätselhaft. Rätselhaft ist auch die Art, wie sich das Kunstwerk, das entstehen will, seinem Schöpfer offenbart.

Alles Organische in der Natur entspringt aus einem Keim; auch den ersten Anfang eines Kunstwerkes kann man nicht anders bezeichnen. Gemeinhin glaubt man, es hänge vom Willen des Komponisten ab, was er schafft. Er müßte sich vornehmen, z. B. eine Symphonie oder ein Kammermusikstück zu schreiben, und Sache seiner Kunst sei es, nunmehr das Richtige dafür zu finden. Dem ist aber nicht so. Der Wunsch kann vorhanden sein, der dringende, der heiße Wunsch, gerade in dieser Weise sich zu betätigen, und doch kann diesem Wunsche Erfüllung versagt bleiben. Der echte Künstler wird auch lieber entsagen als versuchen, etwas zu erzwingen, was dennoch mißlingen müßte. Nicht der Künstler darf wollen, sondern das Kunstwerk selber muß wollen, erscheinen wollen, und zwar gerade demjenigen Künstler, der geeignet ist, es zur Erscheinung zu bringen. Dieser Künstler will aber dann nicht mehr, — er muß.

Verschieden ist die Art und Weise, wie das Werk dem Künstler Kunde gibt von seinem Dasein und seinem Entstehungswillen. Plötzlich schießt ein Thema auf; wie aus der Erde gewachsen steht es da. Es ist dabei so keck, nicht einmal eine Legitimation bei sich zu führen, ein unerhörter Vorgang in unserem wohlgeordneten Staatswesen. Aber im Reiche der Kunst sieht's anders aus, und dieser Staat wird von anderen Gesetzen regiert als denen, die Menschenhirne mühsam ersonnen haben. »Ja, wer bist du denn, und was soll ich mit dir anfangen?« fragen wir das so unversehens hereingestürmte Gebilde. »Was geht's dich an?« antwortet es mitunter lächelnd, mitunter ernst und drohend, »Ich bin einmal da, und du hast mich aufzunehmen, ob du willst oder nicht«. Mitunter möchte man aufschreien — man tut es vielleicht auch — und schließt das neue Wesen in seine Arme. Da ist es ja, was wir so lange herbeigesehnt haben, da ist es ja, das erste Thema einer Symphonie, ruft es mit aller Macht in uns. Manchmal wissen wir aber nicht so klar, woran wir sind, so aufmerksam wir den Ankömmling auch betrachten. Da nimmt man ihn eben auf, wie er ist, notiert sich das Thema und wartet, was sich nun weiter entwickeln wird. Es geschieht ja nicht selten, daß so ein Thema hereinschneit, sich recht frech gebärdet und mich nötigt, es aufzunehmen. Ich notiere es mir. Nach wenigen Tagen aber ist es meinem Gedächtnis entschwunden, und sehe ich mir später das Geschriebene an, so ist es verblaßt. Dann war es ein Truggebilde, das mich mit vorgespiegelter Bedeutung geneckt hat. Das charakteristische Merkmal der echten und fruchtbringenden Einfälle ist es aber, daß sie mir im Gedächtnis haften bleiben, auch wenn ich es versäume, sie zu notieren.

Nicht immer aber ist es ein Thema, das uns die Inspiration als ersten Keim eines Kunstwerkes bringt. In unserem Wesen entwickelt sich ein Etwas, ein Unbestimmtes, von dem man nicht sagen kann, daß mein geistiges Auge es sieht, mein geistiges Ohr es hört; aber es ist da, und unser ganzes Sein ist davon in Anspruch genommen. Wir konzentrieren uns darauf. Vergeblich, es entschlüpft, aber es entweicht nicht, es bleibt und zwingt uns, es immer schärfer mit unseren inneren Sinnen zu erfassen. Mit einem Male gelingt es uns, einen bestimmten Zug, etwas wie eine Form, wie ein Gesicht zu erkennen. Dort greifen wir an, dort halten wirs fest. Jetzt können wir es zwingen, sich uns immer mehr und mehr zu enthüllen. Allmählich wird uns klar, was das merkwürdige Ding, das uns bald quält, bald entzückt, eigentlich ist. Zugleich wächst aber auch der unbezwingbare Drang, das, was wir nun erschauen, mit den Mitteln unserer Kunst darzustellen. Ist es ein rein musikalisches Werk, so beginnt es, klingende Formen anzunehmen, und ein Thema entwickelt sich aus dem dunklen Gewoge, vielleicht sogar mehrere. Wir sind sehr stolz, selig, glücklich, überzeugt, daß wir uns nur an die Arbeit machen müssen, um das Schönste von der Welt zustande zu bringen. Natürlich ist es wieder niemand anders, als wie unsere schalkhafte kleine Eigenliebe, das verführerische Weibchen, das irgendwo hereingeschlichen ist, uns nun mit leuchtenden Augen über die Schulter schaut und ihre weiche Wange so wohlig an die unsere legt. Alsbald rauscht aber auch der Gegendämon herein, mein Kritiker, und schiebt die Eigenliebe heftig beiseite, »Sieh' dir doch das Bild erst genau an, das nun, Dank einer höh'ren Macht, in deiner Seele lebt!« herrscht er mich an. »Glaubst du wirklich, daß die Notenfolgen, die du da hingeschrieben hast, charakteristisch genug sind, das auszudrücken, was jenes Bild dir verkündet?« Die Eigenliebe opponiert gar heftig. »Was drängst du dich denn immer und immer hier ein, du finsterer, trockener Geselle!« ruft sie erbost und stampft mit dem kleinen Füßchen auf, »das nenn' ich mir ein edles Handwerk, dem schaffenden Künstler die Freude zu verderben. Weißt du denn gar nicht, was Unmittelbarkeit, Spontaneität, Originalität, Begeisterung und kräftige Subjektivität heißen?« »Laß mich in Ruhe mit deinen ‚ung' und ‚tät' und anderen schönen Endsilben, kleine Schwätzerin«, entgegnet mein Kritiker sehr kühl, »die überlaß denen, die sich gerne wichtig machen. Vom Künstler verlange ich das vollendete Werk, und das hat mit ganz anderen Dingen zu tun, als mit deinen ung und tät«. — Die beiden geraten in ein tüchtiges Handgemenge, denn die kleine Eigenliebe hat Haare auf den Zähnen und läßt sich nicht so leicht mundtot machen. Ich aber, an solche Szenen gewöhnt, lasse die beiden sich einige Zeit miteinander balgen und sehe mir meine Themen gründlich an, derweil es um mich herum immer stiller und einsamer wird, und nur das geliebte Bild, das rätselhaft entstandene, mit immer größerer Deutlichkeit sich mir darstellt. Endlich scheint mir der Grundstein gelegt; die Themen haben Prägnanz, Form und Farbe. Nun gehe ich daran, das Gebäude aufzurichten, immer das ursprüngliche Bild vor mir, dessen künstlerischer Ausdruck das Werk werden soll. Aber die Arbeit geht nicht recht vonstatten. Zwar das Fundament ist gut, aber was ich darauf baue gefällt mir nicht. Ich reiße nieder und baue aufs Neue, werde schließlich mißmutig und verzweifle am Gelingen. Da erscheint der Gegendämon wieder, aber seine Züge sind jetzt freundlich und mild, fast feierlich. »Du törichtes Kind«, spricht er, und seine Stimme klingt gütig, »bist doch noch immer so ungestüm wie in deiner ersten Jugend. Sieh dir einmal das Samenkorn an, das der Gärtner in den Boden legt. Schießt es etwa gleich auf? Muß es nicht lange liegen, aus der Erde seine Kräfte saugen, Wurzel schlagen und auftreiben, bis du das erste Hälmchen erblickst? — Auch was der ewige Gärtner dir geschenkt hat, ist ein Samenkorn, das erst in dir Wurzel schlagen und auftreiben muß, ehe es zu dem erwachsen kann, was es sein soll. Du selbst bist der Boden, aus dem es seine Kräfte saugen muß, darum übereile nichts, und laß ihm erst Zeit, in dir zu reifen, sonst verdirbst du den Keim und die künftige Frucht«. Und mit vertrauensvollem Blick auf meine Einsicht scheidet er. — — —

Ebenso rätselhaft wie das erste Erscheinen des Kunstwerkes ist auch der Moment, wo wir plötzlich fühlen, daß die Saat in uns reif geworden ist und aufzusprießen drängt. Nun heißt es nicht mehr zögern; nur unaufschiebbare äußere Hemmungen können ein Warten noch rechtfertigen. Es heißt aber auch, bei der einmal angefangenen Arbeit bleiben, nicht unterbrechen, sich nicht entmutigen lassen, wenn es nicht gleich nach Wunsch geht. Der rechte Weg wird uns immer klarer, wenn wir uns auch zeitweilig von ihm verirren. Es ist erstaunlich, wie im Produzieren selbst die Produktionskraft wächst, wie uns Ideen, Themen und ihre Wechselbeziehungen, die wir früher suchen zu müssen meinten, von selbst zufliegen. Freilich müssen wir gerade, wenn wir im Überfluß zu schwelgen meinen, vorsichtig sein. Wertloses schmuggelt sich ein, Truggebilde, wie ich schon früher eines geschildert habe, necken uns oft im letzten Moment noch mit ihrer schimmernden, aber haltlosen Gegenwart. Auch die Technik, so notwendig sie ist, kann uns einen Streich spielen. Vieles geht uns im frohgemuten Flusse des Schaffens leicht von der Hand, was uns zu anderen Zeiten unendlich schwer fiele. Da müssen wir uns denn hüten, gut Gemachtes mit wahrhaft Ausdrucksvollem zu verwechseln. So wählerisch ich auch bin, so vermeide ich doch wieder allzu große Ängstlichkeit, die mich leicht lähmen könnte. Vielmehr ist es meine Sorge, das einmal begonnene Werk in einem Zuge so weit zu bringen, daß es als vorläufig fertig gelten darf und dann nur noch die kritische Mauserungsperiode durchzumachen hat, die ich Ihnen am Anfange dieses Vortrages geschildert habe.

Die Zeit, die zwischen Inspiration und Vollendung liegt, ist von sehr verschiedener Dauer. Mitunter ist sie sehr lang. Das merkwürdigste Beispiel aus meiner eigenen Werkstatt kann ich Ihnen nur an einer nicht rein musikalischen Schöpfung geben. Vielleicht haben einige von Ihnen gelesen, daß ich an der Komposition einer einaktigen Oper »Abel und Kain« arbeite, deren Dichtung von mir herrührt. Die Inspiration zum dramatischen Erfassen dieses Stoffes ward mir auf einem Spaziergange bei Berchtesgaden, da ich einige Zeit der mich begleitenden kleinen Gesellschaft vorausschritt, am 14. Juni 1886. Ich habe dieses Datum auch deshalb so gut im Gedächtnis behalten, weil mich kurz nachher die schauerliche Kunde vom geheimnisvollen Tode König Ludwigs von Bayern aus meinen Träumen riß. Zwei Jahre darauf begann ich die Ausführung einer dreiaktigen Dichtung, ließ sie aber in ihren Anfängen liegen. Im Jahre 1905 nahm ich den Entwurf wieder auf und vollendete nun eine abermals dreiaktige Operndichtung, die aber bald dem Bilde nicht mehr entsprach, daß ich mir von diesem Werke machte. Erst im Jahre 1909 gewann das Ganze ein vollständig neues Ansehen, und im Frühjahr 1911 vermochte ich die Dichtung schon auf jener musikalischen Basis zu vollenden, die jetzt ihrer Ausgestaltung entgegensieht. Volle 25 Jahre! — Ich bin froh, daß es nicht immer so lange dauert.

Die Inspiration selbst ist von Zeit und Raum unabhängig, sie kommt ungerufen und unvermutet, auf Spaziergängen, in Gesellschaft, während der Arbeit, und in allen möglichen Lebenslagen, die mit Kunst oft nichts zu tun haben. Wie in der blauen Luft sich plötzlich ein Wölkchen bildet, ohne daß wir bemerken können, wie dies geschieht, so ist jenes wunderbare Etwas, die Inspiration, auch mit einem Male da, ohne uns Aufschluß über ihre Herkunft zu geben. Gerade aber das Rätselhafte ihres Wesens gibt ihr den hohen Wert. Wäre es ein Ding, das man berechnen und konstruieren könnte, so wäre sie bald alltäglich. So unheimlich die Technik auch in unser Musikleben eingreift, der Inspirationsautomat, durch den man gegen Einwurf eines Geldstückes einen musikalischen Einfall haben kann, wird, so glaube und hoffe ich, nicht erfunden werden. Obgleich es unmöglich ist, die Inspiration herbeizuführen, so glaube ich doch, daß man ihr Erscheinen fördern kann. Kein Gärtner wird sein Samenkorn in den Sand legen, weil er weiß, daß es dort nicht aufsprießt, sondern einen tauglichen Boden dazu braucht. So wird sich die Inspiration ganz gewiß keinen unkultivierten Menschen heraussuchen, um sich bei ihm einzunisten. Kultiviert meine ich nicht im Sinne jener Bildung, der eine sehr große Quantität von Wissen zugrunde liegt. Viel zu wissen ist uns zweifellos nützlich, ein Übermaß davon aber dem künstlerisch produktiven Menschen vielleicht sogar schädlich. Das Gehirn darf nicht allzu sehr überlastet sein; diese Gefahr droht ihm aber, wenn es zuviel des bereits von anderen aufgespeicherten Materials in sich aufgenommen hat und dadurch fortwährend genötigt ist, für dessen Verarbeitung zu sorgen. Es muß sich die Freiheit bewahren, mit jenen hohen und geheimnisvollen Sphären in Berührung treten zu können, in denen die künstlerische Inspiration zu Hause ist. Gerade allzuviel positives Wissen aber kann gegen jene Sphären eine Barrière aufrichten, weil das mit Tatsachen überfüllte Bewußtsein leicht geneigt ist, in jeder Lebenslage mit einem bereits fertigen Begriffe am Platze zu sein, dadurch aber der künstlerischen Inspiration, die aus dem Unbewußten stammt und improvisatorischen Charakter hat, den Weg versperrt. Viel wichtiger als Kenntnisse über Kenntnisse anzuhäufen, ist es, sich seinen Instinkt für das Leben zu schärfen. Die Augen offen halten, Kopf und Herz empfänglich machen für das, was uns begegnet, um die uns täglich umgebenden Erscheinungen richtig zu bewerten: das ist der Weg zu einer Kultur, die künstlerisch werden kann. Der einfache Mensch hat oft mehr von diesem Instinkt, als der Hochgebildete. Das Kleinste kann von Bedeutung für uns sein, und das Größte wertlos. Eine Blume sagt uns oft mehr wie ein großer Ziergarten, ein Sonnenblick mehr wie tausend elektrische Lampen. Nicht pikante Abenteuer, nicht Vorkommnisse, die Kapiteln in schlechten Romanen ähnlich sehen, braucht man zu suchen, um etwas zu erleben, ebensowenig, wie man sich die Haare ins Ungemessene wachsen und ein zerfahrenes Wesen zur Schau zu tragen braucht, um genial zu erscheinen. Das Leben packt den, der es versteht, schon von selbst so tüchtig an, daß er sich über einen Mangel an Erlebnissen, die ihm künstlerische Früchte tragen können, nicht zu beklagen haben wird. Was diese Erlebnisse aus uns machen, und was wir wiederum aus ihnen machen, das prägt unseren Werken und auch unseren Zügen den Stempel auf. Die charakteristischen Köpfe großer Meister sind nichts anderes als der fest gehaltene Ausdruck ihrer Erlebnisse und dessen, was sie daraus gemacht haben; sie und ihre Werke sind eins. Wer nichts zu erleben imstande ist, wer aus dem Zirkel seiner eigenen Interessen nicht herauskam und vielleicht nur das, was diese Interessen fördert oder hemmt, für Erlebnisse hält, wird außerstande sein, in höherem Sinne produktiv tätig zu sein. Den gewaltigen Strom aber, der die ganze große Natur durchfließt, auch in seinen Adern fühlen, ein Glied sein in der Kette derjenigen und desjenigen, was der Vollendung zustrebt, und ihr auf seine Weise zuzustreben, das ist es, was ich unter Kultur verstehe. Nur auf solchem Boden gedeiht das Samenkorn der Inspiration und damit die Kunst. Man lasse das Leben von allen Seiten auf sich wirken. Wer immer und immer nur in seinem Beruf steht, wird abgestumpft. Es muß auch aufhören können zu singen und zu klingen, damit neue Klänge und frische Rhythmen Platz finden. Unser Inneres muß von Zeit zu Zeit ein weißes Blatt werden, damit eine frische Schrift darauf erscheinen kann. Darum halte ich mich auch mitunter von Musik ferne. Solche Ruhepunkte haben denselben Wert wie Generalpausen in einem Musikstück. Die Spannung löst sich oder steigert sich bis zur Entladung.

Natürlich sprechen auch äußere Umstände beim Erscheinen der Inspiration mit. Ruhe, ländliche Umgebung, das Fehlen störender Geräusche, Wärme, weiter Blick und schönes Wetter wirken günstig. Ich flüchte, sobald ich kann, aus der Großstadt. Immerwährendes Reisen in Eisenbahnen und Dampfschiffen, Proben, Theatervorstellungen und Konzerte sind Feinde der Inspiration. Stellt sie sich dennoch ein, was keineswegs ausgeschlossen ist, so kann sie höchstens bis zu einem gewissen Grad festgehalten werden, doch muß ich jedem Gedanken einer Ausarbeitung entsagen, bis das Uhrwerk der Saison abgelaufen ist. Deshalb habe ich mir mein Leben so eingerichtet, daß ich, wenn der holde Frühling beginnt, bis tief in den Herbst hinein möglichst viel freie Zeit habe. Ein Reisen um des Reisens selbst willen, wo man imstande ist, landschaftliche Eindrücke zu gewinnen, neue Menschen und Länder kennen zu lernen, ist hingegen für die Inspiration außerordentlich günstig. Ich arbeite produzierend nur in den Morgenstunden, wobei mich meine Neigung zum frühen Aufstehen unterstützt, und breche schon vormittags, spätestens aber um die Mittagszeit energisch ab. Am Morgen sind Kopf und Blick hell und der Herzschlag frisch für diese subtilste und verantwortungsvollste aller Tätigkeiten. —

Ich habe nun ziemlich viel gesprochen und doch das Beste nicht gesagt, Was ich sagte, waren Andeutungen,

Versuche und Bilder. Das Beste aber, das Eigentliche, worauf es bei der Kunst ankommt, mußte ich verschweigen, weil es der Künstler, wenn ihn Gott begnadet, wohl wirken, nicht aber erzählen kann und je mehr ich versuchte, es zu erzählen, desto mehr mußte ich diese Unmöglichkeit einsehen. Ich möchte aber nicht schließen, ohne einer Devise zu erwähnen, die in großen Buchstaben in meiner Werkstatt prangt. Sie heißt: »Noli me tangere«, frei auf Deutsch: »Kommt mir nicht zu nahe!« Kommt mir nicht zu nahe mit euren Kameraderien und Cliquen, mit euren Heilandsentdeckungen und Genie-Hallelujas! Alles Schreien und Schmeicheln, die rührendsten Episteln und gröbsten Fanfaren helfen weder euch, noch eurem jeweiligen Abgott, wenn der Erfolg nicht in den Werken selbst steckt. Aber nicht der lauteste Beifall stellt bereits den Erfolg dar. Wie das echte Kunstwerk ein organisches Wesen ist, wie es sich aus der Natur und der Kultur seines Schöpfers entwickelt, so ist auch der echte Ruhm — und ich unterscheide sehr scharf zwischen echtem und falschem Ruhm — organisch und notwendig. Allmählich werden die Herzen des Volkes für das Neue reif, so daß sie es in sich aufnehmen und sich von ihm durchdringen lassen können. Erst allmählich wird das zuerst gar nicht oder nur halb Erfaßte klar und verständlich, und Liebe sprießt dort auf, wo bisher nur scheue Bewunderung oder vielleicht sogar Abneigung herrschte. Vieles Bedeutende ist bei seinem Erscheinen gänzlich mißverstanden worden, aber auch wertvolle Werke, die gleich gefallen, brauchen eine lange Reihe von Jahren, ehe man anfängt, sie zu begreifen. Erst allmählich, durch einen organischen Prozeß in unseren künstlerischen Seelen, sind die großen Meister für uns das geworden, was sie heute sind. Es ist ganz unmöglich, zeitgenössische Komponisten, seien sie noch so hoch begabt, den Heroen der Vergangenheit an die Seite zu stellen, eben deshalb, weil die Distanz der Betrachtung fehlt und wir nicht wissen können, wie sich die Zeitgenossen, in dieser Distanz angeschaut, ausnehmen werden. Erst der Nachwelt ist es naturgemäß vergönnt, neue Diamanten in das Königsdiadem zu fassen, das sich die Menschheit als leuchtendes Geschenk um das Haupt schlingen darf. Sensationserfolge sind Werken, die den Zukunftskeim in sich tragen, nicht günstig, weil der Sensationserfolg mißtrauisch macht. Ein geistvolles Wort ist neulich von einem Berliner Musiker geprägt worden; es heißt »Mammutismus« und bezeichnet das plumpe Bestreben, alles ins Ungeheuerliche zu ziehen, wie das Mammut der Vorwelt ein plumpes, ungeheuerliches Tier war. Tatsächlich wuchert dieser Mammutismus wie eine Krankheit durch unser heutiges Musikleben: Mammutismus in der Masse der Mittel, in der Ausdehnung, in der Häufung greller Effekte und Mißklänge, — und in der Reklame. Wie eine Herde wird das Publikum herbeigetrieben, und viele, die der Mode wegen mitmachen, gehen betäubt im Kopfe und leer im Herzen nach Hause, woran vielleicht nicht immer das Werk, sondern auch oft die Art, wie es in die Öffentlichkeit eingeführt wurde, die Schuld trägt. Ich aber lasse mich nicht treiben und nicht zwingen. Ich will die Augen hell und den Blick klar behalten und mir nur das zu eigen machen, was mir zusagt. Noli me tangere! Wo ich nicht mit dem Herzen dabei sein kann, tue ich einfach nicht mit. Gerade das Nicht-mit-Tun freilich wird oft recht übel vermerkt, und ich kriege die unangenehmen Folgen zu spüren. Doch auch dann steht mir ein freundlicher Geist zur Seite, und hilft mir, daß ich lache, recht von Herzen lache über das tolle Treiben, das draußen um mich herum tobt, während ich mich still in meine Werkstatt einschließe und weiter arbeite.

Ein unschätzbares, ein göttliches Geschenk ist der gute Humor, denn nur der vermag auch die Tragik des Lebens richtig zu deuten, der im Innersten seiner Seele heiter sein kann.

Zurück zu Mozart?

Warum zurück? Warum zu Mozart? Kann man überhaupt zurück? Wird nochmals jemand komponieren wie Mozart?

Eine Frage erzeugt die andere. Kann man aber eine einigermaßen sichere Antwort geben? Sind solche Fragen nicht recht überflüssig?

Ganz abweisen lassen sie sich nicht, denn sie sind in der modernen Entwicklung der Tonkunst begründet, doch darf man sich nicht verhehlen, daß jede Antwort, auch die scharfsinnigste, wieder Probleme enthalten wird, die zu neuen Fragen reizen. Erst eine vollgültige Tat kann alle Fragen verstummen lassen.

Betrachten wir die etwa seit Wagners Tod geschriebenen Hauptwerke der Musik, so läßt sich sehr viel zu ihrem Lobe sagen; es wird auch sehr viel dazu gesagt: Interessant, furchtbar interessant, raffiniert, verblüffend raffiniert, geistreich, überwältigend geistreich.

Trotzdem läßt sich ein mehr oder weniger deutliches Gefühl nicht bannen, daß in der Gesamtentwicklung, welche die Tonkunst in unseren Tagen genommen hat, etwas nicht stimme, daß irgendwo etwas faul sei. Man möchte dem abhelfen, weiß aber nicht, wo ansetzen. Man merkt wohl, daß ein Übel da ist, kann aber seinen Sitz nicht ergründen. Wie nun ein Arzt, dem es mit einem

Kranken ähnlich ergeht, zu einer allgemeinen Kur seine Zuflucht nimmt, so fühlt man sich in bezug auf neue Musik hier und da berufen, Rückkehr zur Einfachheit zu predigen, als deren höchster Vertreter Mozart gilt, wobei man aber einerseits vergißt, daß Mozarts Musik gar nicht so einfach ist, wie man gemeinhin annimmt, andererseits aber, daß man nur dann einfach sein kann, wenn man es wirklich ist, nicht aber, wenn man sich vornimmt, es zu sein.

Keiner der großen Meister ist uns so ferne gerückt wie Mozart. Nur wenige Sänger können ihn singen, und den besten Orchestern bereitet es Schwierigkeiten, eine Mozartsche Symphonie stilvoll vorzutragen. Die Aufgabe aber, seine Bühnenwerke zu inszenieren, führt mitunter geradezu zu fragwürdigen Experimenten. Das Publikum befindet sich ihm gegenüber im Zustand unsicherer Verlegenheit. Man schlägt bewundernd die Augen auf, wenn von ihm die Rede ist, bleibt aber fern, wenn seine Werke aufgeführt werden. Vor allem gälte es, Mozart selbst wieder aufzufinden, bevor man erwägen könnte, ob man zu ihm zurückkehren kann.

Die großen Tonwerke der sogenannten klassischen Epoche, die trotz der modernsten Strömung (oder vielleicht gerade wegen dieser) für das gelobte Land der Musik gelten, und es auch sind, haben die unschätzbare Eigenschaft, die Seele des fein empfindenden Hörers vom Druck der Schwere zu befreien und das Dunkel in uns mit dem Strahle ihres Lichtes zu durchglühen. Nicht etwa, weil sie uns besser bekannt sind als manches Neue, üben sie diese Wirkung auf uns aus. Gerade je besser wir sie kennen, desto stärker wächst unsere Sehnsucht, sie noch besser kennen zu lernen, um ihres Leben spendenden Zaubers noch stärker teilhaftig zu werden. Und ist uns erst jede Note vertraut, so meinen wir, nochmals anfangen zu müssen, da keine noch so genaue Kenntnis ausreicht, vollends in ihre Tiefe zu dringen, aus der uns das Rätsel der ewigen Jugend entgegenlacht.

Diese Eigenschaft vor allem fehlt der neuesten Musik. Die tiefe Befriedigung, nach der wir uns unentwegt sehnen, sie ist uns hier nicht gegönnt, der frische Trunk, der uns das Fieber berauschender Getränke fortspülen soll, er wird uns nicht kredenzt, die Fenster des überwärmten Treibhauses, darin wir eingesperrt sind, sie werden nicht geöffnet. Wir werden gereizt, nicht befriedigt, erhitzt, nicht erwärmt, geschleift, nicht erhoben. Die modernen Komponisten müssen dafür büßen, und die Zuhörer büßen es mit ihnen, daß man seinerzeit versucht hat, die Musik in die Gehschule der Poesie zwängen zu wollen, und sie dadurch zu entmündigen, nachdem sie sich den höchsten Thron erobert hatte; einer der schwersten Irrtümer, den man begehen konnte. Sie, die freieste aller Künste, weil von allen äußeren Erscheinungen unabhängig und nur in den feinsten Geästen der Seele wurzelnd, sollte plötzlich nicht mehr selbständig sein. Ihrer Schwesterkunst dienen oder bestenfalls im Gesamtkunstwerke aufgehen, wie Wagners egoistischste Forderung lautete, sollte künftig ihre Aufgabe sein. Jahrzehntelang wurde einer Kunst, aus deren Geist die Symphonien Beethovens erblüht waren, eine so unwürdige Rolle zugemutet, bis man sich endlich besann, wohin man damit gekommen war.

Nun beginnt man, wieder musikalisch zu werden, die schöne Form nicht mehr zu mißachten und »absolute Musik« zu machen, wie der verächtliche Ausdruck der Programmtöner für alles lautete, was sich von ihren unsinnigen Bestrebungen fernhielt.

Aber an der Musik ist die Gewalt, die man ihr angetan hat, nicht spurlos vorbeigegangen. Sie ist hysterisch geworden wie eine unglückliche Frau, die man unverschuldet in langer Kerkerhaft gehalten hat. Sie muß wieder gesunden, sollen Werke aus ihr hervorgehen, die sich denen der alten Meister an die Seite stellen dürfen. Wird sie die Gesundheit auf retrospektivem Wege erreichen?

Ein Gleichnis sei mir gestattet. Steil führt ein Pfad zu sonnigen Höhen hinan. Ein törichter Wanderer, anstatt gerade weiter zu gehen, schlägt sich seitwärts in die Büsche und gerät schließlich in ein tiefes Dickicht, hinter dem der Abgrund lauert. Was er in seiner Verblendung für ein Ziel hielt, enthüllt sich ihm als Tod und Verderben. Umkehren muß er. Aber es ist zu hoffen, daß er, von Sehnsucht nach der Höhe erfaßt, sich nicht nach unten, sondern nach oben durchzuschlagen versuchen, und, glückt ihm dies, die Höhe selbst oder wenigstens den Pfad zu ihr finden wird.

Und noch ein Gleichnis: Nach einer indischen Legende erkennt man die in Menschengestalt auf Erden wandelnden Götter daran, daß ihre Sohlen den Boden nicht vollständig berühren. — Mag die Kunst noch so menschlich sein, diese scheinbar kleine, aber tatsächlich so unendlich bedeutungsvolle Distanz, durch die sich nach unserer sinnreichen Legende das göttliche Wesen kundgibt, wird sie einhalten müssen, will auch sie göttlich bleiben. Nah oder fern der Erde, sie muß schweben, — und gerade das hat man der Musik nehmen wollen, als man sie zur Sklavin erniedrigte. Nun muß sie es aufs neue lernen.

Es sei fern von mir, katechisieren oder verkleinern zu wollen. Trotz aller Irrtümer hat die moderne Entwicklung der Musik manch guten Baustein herbeigetragen, manch wertvolle Errungenschaft, namentlich in technischer Beziehung, gezeitigt. So möchte ich denn folgende Antwort auf die im Titel gestellte Frage geben: Mit unseren modernen Ausdrucksmitteln im Geiste Mozarts zu schaffen, das wäre vielleicht das Richtige.

Sehen wir aber Mozarts Kunst recht tief in die wunderbar hellen Kinderaugen! Darf da noch von einem »Zurück« die Rede sein? Ich glaube, es muß viel wahrhaftiger lauten: »Vorwärts zu Mozart!«

Der Dirigent.

Man hat früher nicht so viel Aufhebens von ihm gemacht. Der Dirigent stand nicht im Mittelpunkt des allgemeinen Interesses. Die Frage »Wer dirigiert?« wurde wohl selten aufgeworfen. In kleinen Städten gab es nur einen, der dieses Amt versah, und auch in größeren hatte das Musikleben nicht den jetzigen Umfang, führten also auch da nur wenige in eng begrenzten Bezirken den Taktstock. Auch fehlten Persönlichkeiten, die Künstler in ihrem Fache waren. Seßhaftigkeit, die niemand gern Platz machte und sich fremden Einflüssen ängstlich verschloß, war eine beinahe allen früheren Dirigenten gemeinsame Eigenschaft. Sie wurden darum sehr treffend »Musikpäpste« genannt. Sicherlich waren die meisten von ihnen ebenso konservativ, wie es der Papst heute noch ist, und tauchte eine Erscheinung auf, die ihren Thron ins Wanken zu bringen drohte, so kämpften sie ebenso eifrig wie jener gegen den Modernismus.

Der Dirigent war in der Regel zunächst Violinist im Orchester, der später zum Konzertmeister, das heißt an das erste Pult der Geigen, vorrückte. Da hatte er dann auch Gelegenheit, mitunter zu dirigieren. Gewöhnlich führte er das Orchester, wenn ein Instrumentalsolist auftrat, dann aber nicht vom Dirigentenpult aus. Auf seinem Platz als Konzertmeister erhob er den Geigenbogen und dirigierte damit die Tutti, während er die Begleitung mitspielte. Diese war in den klassischen Konzerten so einfach, daß sie keiner besonderen Leitung bedurfte. Im Theater fielen ihm ab und zu kleine Opern und die melodramatische Musik in Schauspielen zu. War dann sein Vorgesetzter in den zeitlichen oder ewigen Ruhestand versetzt, so trat er an dessen Stelle. Er war nun selbst »der Herr Kapellmeister«. Der Titel entsprach seinen Funktionen. Die später und noch heute gebräuchliche Bezeichnung »Dirigent« setzt schon feinere Qualitäten voraus, während man an den Kapellmeister der früheren Zeit in dieser Beziehung keine großen Ansprüche stellte. Er war, wie sein Titel besagte, Meister seiner Kapelle, hatte dafür zu sorgen, daß nach Möglichkeit keine falschen Noten gespielt wurden und daß alles schön klappte. Damit waren seine Pflichten im großen und ganzen erfüllt. Tüchtigkeit, Routine, gutes Gehör und Fleiß waren so ziemlich alle Eigenschaften, die man von ihm verlangte. Individualität, Auffassung, Originalität, selbsttätiges Nacherleben des aufgeführten Werkes, und wie die modernen Forderungen alle heißen mögen, brauchten ihn nicht besonders zu stören. Der Typus des Kapellmeisters, wie er noch vor wenigen Dezennien zu finden war, existiert heute wohl kaum mehr: der gewichtige Mann mit dem wohlgepflegten Embonpoint, dem langen Haar, der Brille auf der etwas rötlichen Nase, der man die Zahl der Krügel ansah, die er vertragen konnte, der taktfeste Geselle, von dem man so hübsche Anekdoten erzählte, zum Beispiel, daß er die Tempi besonders schnell nehme, wenns im Stammwirtshaus seine Lieblingsspeise gab, und der so unbeschreiblich grob sein konnte, — man wird ihn heute vergeblich suchen. Die sprichwörtlich gewordene Kapellmeistergrobheit gehört auch bereits der vergangenen Zeit an. Nicht nur die Kapellmeister haben sich verfeinert, auch die Orchestermusiker sind in sozialer Beziehung auf eine höhere Stufe gerückt. Mit der künstlerischen Ausbildung der Orchester, die so weit gestiegen ist, daß heute selbst in vielen kleinen Städten vortreffliche Instrumentalleistungen erzielt werden können, sind die allgemeine Bildung, die Verfeinerung der Lebensformen, die Ansprüche an das Leben und dadurch auch das Selbstbewußtsein des Musikers gewachsen. Er fühlt es, daß er, welche Stimme er auch spielt, ein wichtiges Glied im polyphonen Mechanismus des Kunstwerkes ist, dem durch ihn zu klingendem Leben verholfen wird; er weiß, daß der Instrumentalkomponist ohne eine ungewöhnliche Inanspruchnahme der Leistungsfähigkeit jedes einzelnen im Orchester ebensowenig zu einem Erfolg kommen kann wie der Dirigent, dem daran liegt, über das Mittelmaß herauszuragen. Aber er will auch danach behandelt werden. Er wird Anfälle von Nervosität, die den modernen Musikern zeit- und naturgemäß im Blute liegen, mehr oder minder gern begreifen und verzeihen, würde sich aber gegen Unverbindlichkeiten, die früher die Grobheit zu einem wichtigen Bestandteil des Kapellmeisterberufes erhoben, verwahren. Die Kultur, die alle Welt beleckt, hat auch auf die Musiker sich erstreckt. Zumindest die Konvenienz, in deren Zeichen die Welt steht, aber oft auch Herzlichkeit beherrschen heute den Verkehr des Dirigenten mit seinen Orchestermitgliedern, gewiß nicht zum Nachteil der Leistungen, die besonders gut geraten werden, wenn sie vom Gefühl der Freudigkeit durchglüht sind, die ein liebenswürdig aneiferndes Wesen im Gegensatz zu unwirscher Verdrossenheit in den Spielern erweckt. In Beziehung auf die äußerlichen Formen ist die gute alte Zeit des Kapellmeistertums sicherlich nicht herbeizuwünschen, und in mancher anderen gewiß auch nicht.

Auch früher hat es Dirigenten gegeben, die sich weit über ihre Pultkollegen erhoben und dem Dirigieren schon damals jene künstlerische Seite abgewannen, die heute gegenüber dem Taktschlaghandwerkertum, das früher die Musik beherrschte, in den Vordergrund getreten ist. Von Mozarts befeuernder Leitung erzählen seine Zeitgenossen. Weber muß ein wunderbarer Dirigent gewesen sein; einen König am Pult nennt ihn der jugendliche Wagner. Später wurden die Dirigentenleistungen des heute mit Unrecht unterschätzten Mendelssohn, dem allein die erste Aufführung der »Matthäus-Passion« seine Unsterblichkeit auch als Dirigent sichert, in der ganzen Welt berühmt. Berlioz' unheimliches Temperament blieb diesem eigentümlichen Meister auch treu, wenn er den Taktstock ergriff, und von Wagner ging eine ganze Dirigentengeneration aus. Es gab auch höher veranlagte Dirigenten, die gar nicht oder nur gelegentlich komponierten, zum Beispiel Habeneck, und später, um nur einige Namen zu nennen, Eckert und Herbeck. Die größten aber waren Komponisten ersten Ranges. Der schaffende Künstler ist berufen, auch ein vorzüglicher Interpret zu sein. Er, der selbst den Werdeprozeß in sich erlebt, wird imstande sein, diesen Prozeß im fremden Kunstwerk bis in die feinsten Nuancen nachzuempfinden und eine Wiedergabe zustande zu bringen, die dem Werke des anderen in höchstem Sinne gerecht wird. Reproduktion ist der Produktion nicht entgegengesetzt. Beide stammen aus demselben Boden und sind nur verschiedene Ausflüsse derselben Quelle, die sehr wohl in einer Person vereinigt sein können. Die eine Fähigkeit durch die andere prinzipiell ausschließen zu wollen, ist falsch. Daß es bedeutende Dirigenten gab und gibt, die nicht schaffende Künstler sind, ist ebensowenig ein Gegenbeweis, wie daß einzelne große Komponisten keine Dirigenten waren.

Zum Dirigieren gehört nämlich nicht nur die Eigenschaft, ein musikalisches Kunstwerk ganz zu verstehen und nachzuempfinden, sondern auch ein ganz spezielles manuell-technisches Geschick, das sich schwer beschreiben, und kaum erlernen läßt, ferner die Fähigkeit, das innerlich erfaßte Wesen des Tonstückes mit unmittelbarster Sicherheit so auf die Spieler zu übertragen, daß das geistige Bild, wie es im Dirigenten lebendig ist, durch die Ausführung unzweifelhaft plastische Körperlichkeit gewinnt, mit einem Wort, das echte und rechte Direktionstalent. Das ist eine Begabung für sich und hat mit der sonstigen musikalischen Veranlagung oft nichts zu tun. Einem Genie kann es versagt sein, und ein Musiker von minderwertigen Qualitäten besitzt es. Es gibt sogenannte »fixe« Dirigenten, die über eine einwandfreie, ja vielleicht verblüffende Technik verfügen und doch den Gehalt des Kunstwerkes niemals auszuschöpfen vermögen, und andererseits tiefernste Musiker, die mit dem Orchester nichts anzufangen wissen und entweder steif und ungelenk bleiben, oder aber durch übertriebene Beweglichkeit wett zu machen versuchen, was ihnen an zielbewußter Deutlichkeit fehlt.

Daß eine schwungvolle Wiedergabe durch heftige Bewegungen erreicht wird, ist überhaupt ein großer, aber leider weit verbreiteter Irrtum. Ein Dirigent, der scheinbar kaum warm wird, kann mehr Temperament besitzen, als ein anderer, der schon nach den ersten Takten in Schweiß gebadet ist. Ein richtiges Maß zu halten, auch in Äußerlichkeiten, sollte eine der wichtigsten Aufgaben sein, die sich der Dirigent zu stellen hat. Seine Bewegungen seien allerdings der Ausdruck desjenigen, was die Musik ausspricht, aber stets geregelt durch das unumgänglich Notwendige, was zur Übermittlung seiner Absichten an die Spieler gehört. Sowohl falsche Begeisterung, wie künstliche Ruhe sind aufdringlich und lenken vom Genuß des Kunstwerkes ab. Es gehört Selbstkritik und Selbsterziehung dazu, diese Harmonie der äußeren Erscheinung mit dem seelischen Ausdruck der Musik herzustellen. Eine je stärkere Individualität der Dirigent in sich fühlt, um so stärker übe er diese Selbsterziehung; sie wird sich reichlich lohnen.

Und er übe sie auch in anderer, noch wichtigerer Beziehung. Zu stark ist heute die Versuchung, den Eigenwillen in den Vordergrund zu stellen, und die Individualität auf Kosten der Objektivität zu pflegen. Zu billig ist der Ruhm geworden, eine »Persönlichkeit« zu sein, denn oft bedarf es nur der Extravaganz, um als solche zu gelten. Hätte ich einen jungen Dirigenten zu prüfen, so ließe ich mir nicht etwa eine der modernen Riesenpartituren von ihm vordirigieren, auch nicht ein pikantes, neu-französisches oder neu-russisches Werk, ja nicht einmal Wagner, welcher der jetzigen Generation so in Fleisch und Blut übergegangen ist, daß ihn jede Badekapelle gut spielt, sondern Haydn, Mozart, Weber, dann aber auch Schubert und Brahms verlangte ich von ihm zu hören. Da, wo so viele Probleme des feinen und doch großzügigen Vortrages noch unentdeckt schlummern, wo auf jeder Seite neue Schwierigkeiten, aber auch neue unvergängliche Schönheiten auftauchen, beide aber durchaus nicht immer auf der Hand liegen, sondern oft nur mit zartem Gefühl erfaßt werden dürfen, da wird es sich zeigen,. ob die Seele des jungen Künstlers noch kristallhell oder durch falsche Eitelkeit bereits fleckig geworden ist. Sähe ich dann, daß er sich bestrebte, jene Meister durch überflüssige Zutaten aufzuputzen, so sagte ich ihm: »Lerne erst schlicht und recht den einfachen und doch so reichen Rhythmus, die wundervoll gegliederte und doch so klare Form begreifen, dann wird dir auf dieser Grundlage, wenn sie sich nur erst in dir gefestigt hast, die ewige Melodie und damit die Seele des Kunstwerkes aufgehen, und zwar mit solcher Gewalt, daß du vor Entsetzen schaudern wirst, wenn du an deine früheren Versuche denkst, durch Mätzchen und kleinlichen Aufputz diese unsterblichen Werke und damit dich selbst interessant machen zu wollen.«

Wie ich einem angehenden Komponisten riete, lieber erst zu versuchen, rein und schön zu schreiben, da die Originalität dann von selber kommt, anstatt den umgekehrten Weg zu gehen, ebenso würde ich dem jungen Dirigenten anweisen, erst einmal ganz einfach den Takt zu geben und die Vortragszeichen mit Geschmack befolgen zu lassen, was gar nicht so leicht ist, wie es aussieht. Der Geist der Interpretation wird sich dann viel ungezwungener und wahrhaftiger einstellen, als wenn man ihn auf gewaltsamem Wege herbeizuzerren versucht, wobei man Gefahr läuft, ein lächerliches Lügengespenst zu erhaschen.

Weg mit allen ungesunden Nuancen! Ich rufe es laut und deutlich und rufe noch deutlicher: Weg mit den Bülowiaden! Sie haben lange genug gespukt. Bülow war ein Mann von enormem Verstand, vermöge dessen er auf jedem Felde mit der ihm eigenen Willenskraft Ungewöhnliches zu leisten vermocht hätte. Aber er war der Typus einer unproduktiven Natur, im Innersten unbefriedigt, nervös, zu Extravaganzen geneigt, durch schwere Erlebnisse und in seinen letzten Jahren auch durch Krankheit unberechenbar geworden. Gerade dadurch aber war er ein schlimmes Vorbild für die jüngere Generation, die noch heute die aus Bülows Natur erklärbaren Absonderlichkeiten nachmachen möchte, ohne jedoch eine Natur wie die Bülows, oder gar seinen Verstand zu besitzen. Was dabei herauskommt, ist wirklich oft einer ernsten Kritik nicht würdig. So erfuhr ich einmal in Rom, daß ein deutscher Gastdirigent, dessen Namen ich lieber nicht erforschte, den dortigen Hornisten vorgeschrieben hatte, die kräftige, fröhliche Fanfare im Trio der »Eroica« pianissimo zu blasen, und den romantischen ersten Ruf der »Oberon«-Ouvertüre durch die Sordine in ein »Alberich«-Motiv verwandelt hatte. Gegenüber solchen Unerträglichkeiten wäre ein Herüberwehen aus der guten alten Zeit des Kapellmeistertums, wo es dergleichen noch nicht gab, fast zu wünschen, in ähnlichem Sinn, wie einige Zeit mit schmaler Kost vorlieb nehmen sollte, wer sich durch ungesunde Küche den Magen verdorben hat.

Felix Mottl †.

Geschrieben für den »Monde musicale« in Paris, Sommer 1911.

Gelegentlich meiner letzten Anwesenheit in Paris, am Tage, da ich in der Großen Oper die »Walküre« zu leiten hatte, erhielt ich einen Brief Felix Mottls. Er dankte mir, daß ich ihn, der noch an den Folgen einer Influenza litt, in der Leitung der »Nibelungen« in Paris vertrat, wünschte mir alles Gute dazu und beantwortete mir außerdem eine Anfrage, die ich bezüglich seiner Instrumentation Beethovenscher Lieder an ihn gerichtet hatte. Wie hätte ich ahnen können, daß dieser Brief das letzte Lebenszeichen war, das ich von ihm erhielt, und daß jenes scheinbar geringfügige Unwohlsein die Todeskrankheit war, die ihn nach wenigen Wochen seinem Ende zuführte?

Ich denke an Felix Mottl zurück, wie ich ihn zum erstenmal im Jahre 1882 bei Liszt in Weimar traf. Ein schmächtiger, hochaufgeschossener Mann, lebhaft und gesprächig, damals schon den Zwicker vor den großen, in schönem Feuer leuchtenden Augen. Er begrüßte den jungen Musiker, der sich ihm respektvoll vorstellte, liebenswürdig, aber etwas von oben herab. Bald jedoch traten wir uns näher. Schon im nächsten Jahre führte mich mein Weg einige Tage nach Karlsruhe, wo Mottl endlich durchgesetzt hatte, die »Walküre« geben zu können. Er hatte sich mit seinem, Wagner feindlich gesinnten Intendanten und sonstigen Schwierigkeiten die Gelbsucht angeärgert, was ihn aber nicht hinderte, die Proben mit unnachahmlicher Begeisterung zu leiten und die Mittage und Abende an seinem Künstlerstammtisch, wozu auch ich eingeladen wurde, zu verbringen. Seinen köstlichen Humor, seine überschäumende Lustigkeit, die einen so überaus anziehenden Teil seines Wesens bildete, konnte selbst diese, sonst ganz besonders auf die Stimmung drückende Krankheit nichts anhaben.

Wiederholt bin ich ihm später wieder begegnet und in freundschaftliche Beziehung zu ihm getreten, wie uns denn auch das trauliche »Du« seit einem Vierteljahrhundert verband.

Am wenigsten gern gedenke ich seiner Wirksamkeit in Bayreuth, der Wiege seines Weltruhms, um so lieber aber derjenigen seiner künstlerischen Taten, wo er ganz er selbst war, und nicht unter fremdem Einfluß stand. Als ich Kapellmeister in Mannheim war, fuhr ich öfter in das benachbarte Karlsruhe, um seinen ausgezeichneten Aufführungen beizuwohnen. Ein glanzvoller »Meistersinger«-Abend ist mir in lebhafter Erinnerung, ebenso eine szenische Darstellung der »Heiligen Elisabeth« von Liszt, vor allem aber die erste vollständige Aufführung der »Trojaner« von Berlioz. Das war eine Großtat, die um so höher im Werte stand, als die künstlerischen Mittel des Hoftheaters in Karlsruhe wohl gut, aber für eine so riesige Aufgabe doch beschränkt waren. Das schwierige, spröde Werk erstrahlte unter seiner Führung in leuchtenden Farben und enthüllte uns alle seine Schönheiten.

Mottl war ein Vollblut-Musiker, einfach und unverdorben in seinem Empfinden. Weder interessante Posen noch geniale Nervositäten lagen in seiner Natur. Er war ein getreuer Interpret seiner Meister, vor allem Wagners, dem er mit heiliger Treue bis an sein Lebensende ergeben blieb. Er vermied kleinliche Detailarbeit und wahrte stets den großen, einfachen Fluß. Ein Hang zu sehr breiten Zeitmaßen war charakteristisch für seine Direktion. Selbst wenn das Gefühl nicht mitgehen konnte, nahm die ausgesprochene Persönlichkeit für ihn ein.

Als ich Direktor der Wiener Hofoper wurde, war er der einzige berühmte Musiker, der mir Glück auf den Weg wünschte. Und als dann später dort so vieles geschah, um mir meine Wirksamkeit unleidlich zu machen, war er wieder der einzige, der mir mehrmals sein teilnehmendes Interesse bezeugte und sich in scharfer Weise über

Mißstände in seiner Vaterstadt ausließ. Ich rechnete ihm dies um so höher an, als sich, bei vielen Übereinstimmungen, doch gerade in bezug auf Wagner und Bayreuth Differenzen unserer künstlerischen Überzeugungen ergeben hatten, die nicht auszugleichen waren.

Ein warmblütiger Tonkünstler, ein großer Dirigent und ein im Grunde seines Herzens feinfühliger und guter Mensch ist von uns geschieden. Wer ihn gekannt hat, wird ihn nicht vergessen.

Die Solisten in den Orchesterkonzerten.

»Gehen Sie heute ins Symphonie-Konzert?«

»Was ist denn dort los?«

»Fräulein N. singt.«

»Ist sie hübsch? jung?«

»Man sagt so. Ihre Photographien sind allerliebst. Sie hat schon bei mehreren Höfen gesungen, die Berliner Kritiken sollen ausgezeichnet sein; sie muß also doch was können!«

»Was singt sie?«

»Das weiß ich nicht.«

»Na, die Hauptsache, daß sie hübsch ist! Ich komme also.«

»Auf Wiedersehen!«

Am Abend des Konzerts ist der Saal dicht gefüllt. Die durch geschickte Reklame erweckte Neugier hat sich als zugkräftig erwiesen. Überall spricht man von der neuen Erscheinung und ergeht sich in den mannigfachsten Vermutungen.

»Sie trägt sicher ein helles Kleid!«

»Nein, auf dem Bild in der Musikalienhandlung hat sie eine dunkle Robe.«

»Haben Sie das prachtvolle Perlenkollier bemerkt?«

»Ob sie das wohl heute anhat? Sie scheint eine schlanke, schöne Figur zu haben.«

»Hoffentlich ist sie dekolletiert; auf der Photographie zeigt sie einen bildschönen Hals.«

»Wo wohnt sie denn?«

»Bei Frau Kommerzienrat X.«

»Sie ist an die reichsten Familien empfohlen.«

»Ja, die Künstler habens gut!«

Es wird stiller, da der Dirigent das Pult betreten hat und aufklopft. Er kann aber noch nicht anfangen, da zahlreiche Nachzügler mit mehr oder weniger Gepolter ihre Plätze suchen. Jetzt erst liest man plötzlich die Programme und Programmbücher. Man ärgert sich, wenn man aufstehen muß, um einen Spätling vorbei zu lassen. Endlich ist es soweit ruhig, daß die Musik beginnen kann. Das Orchester spielt eine Ouvertüre. Man hört wohl ruhig, aber nicht mit ungeteilter Aufmerksamkeit zu, denn die Spannung auf den darauf folgenden Auftritt der Solistin ist zu groß. In den anstandshalber gespendeten Beifall mischt sich etwas von Erleichterung, daß das letzte Hindernis vor dem großen Moment beseitigt ist, und die sehnsüchtig erwartete Sängerin nunmehr erscheinen kann. Pulte werden gerückt. Die Tür zum Künstlerzimmer geht auf. »Ach, sie kommt!« Doch nein, die Tür wird wieder geschlossen. Vielleicht fiel die Schleppe nicht richtig, auch war wohl am Haar noch etwas in Unordnung; vielleicht auch ein Moment der Befangenheit. »Ja, ja, es ist keine Kleinigkeit, vor ein fremdes Publikum zu treten!« — Da, endlich — aller Augen sind nunmehr auf die geheimnisvolle Türe gerichtet, und aus den rückwärtigen Reihen recken sich die Hälse empor, — erscheint nun tatsächlich, am Arm eines weißbehandschuhten Herrn, der Stern des Abends. »Hab' ichs nicht gesagt, dunkle Robe!« — »Das Perlenkollier trägt sie auch.« — »Wahrhaftig, jung und hübsch!«

Man beginnt zu applaudieren. Die Künstlerin senkt entweder verschämt den Blick oder läßt ihre Augen siegesgewiß ins Publikum leuchten. Als sie vorn angelangt ist und sich mit lieblichem, halb kokettem, halb demütigem Lächeln verneigt, steigert sich der Applaus bereits zu solcher Höhe, daß ihr Erfolg gesichert erscheint. Während sämtliche vorhandene Operngläser auf sie gerichtet sind, singt sie nun die mit Unrecht so beliebte Glöckchen-Arie aus »Lakmé« oder die Variationen von Proch, bestenfalls, will sie klassisch kommen, eine Arie der Königin der Nacht. Verfügt sie über ein schwereres Stimmkaliber, so wird ein Fragment einer Gluckschen Oper oder eines Händelschen Oratoriums hinausgeschmettert. Sicherlich aber hören wir etwas, das zum Vorhergehenden und Nachfolgenden so wenig paßt wie nur möglich. Ist der Vortrag nicht gar zu enttäuschend gewesen, so wird die Sängerin immer und immer wieder hervorgerufen, und in die erregte Stimmung des Publikums fällt es wie eine Ernüchterung, als vom Dirigentenpulte her erneutes Aufklopfen ertönt; heißt es doch, eine Weile wieder Musik zu hören, ohne was fürs Auge dabei zu haben. Mitunter gibt es jetzt sogar was »Modernes«. Trägt das Stück einen berühmten Autorennamen, so wird es schön gefunden. Andernfalls räsonniert man über die Dissonanzen und sucht nach Anklängen. Auch das geht schließlich vorbei, und man darf sich erleichterten Herzens auf die »Lieder«, die zweite Hauptnummer des Abends, freuen. Weit sicherer als das erste Mal rauscht jetzt die von erneutem Beifall begrüßte Diva das Podium herab. Sie trägt Schubert, Schumann, Brahms in wahlloser Reihenfolge vor; aber erst am Schluß, nach einem »effektvollen« Wolf oder Strauß, oder vielleicht gar nach einem Sentimentalitätserguß von Tosti oder Chaminade, bricht das volle Entzücken los. Dünn klingt die Klavierbegleitung namentlich der intimeren Lieder im großen Saal. Doch niemand achtet darauf. Dacapos, Zugaben aller Art werden dem unersättlichen Publikum in reicher Fülle gewährt, wofür die Gefeierte Kränze und Buketts huldvollst entgegennimmt. Schwingt sie sich nun gar noch auf, einen »chanson« oder eine »canzonetta« in fremder Sprache vorzutragen, so ist des Jubels kein Ende. Sogar das Orchester applaudiert. Wehmütigen Herzens sieht man die dunkle Robe zum letzten Male verschwinden.

Aber noch ist's nicht vorbei; es kommt ja noch die — Symphonie! Einzelne Fahnenflüchtige verlassen bereits jetzt den Saal, aber sie müssen sich die lebhafte Mißbilligung ästhetischer Zischer gefallen lassen.

»Wie ungebildet, vor der Symphonie wegzugehen!«

»Haben Sie nicht gelesen, was neulich in der Zeitung stand? Die Symphonie ist das Wichtigste.«

»Ja, wenn sie nur nicht so lang wäre!«

»Pst! das darf man nicht sagen!«

»Haben Sie von dem Offizier im »Simplizissimus« gelesen, der die Symphonie nicht mehr anhören wollte, weil das »Aas« vier Sätze hat?«

Gelächter.

»Pst, ruhig!« ruft es von mehreren Seiten, da die Musik bereits begonnen hat. Dirigent und Orchester führen die Symphonie mit Hingabe auf. Nach dem ersten Satz entfliehen wieder einige, nach den weiteren Sätzen immer mehrere, bis endlich vor dem Finale ganze

Haufen des Publikums, ohne mehr einem Widerspruch zu begegnen, dem Ausgange zustürmen.

»Die schlechten Garderobenverhältnisse!«

»Der Wagen wartet schon seit einer Viertelstunde, die Pferde werden sich erkälten.«

»Wir sind noch zum Ball eingeladen« — und wie die Entschuldigungen alle heißen mögen. Die tapfer bis zum Schluß ausgeharrt haben, bereiten dem »verdienstvollen« Dirigenten eine Ovation; dann ist man froh, seinem Vergnügen nachgehen, oder, wenn man ein besonderer Kunstfreund ist, das wohlverdiente Abendbrot noch mit Erinnerungen an den »Kunstgenuß« würzen zu können.

Was ich hier zu skizzieren versucht habe, ist das Durchschnittsbild eines Abonnementskonzerts. Mag sich das Publikum ein anderes Mal darüber aufregen, ob ein Geiger Schnurr- oder Vollbart trägt und welche Orden er hat, mag man es interessant finden, ob unter eines Pianisten gewaltigen Händen die Saiten platzen oder nicht, das Wesentliche bleibt dasselbe. Zum größten Teil sind in den Symphoniekonzerten die Solisten die Hauptsache, die Orchestervorträge mehr oder minder Nebensache.

Woher kommt das? Ist es vielleicht überhaupt ein Fehler, für ein Symphoniekonzert einen Solisten zu engagieren? Keineswegs; der Fehler liegt lediglich darin, daß man dem Solisten eine falsche Rolle zuweist, indem man seine Mitwirkung andern Zwecken dienstbar macht als denen, die sein Engagement gegebenenfalls notwendig machen. Der Solist ist weder dazu da, im Rahmen eines Symphoniekonzertes seine Virtuosität zu produzieren, noch auch die Kasse zu füllen, sondern dazu, diejenigen Werke interpretieren zu helfen, die seiner Mitwirkung bedürfen. Nur gegen einen Mißbrauch also, der den

Symphoniekonzerten den Stempel der Zerfahrenheit aufdrückt und das Publikum zerstreut, anstatt es zu erheben, richten sich diese Zeilen, nicht gegen die Solisten selbst, unter denen es Künstler ersten Ranges gibt, deren Vorträge ebenso wertvoll wie genußreich sind.

Ich stelle zunächst die oberste Forderung, daß man in einem Symphoniekonzert nur solche Werke aufführt, die in den Rahmen eines solchen Konzertes passen. Damit wird die allgemeine Frage der Programmzusammenstellung berührt. Hierüber hat Siegmund v. Hausegger in den »Süddeutschen Monatsheften« sehr treffende Grundsätze aufgestellt, deren Befolgung ich empfehle. Mich seinen Äußerungen zum Teil anschließend, finde ich, daß von Werken, die solistische Mitwirkung erfordern, für Symphoniekonzerte nur wertvolle Instrumentalkompositionen mit solistischer Behandlung des Klaviers oder eines anderen Instrumentes, sowie selbständige Gesangstücke mit Begleitung des Orchesters in Frage kommen sollten.

Werke intimen Charakters, Klavierstücke und Lieder mit Klavierbegleitung sollten aus dem großen Orchesterkonzert verbannt sein, ebenso wie alle leeren Virtuosenstücke, diese, weil sie nicht würdig sind, neben bedeutenden symphonischen Schöpfungen gehört zu werden, jene, weil sie im großen Raume nicht zur beabsichtigten Wirkung kommen können, gerade dadurch aber die Aufmerksamkeit des Publikums von den Hauptwerken des Abends ablenken, durch beides aber zum künstlerischen Zweck des Orchesterkonzerts in Widerspruch stehen. Auch bezüglich der Arien empfehle ich zum mindesten vorsichtige Auswahl. Das Orchesterlied könnte von Komponisten und Dirigenten liebevoller gepflegt werden als dies bisher geschieht. Auch gegen stilvoll instrumentierte

Klavierlieder, sofern nur ihr textlicher und musikalischer Gehalt dem orchestralen Gewande nicht widerstrebt, wird nichts einzuwenden sein. Schuberts »Erlkönig«, von Berlioz instrumentiert, sollte öfter aufgeführt werden. Mottls glückliche Versuche mit den Liedern von Wagner und mehreren von Schubert und Beethoven könnten verständnisvolle Aufnahme und Nachahmung finden. Was endlich die Zugaben betrifft, so sollten sie im Symphoniekonzert einfach verboten werden. Hat ein Stück solchen Erfolg, daß das Publikum seine Wiederholung stürmisch fordert, so möge ein Dacapo gestattet sein. Dem Solisten darf es aber nicht erlaubt werden, durch willkürliche Hinzufügungen das Programm zu verändern, schon deshalb nicht, weil die zugegebenen Stücke oft so ungeschickt wie möglich gewählt werden; habe ich es doch in München erlebt, daß ein berühmter Geiger nach Beethovens Violinkonzert eine Soloetüde von Paganini spielte, worauf ich ein striktes Verbot gegen Zugaben für die unter meiner Leitung stehenden Konzerte energisch durchsetzte. Ferner ist es unerläßlich, daß man die Auswahl der Stücke, die man für ein Konzert zusammenstellt, nicht willkührlich, sondern mit zielbewußtem Feingefühl trifft und auch auf die Reihenfolge achtet. Man stelle zunächst das Programm nach einem bestimmten künstlerischen Gesichtspunkt in seinen Grundzügen fest und wähle hierauf den für dieses Programm passenden Solisten. Ein Konzert, das z. B. mit dem Meistersinger-Vorspiel beginnt und hierauf eine italienische Koloratur-Arie bringt, ist von vornherein unkünstlerisch.

Was ist nun die Antwort, wenn man Vorschläge, wie ich sie soeben gemacht habe, zur Sprache bringt? »Sehr schön, aber das Publikum will es anders!« Darauf ist zu erwidern, daß es nicht die Aufgabe eines Kunstinstituts ist, dem herrschenden Geschmack blind nachzulaufen, sondern das Publikum zwar nicht mit rücksichtsloser, wohl aber mit fester und zielbewußter Hand zu erziehen. Dieser Satz ist so oft ausgesprochen worden, daß er endlich einmal nicht mehr eine tönende Phrase bleiben, sondern zur Wahrheit werden sollte. Dann aber möchte ich einer allgemein verbreiteten Täuschung einmal gründlich zu Leibe gehen. Keineswegs ist es nämlich das Publikum, das vielgeschmähte und doch immer wieder so viel berücksichtigte, das den ewigen Hemmschuh einer gesunden Entwicklung bildet, sondern einzelne Personen sind es, die sich aus diesen oder jenen Gründen für berechtigt halten, in künstlerische Fragen hineinzureden und es meistens in verkehrter Weise tun. Die Komiteemitglieder aus verschiedenen, nicht künstlerischen Berufskreisen, die Protektoren, die Geld hergegeben haben und sich nun dafür amüsieren wollen, die liebenswürdigen Frauen, die namentlich in kleineren Städten für den Geschmack tonangebend sind. Sagen wir es rund heraus, die Dilettanten, die sich hinter dem Phantom »Publikum« verstecken, um ihre eigenen Wünsche befriedigen zu können: sie sind die gefährlichen Kunstfeinde. Herr Soundso, der für die trillernde Lerche Fräulein Soundso schwärmt, Frau Y., deren Herz für den schwarzlockigen Geiger Herrn Z. schlägt, sie liegen dem Dirigenten und den Vorständen in den Ohren; man muß Rücksicht auf sie nehmen, denn sie haben Einfluß, und zögen sie sich zurück, so folgten viele andere nach. Die Macht der Gewohnheit kommt hinzu; auf einsichtsvolle Stimmen, die mitunter in der Presse auftauchen, wird nicht gehört, und so bleibt es Jahr für Jahr beim alten Schlendrian.

Versuchte man es nur einmal mit Einsicht und gutem

Willen, wenn nicht mit einem Schlag, so doch allmählich Wandel zu schaffen, verfaßte man die Programme von einem künstlerischen Gesichtspunkt aus, was eine Regelung und Einschränkung des Solistenunwesens von selbst mit sich brächte, veranstaltete man dann auch öfter ein Konzert ohne solistische Mitwirkung, aber mit möglichster Vollendung der orchestralen Vorträge, so würde man bald gewahr werden, daß das Publikum sich nicht widersetzte, sondern mit größerer Hingabe als es bisher möglich ist, den Darbietungen lauschte. Die vielleicht wegblieben, müßten eben in Gottes Namen verschmerzt werden, wenn sie nicht, wie es sicher zu vermuten ist, durch andere ersetzt würden.

Aus eigener Erfahrung glaube ich, einiges mitteilen zu dürfen. Als ich im Jahre 1891 die Berliner Konzerte übernahm, beschränkte ich die solistische Mitwirkung auf ein Konzert in der Saison, und trotzdem haben sich die Einnahmen im Laufe der Jahre um das Fünffache gesteigert. Dies mag als Ausnahme gelten. Aber auch in den Münchener Kaim-Konzerten hat der Besuch nicht nachgelassen, nachdem ich, allerdings nach jahrelangen Kämpfen mit den dort herrschenden Vorurteilen, die Genugtuung hatte, die Solistenfrage wenigstens in einigermaßen künstlerisch befriedigender Weise lösen zu können.

Der Geschmack des Publikums kann durch planvolles, von künstlerischem Feingefühl geleitetes Vorgehen ebenso gehoben werden, wie er durch Sinnlosigkeit, unzeitige Nachgiebigkeit und Privatinteressen verfolgendes Parteigetriebe verdorben wird.

Zu den Beethoven-Festen in Paris und Mainz.

(1905.)

Man fordert mich auf, etwas über Beethoven zu sagen! — Wie wäre das möglich, ohne zu wiederholen, was bereits andere gesagt haben? — Seit den von intensivem Musikempfinden zeugenden Kritiken, die E. T. A. Hofmann über ihn schrieb, bis zu Wagners mitunter etwas schwülstiger Festschrift gelegentlich seines hundertsten Geburtstages und sporadischen, recht billigen Versuchen, den größten Tondichter als Vorläufer der Programmusik zu charakterisieren, ihn also sozusagen »pro domo« auszunutzen, hat man alles Mögliche und Unmögliche aus seinen Schöpfungen herauslesen wollen; man hat seine Erscheinung als ästhetisches Problem betrachtet, hat probiert, ihr mit Regeln und Zergliederungen beizukommen und hat sich bemüht, seine Stellung in der Geschichte der Kunstentwicklung abzugrenzen. — Umsonst! — Die Deutungen erweisen sich als mehr oder weniger haltlos, die Regeln wollen nicht stimmen, und, sowie sich das Alter verkriecht, wenn die Göttin der ewigen Jugend einherschreitet, so muß das Unterfangen, ihn historisch zu fassen, dem Schönheitsrausche weichen, der sich jederzeit unfehlbar einstellt, sobald seine Musik in einer ihrer würdigen Weise zu erklingen beginnt. Wie soll ich nun über ihn reden, da seine Größe gerade darin besteht, daß man eigentlich nichts über ihn sagen kann? Wollte ich aber dennoch seiner Bedeutung einen sprachlichen Ausdruck verleihen, so genügten zwei Worte; ich rufe: »Er ist!« — und alles ist gesagt.

Anläßlich der Feste, die seinem erhabenen Genius geweiht sind, will ich daher auch nicht versuchen, etwa den Beweis zu erbringen, daß die siebente Symphonie vielleicht doch noch mehr ist als nur eine »Apotheose des Tanzes«, oder etwa gar eine neue Erklärung zur neunten Symphonie geben. Ich möchte nur in kurzem, liebevollem Gedenken bei zwei Symphonien verweilen, die im neunsternigen Diadem ihres Schöpfers ein stilleres, feineres Licht verbreiten als die ihnen benachbarten glänzenderen Schwestern, und die daher im Verhältnis zum weltumspannenden Ruhme dieser nur zu oft etwas unterschätzt werden; es sind dies die Pastorale und die achte Symphonie.

Einsam wandelt ein großer, edler Mensch durch ländliche Gefilde. Seine Brust trinkt begierig die balsamische Luft und den Duft der frisch durchpflügten Erde, sein Auge freut sich der Bilder, die in anmutigem Wechsel an ihm vorüberziehen. Aber sein Ohr vernimmt nicht das Rauschen der Bäume, das Murmeln des Baches, das Summen der Luft. Er hört nicht das frohe Jauchzen der tanzenden Dorfbewohner, auch nicht das Rollen des Donners, vernimmt nicht den Gesang des Hirten und seine Schalmei. Aus vergangener Jugendzeit mag ihm ein Erinnern geblieben sein, wie das alles geklungen haben mag, jetzt aber ist es still, ganz still um ihn. Nur in seinem Innern regt sich geheimnisvolles Leben. Was er erschaut, formt sich dort zu Tongebilden von seltener Frische, zart und kräftig zugleich. Draußen die große Welt, die heilige Natur, und in der Seele dieses Tauben, Einsamen, dieselbe Welt mit all' ihren charakteristischen Zügen, nur in das unfaßbar feine Material der Tonschwingung umgesetzt, von der Stofflichkeit befreit, im edelsten Sinne idealisiert und zu höchster Subtilität vergeistigt. — Ist es nicht ein Wunder, herrlicher, als es die Religionen von ihren Heiligen erzählen können?

Beethoven scheint das Bedürfnis gefühlt zu haben, sich von seelischen Erschütterungen, die ihn menschlich und künstlerisch zu den höchsten Regionen von Schmerz und Freude führten, durch Flucht zur Erde zu retten, und dort wiederum wie Antäus Kraft zu neuem erhabenen Fluge zu gewinnen. Um die Zeit, als die Gewißheit, das Gehör zu verlieren, ihm das Heiligenstädter Testament erpreßte, entfloß seiner Feder die sonnige D-dur-Symphonie; nach der Heldentat der Eroica griff er eine frühere Skizze auf und vollendete rasch die von Mozartscher Heiterkeit erfüllte in B-dur. Auf die Schicksals-Symphonie in C-moll folgte die Pastorale, auf die den olympischen Jubel bis zur Schrankenlosigkeit steigernde in A-dur die menschlich frohsinnige achte Symphonie. — Was wäre auf die Neunte gefolgt? — Wohl kaum eine symphonische Dichtung in Liszt vorahnendem Sinne, wie es so manche unserer Fortschrittler wohl wünschten, die ihr kritisches Bestreben gar zu gerne auf Beethoven zurückführen möchten, sowie im Evangelium der Stammbaum Jesu durchaus von König David hergeleitet werden mußte; vielleicht aber ein Stück von überirdischer Klarheit, wie nichts bisher existiert, ein — —. Wer darf dort vermutende Fragen stellen, wo nur ein einziger Genius die Antwort geben konnte? Die »zehnte« war uns nicht beschieden, und wir müssen uns dieser Fügung des Schicksals unterwerfen; das ist Menschenlos. —

In der achten Symphonie besitzen wir ein Stück freien, sich über alles hinwegsetzenden Humors, wie es in der Orchestermusik ohne Seitenstück dasteht. Der kampfesfrohe Spott des ersten Satzes, die graziöse Ironie des zweiten und die derbe Komik des Menuetts, das stets übertrieben langsam genommen wird, seit Wagner richtig herausgefühlt hat, daß es sich hier um kein Vivace-

Scherzo handelt, sind unvergleichlich. Im Finale steigert sich dieser Humor in Fantastische. In einer Erzählung E. T. A. Hofmanns, des schon vorhin erwähnten ersten bedeutenden Kritikers Beethovens, findet sich folgende Episode. Eine Gesellschaft fröhlicher Zechbrüder gibt sich der ausgelassensten Stimmung hin; plötzlich wächst einem der Anwesenden, einem spuckhaften Kerl natürlich, die Nase meterlang aus dem Gesicht heraus. Allgemeines Entsetzen, doch schon im nächsten Augenblick ist die Nase wieder normal und jeder lacht über des andern abenteuerliche Illusion. An diese Nase muß ich immer bei dem unheimlichen Cis denken, das wie ein riesiges Gespenst in das heitere F-dur des letzten Satzes hineinfährt, um sofort wieder zu verschwinden.

Die Pastorale und die achte Symphonie stehen nicht nur an sich, sondern auch innerhalb Beethovens Schaffen einzig da, sie enthüllen uns den Wert seines Geistes in ganz besonderer Weise, denn leidenschaftliche, gemütvolle und tragische Kunstwerke gelingen wohl großen Meistern, feinste Naturstimmungen kontemplativer Natur und humoristische Gebilde aber nur den größten.

Robert Schumann.

Ein Gedenkblatt zu seinem fünfzigsten Todestage 28. Juli 1906.

In Paris veranstalteten französische Künstler dieses Frühjahr eine Gedenkfeier für Robert Schumann. Ein eigentümliches Gefühl der Rührung beschlich mich, als ich, auf den Boulevards spazierend, dieses Ereignis mit großen grellfarbigen Plakaten angekündigt fand. Deutsche Musik in Paris zu hören, ist bekanntlich nicht nur nichts seltenes, sondern geradezu etwas alltägliches. In der Großen Oper ist Wagner ebenso heimisch wie auf unseren Bühnen, Beethoven ist in Paris der populärste Tonmeister und sogar mit der Pflege Bachs hat man begonnen. Schumanns in sich gekehrte Natur, mag er auch warme Verehrer dort haben, muß den Franzosen jedoch ferner liegen, und gerade darum hat es mich so innig gefreut, daß sie seiner gedacht haben; ist doch kaum eine andere Musik so geeignet, spezifisch deutsche Empfindungen hervorzurufen wie die seinige.

Nicht das heutige große, geeinigte Deutschland mit seiner Weltpolitik, seiner Flotte und Heeresmacht taucht vor unserer Seele auf, wenn wir das Gemüt vom Zauber Schumannscher Klänge umspinnen lassen, sondern jenes Deutschland, in dem es noch dämmerte und gärte, in dem man noch dunkel träumte von einer großen künftigen Mission und sich dabei doch so gerne unpraktischen Phantastereien hingab, jenes Land, wie man es sogar heute noch nennt, der Dichter und Denker, das durch seine Zersplitterung und Dank seiner Zersplitterung imstande war, zahlreiche Zentren der Kultur innerhalb seiner Grenzen zu bilden, wo unter den einfachsten äußeren Verhältnissen Heroen des Geistes heranwuchsen, die bescheiden und beharrlich die ungeheure Arbeit vollbrachten, an der wir heute noch zehren, und damit jener Epoche, trotz des politischen Tiefstandes, die Unvergänglichkeit in der Kunst- und Weltgeschichte gesichert haben. Jenes Deutschland mit seinen winkeligen, schlecht gepflasterten Städten, mit seinen grünen Plätzen vor den Mauern, die man glücklich war, an schönen Tagen zu erobern, wo man sich gerne von »Krieg und Kriegsgeschrei« unterhielt, um nachher bei einem guten Gläschen oder in feinen gesellschaftlichen und literarischen

Zirkeln »Fried und Friedenszeiten« zu segnen, mit einem Wort, das Deutschland der kleinen Kreise, dies war Schumanns Heimat, in der sein ganzes Fühlen und Denken wurzelte.

Als die Stürme der Jahre 1848 und 49 über die deutschen Länder dahinbrausten, weilten er und Wagner in Dresden. In denselben Tagen, da Schumann mit seiner Familie Schutz in der Umgebung suchte und nach Beendigung der Unruhen wieder friedlich nach seiner Wohnung zurückkehrte, um ruhig weiter zu komponieren, kämpfte Wagner auf den Barrikaden und mußte in die Verbannung fliehen. Ist nicht das Zusammentreffen dieser beiden Erlebnisse auch für die künstlerischen Persönlichkeiten der beiden Meister, die einander so wenig verstehen sollten, charakteristisch? Hier der nur in den Gestalten seiner Phantasie lebende Musiker, der jedes Eingreifen äußerer Umstände als Störung empfindet, dort der von Neuerungsdrang in jeder Beziehung ergriffene weitblickende Revolutionär, der über der Weltlage sogar seine Kunst vergißt; hier der friedliche Baumeister, der in glücklichem Humor einmal mit seinen »Davidsbündlern« die »Philister« totschlägt, dort der heißblütige Umstürzler, der wohl vieles niederwirft, glücklicherweise aber noch mehr aufbaut. Wagner ging damals seiner größten Schaffensperiode entgegen, Schumann näherte sich dem Ende seiner Laufbahn. Schon im Anfang des Jahres 1854 war der Unglückliche geistig tot, wenn auch sein Körper noch zwei weitere Jahre auf dieser Erde wandelte. Noch vor dem Hereinbrechen der eigentlichen Katastrophe aber, die seine edle Seele vollends umnachtete, müßte man den Todestag desjenigen Schumann, den wir verehren, ansetzen, denn seine letzten Werke zeigen, schon infolge des sich bereits allmählich vorbereitenden Verfalles seiner intellektuellen

Kräfte, eine so bedenkliche Verflachung, daß man nur mit Schmerz seinem hohen Namen deren Autorschaft zugestehen muß. Wenden wir uns daher von diesem traurigen Ende ab, um uns mit desto mehr Liebe einigen Momenten seines früheren Schaffens zu widmen.

Ich sagte mit Liebe, denn lieben muß man Schumann, um ihm gerecht werden zu können. Er gehört nicht zu den ganz Großen, die Bewunderung auch dort abnötigen, wo etwa die Sympathie versagt, nicht zu denen, über deren Werke man den Schöpfer vergißt. Wo das intime Band zerreißt, das Schumann von sich zu uns knüpft, erscheint er uns trocken, und wo er sich in ein Gebiet verliert, das seiner Individualität nicht unbedingt zusagt, entgeht er weder dem Schwulst noch der Oberflächlichkeit. Mozart, Beethoven und Schubert wuchsen über ihre Persönlichkeit hinaus und betraten die Schwelle der Unendlichkeit. Schumann war meistens dort groß, wo er die individuellen Schranken seiner Natur nicht überschritt. Seine Natur aber war im höchsten Maße fein, poetisch empfindend, fantasievoll und gütig. Nicht zuletzt sind es nun gerade diese Güte und der Adel seines Charakters, die seiner Musik den ihr eigentümlichen Stempel aufdrücken. Im intimen Kreise äußert sich Güte meistens lieber, als vor der großen Welt, und vielleicht war er gerade darum mit ganz wenigen Ausnahmen der große Kleinkünstler, als der er uns so liebenswert ist.

Nicht mehr ganz so hell, wie er einst geleuchtet hat, leuchtet Schumanns Name heutzutage am Kunsthimmel. Zugegeben, daß vieles von ihm nicht ganz unverdient bereits der Vergessenheit anheimgefallen ist, ja daß sogar über manche seiner bedeutenden Werke die Woge der Zeit gespült und sie dadurch etwas abgeblaßt hat, so ist der Grund einer Herabminderung der Wertschätzung

Schumanns doch auch vielfach nur durch die momentane Entwicklung der Musik herbeigeführt, und es ist nicht ausgeschlossen, daß in einer späteren Epoche, wenn einmal über die unsrige ein abschließendes Urteil möglich sein wird, der Stern seines Genius wieder heller aus den ihn heute zum Teil verhüllenden Nebeln hervorbrechen wird. Lassen wir uns nicht täuschen, sondern gestehen wir offen ein, daß Schumann unmodern geworden ist. Der sogenannte Fortschritt unserer Musik, dem so ziemlich alle Welt huldigt, und der als Mittel zum Zweck auch für die Zukunft unzweifelhaften Wert besitzen wird, stellt sich im wesentlichen dar als eine bis zum äußersten Raffinement gesteigerte, virtuose Behandlung der Orchestertechnik. Die Instrumentation hat heute alle anderen künstlerischen Faktoren der Musik überwuchert. Dem modernen, über alle Abstufungen des Klangreichtums verfügenden Orchester gegenüber muß nun naturgemäß das bescheidene, ja oft plumpe instrumentale Gewand, in das Schumann seine lieblichen Gedanken kleidete, da es schon an und für sich einer scharfen Kritik nicht Stich halten kann, doppelt im Nachteil sein. Ferner war es für die Beurteilung Schumanns sehr ausschlaggebend, daß Wagner, dessen Genie unser Kunstleben mit noch unverminderter Macht beherrscht, sich ihm feindselig gegenüber stellte und ihn in seinen Schriften wiederholt und mitunter in ungerechter Weise angegriffen hat. Dies genügte den Anhängern der auf Wagner fußenden Schule, um für Schumann nicht viel mehr als ein vornehmes Achselzucken übrig zu haben. Aber auch in anderen Kreisen ist Schumann dadurch etwas in den Hintergrund gedrängt worden, daß ihn Brahms, der sich immer mehr die ihm gebührende weltgebietende Stellung im Reiche der Tonkunst erobert, überflügelt hat. Es dürfte wohl kaum irgendwo dem widersprochen werden, daß der Symphoniker und Kammermusikkomponist Schumann nicht nur hinter Beethoven, sondern auch hinter Brahms zurücksteht.

Warum aber vergleichen? Warum an einem blühenden Garten vorbeigehen, weil ein gewaltiges Gebirge dahinter sichtbar wird, warum van Dyck weniger schätzen, weil wir Rembrandt besitzen? — Und welchen erquickenden Duft dürfen wir einatmen, wenn wir in Schumanns Garten wandeln, welche entzückenden Bilder zaubert dieser feinsinnige Meister vor unser geistiges Auge! — Gerade weil ich vorhin den Symphoniker Schumann unter Brahms stellte, möchte ich eine seiner Symphonien herausgreifen, die bis heute ihre volle Frische bewahrt hat, nämlich die in B-dur. »Frühlings-Symphonie« ist sie benannt, und in der Tat, der ganze Frühling des jungen Eheglückes Roberts und Klaras, die sich nach langen und schweren, vom Vater Klaras in herzlosester Weise geführten Kämpfen endlich angehören durften, blüht uns aus diesem Werk entgegen. »Ich würde nicht fertig, zu reden von den Knöspchen, dem Duft der Veilchen, den frischen grünen Blättern, den Vögeln in der Luft, was man alles in jugendlicher Kraft leben und weben sieht,« schreibt Klara in das gemeinsame Tagebuch, und wahrlich, hier hat die Liebe nicht zu viel gesehen. Mögen strenge Richter, speziell im symphonischen Stil, manches auch mit einigem Recht bemängeln, der Reichtum der Gedanken, der frisch dahinströmende Fluß und die glückliche, lebenswarme Stimmung des Ganzen sind unverwüstlich, die herrliche Melodie des Larghetto und der unsagbar schöne, zum Scherzo überleitende Einsatz der Posaunen aber unsterblich. Dieser eine Satz bürgt dafür, daß sich Schumanns Spuren in langen Zeitläufen nicht verwischen werden. Und wie viel des Schönen gibt es noch in seinen Werken, das uns diese Spuren erhalten wird! Nicht auf derselben einheitlichen Höhe wie die in B stehen zwar seine übrigen Symphonien, aber auch in diesen Werken finden sich Stücke, die, einzeln herausgegriffen, herrliche Blüten im Kranze bilden, der des Meisters Stirne schmückt. Ich erinnere an den langsamen Satz der C-dur- und an das prächtige Scherzo der D-moll-Symphonie. Am schwersten aber fällt unter den Orchesterwerken keine der Symphonien, sondern die großartige Ouvertüre zu »Manfred« in die Wagschale. Eine außerordentlich glückliche Befruchtung seiner Phantasie durch Byrons Poesie muß stattgefunden haben, denn hier ist Schumann tatsächlich einmal aus und über sich hinausgewachsen. Hier ist er nicht mehr der unter Blumen wandelnde Träumer, sondern ein prophetischer Seher, der in die Tiefen der Menschenseele schaut und uns im Innersten packt. Dieses Stück hat eigentlich nur zwei Rivalen, Beethovens »Coriolan«- und Wagners »Faust«-Ouvertüre, mit denen zusammen es den Typus der »Tragischen Ouvertüre« bildet, einen Typus, den Brahms in seiner so betitelten Komposition, meinem Gefühl nach, nicht ganz voll getroffen hat. Auch im weiteren Verlauf der Manfred-Musik, in der unsagbar schönen »Beschwörung der Astarte« erklimmt Schumann eine Höhe, die er früher vielleicht nur noch in einigen seiner Klavierwerke, später aber nicht mehr erreicht hat.

Von den Chorwerken verdient das ebenfalls in der glücklichen Periode seiner jungen Ehe geschriebene »Paradies und Peri« die Palme. Die meisten Partien der beiden ersten Teile sind von ergreifender Schönheit. Der Zauber des Morgenlandes, den wir als Kinder beim Lesen der Märchen aus »Tausend und eine Nacht« empfunden haben, ist über diese Musik ergossen; kindlich im edelsten

Sinne des Wortes mußte das Gemüt desjenigen gewesen sein, der den Gesang der sich aufopfernden Braut und den Schlußchor des zweiten Teiles schreiben konnte. Der dritte Teil verbreitert sich nach dem Anfange, dem reizenden »Chor der Houris« in minder bedeutenden und oft langweiligen Phrasen. Von großem Wert sind erst wieder die wenigen Worte des schuldbefleckten Mannes und der sich daran schließende Chor »O heil'ge Träne«. Nur hohen Geistern werden solche Eingebungen zuteil. Ich muß nun offen gestehen, daß ich mir die Wirkung von »Paradies und Peri« noch schöner vorstellte, wenn Schumann dieses Werk in weniger großen Dimensionen, etwa im Charakter eines Singspiels mit Klavier, angelegt hätte, das in kleineren Kreisen aufführbar wäre. Schumann besitzt den Sinn für Fernwirkung, das »Pathos der Distanz«, nur ganz ausnahmsweise; man muß ihn von der Nähe betrachten, will man Genuß haben. Darum gelangen die intimsten Züge dieses orientalischen Zauberspiels, die uns beim Lesen und auch dann noch entzücken, wenn wir selbst an der Ausführung beteiligt sind, beim Zuhören nicht zur vollen Wirkung. Für Tonwerke, die mit großen Massen arbeiten und die für ein großes Publikum berechnet sind, bedarf es breiterer, aber auch schmälerer, jedenfalls aber schärferer Linien, als sie Schumann zu ziehen vermochte.

Seltsam ist seine Stellung zu Goethes »Faust«, gerade so seltsam wie die Tatsache, daß sich die deutschen Komponisten am wenigsten glücklich mit ihrer großen Nationaldichtung abgefunden haben. Ich halte das programmatische Band, das die Instrumentalmusik an einen poetischen Vorwurf bindet, für viel zu locker, als daß ich in Wagners »Faust«-Ouvertüre andere Beziehungen zum Faust herauslesen könnte, als sie etwa die acht

Zeilen des Mottos enthalten, die nur einen allgemeinen Stimmungsinhalt haben, der wohl Wagners Seelenzustand entsprach, als er dieses ergreifende Stück schrieb. Ich rechne daher Wagners Ouvertüre ebensowenig zu den eigentlichen »Faust«-Kompositionen wie Liszts »Faust«-Symphonie, die ihre drei Charakterbilder, mit der losen Anfügung des Schlußchors, ebenfalls nur einer mehr äußerlichen Anregung durch die Hauptfiguren der Goetheschen Dichtung verdankt. In der Oper aber hat Gounods »Margarethe« noch immer die Oberhand über alle ähnlichen Versuche, und Berlioz hat eine Fülle von Szenen aus dem ersten Teile des »Faust« mit einer musikalischen Kraft dargestellt, die uns fast vermuten läßt, daß er bei aller Ungeschicklichkeit, mit der er diese Szenen zu einem Ganzen zusammengefügt hat, was sich zum Teile mit der elenden französischen Übersetzung entschuldigen läßt, die ihm zu Gebote stand, doch tiefer von der Bedeutung der Dichtung durchdrungen war als andere Komponisten, die sich an ihr vergriffen haben. Und ein Vergreifen an Goethe muß ich es nennen, wenn Schumann Fragmente des Faust, die gar keinen Zusammenhang haben, zu einer Art von weltlicher Kantate zusammenfaßt. Berlioz wählte von Goethe wenigstens nur die Stücke, die tatsächlich der Musik bedürfen, die Lieder, den Ostergesang, den Tanz der Bauern und ähnliches, und verband diese, so gut es ging, durch eigene Zutat. Das ist immer noch stilvoller, als das Vorgehen Schumanns, der z. B. Fausts Monolog »Des Lebens Pulse schlagen frisch lebendig« in Form einer noch dazu recht schwachen Opernarie durchkomponierte. Außerdem liegt gerade Goethes weitschauende Objektivität dem Wesen Schumanns ferne. Er trifft wohl Stimmungen, die seiner Neigung für das Fantastische zusagen, wie die Grablegung durch die schlotternden Lemuren; am Schluß hingegen, wo die Dichtung alles Körperliche soweit abstreift, daß »ein Erdenrest zu tragen peinlich« ist, schreibt er ein pompöses Finale, ein Fehler, den leider auch Liszt begangen hat, nur daß Liszt durchaus feierlich bleibt, während Schumann direkt in Trivialität verfällt, was sich besonders in der geradezu verletzenden Melodie äußert, mit der er uns das Ewigweibliche hinanziehen läßt. »Chorus mysticus« überschreibt Goethe die Schlußverse. Haben das die Komponisten ganz übersehen? Reine Geister in lichten Höhen schauen in verklärter Andacht hinauf zum jungfräulichen Geheimnis der Mater Gloriosa. Faustens Seele entringt sich der irdischen Haft und schwebt, die Nähe des frühgeliebten, schuldbefreiten Gretchens ahnend, höheren Sphären zu. Und dazu in der Musik ein triomphaler Geschwindmarsch! Ist denn Goethes Gedicht wirklich so wenig begriffen, daß man gerade dieses Werk Schumanns vielfach so hoch schätzt, oder wird sich vielleicht das Publikum, je mehr man sich bestrebt, die Musik mit der Dichtung zu kombinieren, immer unklarer über das Verhältnis dieser beiden Künste?

Über Schumann, den Lieder- und Klavierkomponisten, ist es mir unmöglich Worte zu finden, die mehr wären als eine Wiederholung von längst Gesagtem und Bekanntem. In nicht wenigen seiner Lieder reicht er dicht an Schubert hinan, und als Meister des Klaviers hat er, weder unter den Zeitgenossen noch später, außer in Chopin, einen Ebenbürtigen gefunden. Schumanns Klavierwerke sind eine Welt für sich.

Werfen wir noch einen Blick auf Schumanns Verhältnis zu den zeitgenössischen Tondichtern, so sehen wir, daß er nicht nur ein vornehm die Größe duldendes, sondern geradezu ein verehrungsbedürftiges Herz in sich trug.

Er schlug nicht alles um sich her kurz und klein und stellte sich selbst mit vielsagender Pose auf die Trümmer, er besaß auch nicht jene kalt berechnende Kollegialität, die dort fördert, wo sie selbst Aussicht auf Förderung hat, sondern er war glücklich, wenn er verwandten Geistern begegnete, und noch glücklicher, wenn er meinte, zu einem Größeren aufblicken zu können. Rührend ist seine Verehrung für den ihm in vieler Beziehung überlegenen in vieler Beziehung aber auch unter ihm stehenden Mendelssohn. Wie schön ist es, wenn er an Klara schreibt: »Spohr war da und bei mir. Da hab' ich mich wieder einmal in einem Meisterantlitz baden können.« Aber auch zu Tondichtern, die ihm nach seiner Anlage ferner stehen mußten, sucht er gerechte Beziehungen. Seine Besprechung der Fantastischen Symphonie von Berlioz ist grundlegend für die Beurteilung dieses Werkes geworden. Obwohl er bei öfteren Begegnungen mit Liszt das Bekenntnis ablegen muß: »Diese Welt ist meine nicht mehr«, so findet er doch stets wieder Worte der Bewunderung für Liszts geniale Feuerseele. Und auch Liszt hat Schumann, wie ich noch aus eigener Erfahrung weiß, getreue Anhänglichkeit in vieler Beziehung bewahrt. Auch zwischen Künstlern, die ganz verschiedene Standpunkte vertreten, die sich infolgedessen vielleicht sogar bekämpfen müssen, kann Freundschaft oder zum mindesten doch gegenseitige Hochachtung bestehen, wenn es nur ehrliche Gegner sind, die da kämpfen. Von Wagner steht Schumann abseits, doch selbst ihm gegenüber bemüht er sich gelegentlich, sein herbes Urteil zu mildern. Nur wo es nicht mehr sauber zugeht, wo niedrige Spekulation die Kunst verdrängt, da verschwindet seine Güte; gegen Meyerbeer ist er unerbittlich. Um so inniger aber erkennt er Brahms' künftige Größe.

In seinem Buch »Klara Schumann, ein Künstlerleben«, hat Berthold Litzmann dem edlen Meister selbst ein herrliches Denkmal gesetzt, ein nicht weniger herrliches aber seiner Gattin. Es ist bewunderungswürdig, wie sich aus der anfangs recht kapriziösen und verwöhnten jungen Klaviervirtuosin das große Weib entwickelte, das sich selber zu entsagen versteht, um dem geliebten Manne die sich treu unterordnende Lebensgefährtin zu sein, deren er bedarf. Jetzt können wir verstehen, daß »Klara« der Leitstern war, dem Schumanns Leben und Schaffen folgte. Ihrer großen Liebe aber werden wir es verzeihen, wenn sie gerade in der krankhaften Überproduktivität der letzten Epoche die höchsten Ausstrahlungen von Schumanns Genius erblickte, um so mehr, als auch eine einsichtigere Beurteilung den Verfall nicht hätte aufhalten können und Klaras Begeisterung so wenigstens die schöne Aufgabe erfüllte, dem leidenden Meister das Bewußtsein des Verfalles mit lächelnder Anmut wegzuschmeicheln. Die Briefe, die diese beiden Menschen sich schrieben, stehen hoch über so manchen berühmteren der heute zahlreich veröffentlichten »Briefwechsel«. Und käme wirklich die Zeit, in der man von Schumanns Musik nichts mehr wüßte, an diesen Briefen wird sich jeder, der sich ein reines Herz bewahrt hat, erbauen, denn große Seelen sind es, die durch sie zueinander gesprochen haben, und solche sterben nicht.

Brahms, ein Meister der Instrumentationskunst.

Es ist mir die Freude geworden, das, was ich in meiner Schrift »Die Symphonie nach Beethoven« seinerzeit über Brahms geschrieben hatte, in der dritten Auflage dieser Schrift einer gründlichen Sichtung unterziehen und damit einen früheren Irrtum gutmachen zu können.

Heute möchte ich nur einem jener besonderen Urteile gegenübertreten, die immer in derselben Form und in Beziehung auf dieselbe Person, wenn auch mit kleinen Abänderungen wiederkehren, und die ich als »Schachtel-Urteile« bezeichnen möchte. Folgendes Bild möge das Wort näher erklären. Eine Reihe von Schachteln trägt als Etiketten verschiedene Schlagwörter, die ästhetische Apothekerlehrlinge irgendwo, zumeist aber aus dem Fremdwörterbuch hervorgeholt und in unbewachten Augenblicken auf die Schachteln geklebt haben. Öffnet man diese, so sind sie zwar leer, aber das Schlagwort genügt, um danach ein Rezept zu formen, mittels dessen dem zu behandelnden Künstler entweder das schäumende Ruhmeselixier oder der schleichende Verlästerungstrank eingeflößt wird. Solche Schlagwort-Etiketten sind heutzutage u. a. »epigonal« für Formvollendung, Wohlklang und Melodie, »individuell« für Häßlichkeit, Zerfahrenheit und Frivolität, »Impotenz« für Erfindungskraft, »Impressionismus« für mangelhaftes Können und »Decadence« für die Faulheit, das aufzusuchen, was nicht decadent ist.

Um auf Brahms zurückzukommen, so haben seine Werke eine derartige Eindrucksfähigkeit erlangt, daß wohl auch die Modernsten unter den Modernen ihn nicht mehr offen leugnen können, wenn sich auch das erzwungene Gefühl der kühlen Hochachtung in jenen Kreisen noch nicht in Liebe verwandelt hat. Allgemein hat man aber einsehen gelernt, daß sein »Deutsches Requiem« sich religiösen Werken allerersten Ranges zur Seite stellen kann, daß seine C-moll-Symphonie zwar nicht die »Zehnte« von Beethoven, die nur Beethoven allein hätte schreiben können, wohl aber die erste von Brahms ist, und endlich, daß man ihn erst zu verstehen beginnt, wenn man ihn nicht immer nur als »drittes B«, sondern unabhängig von jenen beiden Riesen, mit denen ihn Bülows Buchstabenwitz zusammengeschmiedet hat, als Erscheinung für sich betrachtet.

Doch halt! — Indem ich mich bemühe, Worte zu finden, die seiner Bedeutung gerecht werden, gleitet mir ein Schächtelchen, so eins von der erwähnten Sorte, in die Hand; natürlich hat's auch eine Etikette. Darauf stehen — diesmal gut deutsch — zwei kurze Worte: »Klingt nicht«. Zwei Urteile sind mit überraschender Leichtigkeit daraus geformt. Das eine heißt ungefähr: »Seine Musik ist ja schön, nur schade, daß sie nicht so recht klingt!«; das andere lautet unzweideutig und derb: »Brahms instrumentiert schlecht!«

Gehen wir der Sache etwas auf den Grund. Klingt nicht! — Warum? Weil es nicht tristanisch klingt und auch nicht nach der Fee Mab? — Er instrumentiert schlecht! — Vielleicht deshalb, weil seine Partituren anders aussehen wie die Wagners oder jene der modernen Orchester-Feuerwerker? — Sehen wir doch einmal etwas gründlich nach, was es mit unserer vielgepriesenen Instrumentation, in der man es so herrlich weit gebracht hat, daß man über dem Instrumentieren oft das Komponieren vergißt, für eine Bewandtnis hat. Schlagen wir eine Anzahl neuerer Partituren auf. Nachdem wir uns Titel und Programm eingeprägt haben, finden wir als erstes gemeinsames Kennzeichen nach dem Muster der Nibelungen-Partituren eine besondere Seite mit dem ausführlichen Verzeichnis der in großer Anzahl und größtmöglicher Besetzung geforderten Orchesterinstrumente, als zweites dementsprechend eine Unzahl von Notensystemen, daß man meint, auf einer Leiter auf und ab klettern zu müssen, um alles übersehen zu können, als drittes, jeden Augenblick vielfach komplizierte Teilungen der Stimmen des Streichquintetts, als viertes ein Harfenglissando nach dem andern, als fünftes, fortwährende Stopftöne in den Hörnern und Trompeten, als sechstes, starke, oft ununterbrochene Mitwirkung der tonlosen, lediglich Geräusch und Lärm erzeugenden Schlaginstrumente, als siebentes, eine auffallende Neigung, alle Instrumente in die höchsten Lagen hinaufzuführen, wo sie kaum mehr Töne, sondern ein schrilles Kratzen, Quieken und Pfeifen hervorbringen, als achtes endlich die Steigerung aller dieser dissonierenden Klänge zu einem wilden Gebrüll, das keine musikalische Artikulation mehr zuläßt, weil es gar nichts anderes ist, als ein Höllenspektakel, bei dem es schließlich gleichgültig ist, was überhaupt gespielt wird. — Stände in Augenblicken, da solche Fluten erhitzter Schwefelsäure in die Ohren der Zuhörer gegossen werden, Einer auf, und früge mit einer Stimme, deren Wahrheitston die Wahrheit hervorzulocken vermag, ob es denn wirklich ein erhebendes Gefühl sei, diese Marter auszuhalten, so müßte ihm ein tausendstimmiges »Nein!« entgegendonnern, wenn auch eine Partei immer und immer wieder versicherte, die Gehörnerven könnten eben nur auf diese Weise zum Genießen der fortschrittlichen Tonkunst herangezogen werden. — Fürwahr eine fürchterliche Kur! —

Wird aber denjenigen, die immer alle dem Orchester ablockbaren Effekte auf einmal zusammenwerfen und sich selbst und andere stets mit den ausgesuchtesten Klangexperimenten zu überbieten suchen, nicht zuweilen im Geheimen bange, daß es ihnen einmal so gehen könnte, wie etwa einem Maler, der, um eine unerhört neue Farbe zu schaffen, alle vorhandenen auf der Palette gemischt hätte, hierauf aber die schreckliche Enttäuschung erleben müßte, nichts anderes als einen schmutzigen Farbenklex auf seine Leinwand streichen zu können?

Man spricht oft geringschätzig von der Orchestrierungskunst der älteren Meister. Nun, ich gestehe, daß ich, wenn ich in einer klassischen Symphonie z. B. eine Trompete höre, mögen ihre Naturtöne auch mitunter ungeschickt verwendet sein, doch stets die Empfindung einer bestimmten Tonfarbe habe, sagen wir in diesem Falle: Rot. Und wie leuchtend ist es oft, dieses Rot, wenn bei Beethoven oder Mozart die Trompeten ihren olympischen Lichtglanz in das Orchester hineinwerfen! — In neuester Musik kann aber von Empfindung der Tonfarben meistens überhaupt nicht mehr die Rede sein. Ein Klangkaleidoskop wird in wahnwitziger Schnelligkeit flimmernd und wimmernd gedreht; das ist der vielgepriesene Fortschritt.

Ein Rückschlag ist unvermeidlich. Vielleicht ist er sogar schon eingetreten; man beginnt bereits, mit kleiner Orchesterbesetzung zu kokettieren. Es zeigen sich jedoch auch ernster zu nehmende Symptome. Wie eine edle Blume ist die Kammermusik neu emporgeblüht. Eine Quartettgesellschaft nach der andern gründet sich und findet ihr Publikum, das sich an diesen reinen Klängen, an diesen intimen Seelengesprächen erbaut. — Wann sind jemals soviel ältere Werke erfolgreich ans Tageslicht gezogen worden wie heute? — Was blickt aus ferner Vergangenheit mit immer strahlenderen Augen zu uns herüber, streng wie Moira, gütig wie ein Messias, und spricht Worte zu uns, deren erhabene Größe wir erst allmählich begreifen? Es ist das Antlitz jenes Kühnsten von allen, der von Instrumentalwitzen so gar nichts wußte, vor dessen Kühnheit aber die modernen »Genialitäten« in ein klägliches Nichts zusammenschrumpfen, das Antlitz Bachs. — Wer ist endlich inmitten der rauschenden Selbstbespiegelung der Tagesgrößen zu einer festen Säule unseres Tonlebens geworden, vom Freunde geliebt, vom Gegner nicht mehr zu erschüttern? — Der »schlecht klingende« Brahms!

Aber wie steht es denn nun mit dem schlecht klingen? — Noch einmal muß ich abschweifen und desjenigen gedenken, gegen den Brahms leider als Gegenapostel ausgespielt worden ist, was soviel böses Blut gemacht und so viele Ungerechtigkeiten herbeigeführt hat. Der berauschende, üppige, satte Klang des Wagnerschen Orchesters, namentlich in seinen vorletzten Werken ist ein stetes Hindernis der vollen Verständlichkeit seiner Kunstwerke. Alles Tieferlegen und Verdecken des Orchesters nützt da nichts. Man muß zum Abdämpfen, ja zur Abänderung der Vortragszeichen schreiten, soll nicht immer und immer wieder der Fall eintreten, daß die Aufführungen stellenweise einen Kampf zwischen Instrumenten und Sängern bedeuten anstatt einer Einheit. »Streichen Sie aus dem zweiten Akt die Posaunen 'raus!« rief der erregte Wagner dem Hofkapellmeister Levi zu, als er nach langer Zeit wieder einmal »Tristan« in München gehört hatte. Geradezu wunderbar ist hingegen die durchsichtige Klarheit des Parsifal-Orchesters, wunderbarer noch, daß keiner derjenigen, die in seine Fußtapfen zu treten meinten, den Wink verstanden hat, den der durch seine früheren Erfahrungen gereifte Meister mit dieser Wandlung gegeben hat. In der heutigen Oper heißt es noch immer: »Orchester, Orchester, Orchester!

Sänger, seht zu, wie ihr drüber weg kommt!« Üppigkeit des Orchesterklanges kann also auch ein Fehler sein, teils dort, wo ein anderes, für den Eindruck des Kunstwerkes wichtiges Moment darunter leidet, teils dort, wo sie überhaupt nicht hingehört. Wer die Sirenenklänge des Wagnerschen Orchesters als Norm für sein instrumentales Empfinden nimmt, wird bei Brahms zunächst freilich ernüchtert sein. Ein Werk von Brahms aber in Wagners Manier uminstrumentiert, würde sich ungefähr ausnehmen wie ein Bild von Albrecht Dürer in der Art von Rubens übermalt.

Eine Brahmssche Partitur erscheint uns wie gemeißelt. Mit größtem Kunstbewußtsein, mit strenger Selbstbeherrschung und genauester Auswahl und Kenntnis der Mittel ist da jede Note hingeschrieben. Nichts ist überflüssig. Jedes Hinzufügen, ja die Abänderung eines Vortragszeichens würde sich schwer rächen. Alles ist auf das Feinste durchdacht und mit einer Reife dargestellt, die höchste Bewunderung erregen muß. Herb klingt es oft, gewiß, aber nur an Stellen, wo eine andere, sinnlich reizvollere Behandlung des Orchesters nicht mit dem musikalischen Gedanken übereinstimmen würde. Treten weichere Empfindungsäußerungen hinzu, so ist der Klang des Orchesters oft von geradezu bezaubernder Schönheit, allerdings nie im Wagnerschen Sinne. Wie in seiner Erfindung, so ist Brahms auch in seiner Instrumentation eine männliche, keusche, in sich selbst schauende Persönlichkeit, der jedes Zuviel zuwider ist. Er verschmäht im allgemeinen die Mischfarben und behandelt die Instrumente durchaus individuell. Verdoppelungen gebraucht er in der Regel nur, wenn er ganze Gruppen kräftig gegeneinander führt; dann wirken sie aber auch mit großer Kraft und er gewinnt durch diese weise Verwendung eine Fülle des Tones, die andere durch Massenanhäufungen nicht erzielen können. Ein Muster in dieser Beziehung ist das prachtvolle Finale der C-moll-Symphonie. Wie wundervoll weiß er aber auch wieder für Soloinstrumente zu schreiben. Ich verweise auf das kleine Zwiegespräch zwischen Hoboe und Klarinette im zweiten Satz derselben Symphonie, das Bratschen und Geigen synkopisch begleiten, ferner auf das Hornsolo am Schluß des ersten Satzes der zweiten und auf die $^9/_4$ Takt-Episode im ersten Satz der dritten Symphonie. Wie mannigfaltig weiß er sein Orchester im großartigen Schlußsatz der E-moll-Symphonie zu gestalten, der auch rein musikalisch eins der gewaltigsten Tonstücke von Brahms ist. Mit weiser Vorsicht verwendet er die Posaunen; wer aber den Zauber empfindet, den ihr leiser Eintritt im Finale der ersten Symphonie ausübt, während die gedämpften Streicher pianissimo tremolieren und das Horn eine Melodie bläst, deren sich Schubert nicht zu schämen brauchte, der wird verstehen, warum er in meisterlicher Beschränkung die Posaunen vor dieser Stelle überhaupt nicht erklingen ließ, so groß auch die Verlockung dazu gewesen sein mag. — Und die Harfe! — Dieses heute mißbrauchte Instrument, jedem Pfuscher gut genug, den unmöglichsten Unsinn von ihm zu verlangen, Brahms verwendet es fast nie. Aber wie rührend klingt ihr Eintreten im ersten und letzten Teil des Deutschen Requiems, und wie eigentümlich wirken ihre kurzen, fast harten Akkorde im zweiten Satz dieses Werkes, jenem herbstlichen Totengesang, dessen Hauptteil durch die sonst bei Brahms ungewöhnliche Dreiteilung der Bratschenstimme eine besonders fahle Farbe erhält.

Die angeführten Beispiele genügen zum Hinweis, daß das eingangs erwähnte, noch ziemlich stark verbreitete

Urteil des Haltes entbehrt; es ganz zu widerlegen ist die Aufgabe von Aufführungen, deren Schwierigkeit darin besteht, jenem genial sein sollenden Impressionismus ganz zu entsagen, der Kompositionen, deren Aufgabe im wesentlichen nur darin besteht, ein mehr oder minder aufregendes Geräusch hervorzubringen, allerdings vortrefflich ansteht. Fritz Steinbachs Verdienst um die Erweiterung des Verständnisses der Werke von Brahms wird nicht vergessen werden.

Ich sprach vorhin von einem Rückschlag, der eintreten werde, vielleicht schon eingetreten sei. Ein solcher wird es vielleicht momentan sein. Von einem höheren Gesichtspunkte möchte ich es aber anders nennen. In der sich heute unleugbar kundgebenden, scheinbar retrograden Bewegung in der Tonkunst zugunsten der alten Meister, von der ich einige Merkzeichen vorhin erwähnt habe, liegt mehr als eine bloße Reaktion. Es scheint sich mir die Überzeugung langsam aber unaufhaltsam durchzuringen, daß jede Kunst, also auch die Musik, nicht auf Effekten und Strebereien, sondern auf Schönheit, Maß, Formvollendung, Größe der Gesinnung, Naivetät der Empfindung und Güte des Herzens beruhe, wie man sie in den bedeutenden Tonwerken vergangener Epochen aus jeder Note herausliest. Wäre man erst so weit, die Errungenschaften der modernen Technik in den Dienst dieser Ideale zu stellen, sie nicht mehr als Selbstzweck zu betrachten und die Musik nicht mehr in unkünstlerischer Weise zu Aufgaben zu zwingen, die andere Künste zu leisten haben, so hätte sich damit eine Epoche vorbereitet, die keineswegs einen Rückschritt, sondern einen großen Fortschritt bedeutete, der gar nichts anderes wäre als im edelsten Sinne des Wortes die Wiedergeburt, die Renaissance unserer reinen, hohen, herrlichen Musik.

In der Malerei bedeutet Böcklin einen ähnlichen Schritt, in der Dichtung die langsam und schwer sich durchringende Erscheinung Carl Spittelers, dessen große epische Gedichte noch immer fast unbekannt sind. Noch sind die späteren Wirkungen dieser beiden großen Schweizer kaum abzusehen. Brahms nenne ich nicht in einer Reihe mit ihnen; ein konservatives Wesen, das eher rückwärts als vorwärts blickt, auch in der Instrumentation, ist bei ihm unverkennbar. Mit seiner abgeschlossenen, ernsten, tiefen und edlen Natur bildet er aber ein verbindendes Glied von den älteren Großmeistern zu erhofften Größen späterer Tage und einen festen Hort im Durcheinander der Gegenwart. Ich möchte ihn den getreuen Eckart der Musik nennen. Kein Begründer aber ein Vorläufer jener herrlichen Renaissance, wie ich sie mir erträume, könnte er sein, und auch dafür sei er gesegnet.

Hector Berlioz.

Ein Gedenkblatt, geschrieben zur Einführung in die Gesamtausgabe seiner Werke.

Am 1. Januar 1900 sind nach dem bestehenden Gesetz Hector Berlioz' Werke in Deutschland freigeworden, und mit diesem Tage begann bei Breitkopf und Härtel in Leipzig eine von Charles Malherbe und mir redigierte Ausgabe seiner sämtlichen Kompositionen zu erscheinen. Die von Fehlern und Flüchtigkeiten gereinigten Partituren, die Übersetzungen sämtlicher Texte ins Deutsche und Englische, der vortreffliche Notenstich, sowie auch die gegen die bisherigen Ausgaben sehr ermäßigten Anschaffungskosten werden Berlioz' Schöpfungen zweifellos einem größeren Kreise als bisher zugänglich machen. Es mag daher nicht überflüssig erscheinen, wenn ich, trotzdem bereits viel über Berlioz geschrieben worden ist, heute nochmals mit einigen Worten auf ihn hinweise.

Seine Werke haben eine ihrem Werte entsprechende Verbreitung bisher nicht gefunden. Bis zu einem gewissen Grade allerdings ist Berlioz glücklich zu preisen, daß er der gewerbsmäßigen Abhetzung entgangen ist, der Wagners Tondramen ihrer ursprünglichen Bestimmung so weit entfremdet hat; trotzdem aber muß ihm die Zukunft noch manche schwere Schuld abtragen.

Versucht man, einen großen Mann zu würdigen, so gilt es, seine Erscheinung an sich, sowie seine Bedeutung für die Mit- und Nachwelt zu betrachten. Berlioz war in seiner Kunst ein Bahnbrecher, aber der Pfad, den er gefunden hat, ist nicht durch Trümmer verwüstet, sondern mit Denkmälern seines Wirkens geschmückt; er war kein Umstürzler, sondern ein Aufbauer, eine eminent positive Kraft. Sein musikalisches Empfinden war gefestigt durch eine glühende Liebe zu seinen großen Vorgängern, welcher Nationalität sie auch angehörten. Dieser Liebe blieb er bis zu seinem Lebensende treu, und seine Schriften legen an zahllosen Stellen ein beredtes Zeugnis dafür ab. Dabei war er eine durch und durch ursprüngliche, energisch-selbständige Natur. Originalität, dieses so vielfach mißbrauchte, ja geschändete Wort, auf Berlioz mag es in seiner vollen Bedeutung angewendet werden. Er war tatsächlich ein origineller Musiker, vielleicht der originellste, der jemals gelebt hat. Erkennen wir in den Jugendwerken selbst der größten Tonmeister oft so deutlich die Züge der Vorbilder, daß wir jene von diesen kaum unterscheiden können, und entwickelt sich erst mit dem späteren Schaffen allmählich das charakteristische Bild, so tritt uns in den ersten von Berlioz veröffentlichten Stücken, den Ouvertüren zu »Waverley« und »Die Vehmrichter«, sowie in den »Irländischen Liedern« bereits eine fertige, ausgesprochene Physiognomie entgegen. Es ist Berlioz, was wir da hören, ganz und echt in jedem Takt und in jeder Tonfolge, wenn auch noch nicht der große Berlioz der späteren Werke. Von der ersten bis zur letzten Note, die er geschrieben hat, trägt sein Schaffen jenes unverkennbar persönliche Gepräge, das demjenigen unvergeßlich bleiben muß, der es einmal gründlich erfaßt hat. Ja, man darf dreist behaupten, seine Originalität sei so groß gewesen, daß sie sogar imstande war, ihn vor Nachahmung zu bewahren. Bach, Beethoven, Schumann, Brahms und Wagner sind imitiert worden, Berlioz niemals. Seine große Eigentümlichkeit beruht aber bei ihm nicht etwa darin, daß er meinte, er müsse, um originell zu scheinen, es einfach anders machen und bocksprungartige Tonverbindungen statt Melodien, unlogische Dissonanzen statt Harmonien, Taktverzerrungen statt Rhythmen aneinander schweißen und diesen sonderbaren Komplex dann mit einem hochtrabenden Titel verzieren, sondern seine Schöpfungen entsprangen als einheitliches Ganzes seinem eigensten Wesen, und die Einzelheiten der Ausführung richteten sich lediglich nach diesem, mit seiner Persönlichkeit unzertrennbar verbundenen und als lebendiges Bild erschautem Ganzen.

Er träumte von Riesenorchestern und verlangte sie auch manches Mal, aber für die meisten und oft gerade für die hervorragendsten seiner Werke begnügte er sich mit instrumentalen Mitteln, die kaum größer waren, als die der Beethovenschen Symphonien. Mitunter erschreckt die groteske Kühnheit seiner Harmonien. Stets wird man jedoch aus der musikalischen Physiognomie des Stückes die Notwendigkeit begreifen, welche diese Kühnheit gerade an der betreffenden Stelle unerläßlich macht. Von welch verblüffender Einfachheit sind dann aber wieder seine Themen, seine Modulationen, der Aufbau ganzer Sätze und Werke. Die Erklärung aber, daß er oft gerade mit der größten Einfachheit die schönsten Wirkungen erzielt, und daß er zu außerordentlichen Mitteln nur dann greift, wenn er sie unbedingt braucht, ist darin zu suchen, daß seine Schöpfungen nicht hohlem Ehrgeiz, sondern einem tiefinnerlichen, seelisch erregten Bedürfnis entsprangen, daß Berlioz also kein Suchender, sondern ein Findender, im besten Sinne des Wortes ein großer Erfinder war. Darum ist es auch verfehlt, ihn unbedingt unter die Programm-Musiker einzureihen.

Man denke an die weitzügigen, breiten Melodien, die uns aus den ersten Sätzen der »fantastischen« und der »Harold«-Symphonie, sowie aus der Ouvertüre »König Lear« entgegenklingen; keine einschmeichelnden, süßen Lieder im Sinne Webers und Schuberts, aber Tongebilde von herber, heftiger Innigkeit, die in ihrer ungestümen Zärtlichkeit fast schmerzen könnten, wenn sie nicht so schön wären. Man denke, um noch einige wenige der vielen Beispiele anzuführen, an Cellinis ritterlich galanten Liebesgesang, den wir auch in der Ouvertüre »Römischer Karneval« vernehmen, an die gravitätische Phrase, welche die Ankunft des Kardinals verkündet, endlich an die wunderbar zarten und leidenschaftlichen Themen der Liebesszene in »Romeo und Julia«. — Wie war es nur möglich, einem Künstler Erfindungs- und Empfindungslosigkeit vorzuwerfen, der gerade in melodischer Beziehung über einen so seltenen Reichtum verfügte? Um ihm das Prädikat eines »großen Erfinders« durchaus mit Recht zusprechen zu können, sei neben der melodischen auch auf die rhythmische Mannigfaltigkeit seiner Kompositionen, die einer speziellen Abhandlung zu ausführlicher Darlegung bedürfte, sowie auf die Kraft seiner psychologischen Ausdrucksfähigkeit verwiesen. Für das Pathos findet er in gleich origineller Weise den Ton, wie für den Humor. Das Furchtbare und das Übersinnliche sowie das Zarte und Liebliche erschließen sich seiner Kunst. Dabei ist nichts bei ihm angedeutet oder verschwommen; jede Phase des Gefühlslebens, die er zum Ausdruck zu bringen unternimmt, steht plastisch vor uns. Darum kann er auch im vollsten Sinne des Wortes als Klassiker gelten.

Die meisten seiner Symphoniesätze sind in der herkömmlichen Form geschrieben, in der er nichts Konventionelles oder Überlebtes erblicken konnte, weil er sie beherrschte und mit einem aus eigenstem Wesenskerne geschöpften Inhalte zu erfüllen vermochte. Die innige Verehrung für seine großen Vorgänger bewahrte ihn auch vor unreifen Umsturzideen, sowie vor dem knabenhaften Dünkel, bedeutende Werke der Vergangenheit als überwundenen Standpunkt zu betrachten. Die formvollendete und übersichtliche Struktur seiner Tonsätze, die krystallhelle Durchsichtigkeit seines musikalischen Fühlens, die ihn jede, auch die scheinbar nebensächlichste Begleitungsfigur mit liebevoller Sorgfalt ausarbeiten ließ, nähert ihn zwar den älteren Meistern, doch zeigt er durch das mitunter Groteske, Fantastische, ja Pathologische seiner poetischen Vorwürfe auch eine gewisse Übereinstimmung mit den Romantikern. Von diesen trennt ihn jedoch wieder die große Leidenschaft, welche den Grundzug seines Wesens und Schaffens bildet, das durchaus Männliche und Heroische seines Empfindens, im Gegensatz zur weiblich-sentimentalen Weichheit, zur traumhaften oft eleganten Passivität, welche die um die Mitte des 19. Jahrhunderts hauptsächlich zur Geltung gelangten Komponisten kennzeichnet.

Die neue Ausgabe wird auch unter den Einzel- und Chorgesängen manche noch verborgene Perle zutage fördern. Berlioz' Haupt- und Lebenselement aber war das Orchester, dessen Leistungsfähigkeit und Darstellungsvermögen er auf eine vorher ungeahnte Höhe erhob. Waren Schumann und Chopin die großen Klavierpoeten, so war Berlioz der große Instrumentaldichter, neben Brahms der bedeutendste symphonische Komponist nach Beethoven und Schubert. Auch in seinen vokalen Werken ist es das Orchester, dem die größte Liebe der Ausarbeitung zufällt, jedoch ist es dort mit feinem künstlerischen Geiste stets so behandelt, daß es sich den Singstimmen entsprechend unterordnet. Bilden neben seinen symphonischen auch seine Vokalwerke, vor allem das große »Requiem« und »Fausts Verdammung« Denksteine seines Schaffens und der Musik überhaupt, so wird er hingegen als Opernkomponist vom dramatischen Genie Wagners weit überragt. Er war kein Dichter wie Wagner und wählte, so wie die alten Meister, seine Texte mehr nach den für die Komposition günstigen Situationen als nach ihrem Inhalt, wie er auch überall den Formen der Oper getreu bleibt. Es berührt daher geradezu lächerlich, seine Opern, wenn sie jetzt, ungefähr ein halbes Jahrhundert nach ihrem Entstehen einmal auftauchen, stets vom Wagnerschen Standpunkt aus beurteilt zu sehen. »Benvenuto Cellini«, sein bestes Bühnenwerk, ist überhaupt vor der von Wagner hervorgerufenen Reformbewegung komponiert, und als er die »Trojaner« schrieb, war Berlioz zu alt, um Wagners Kunst, zu der er sich nie freundlich stellen konnte, noch auf sich wirken zu lassen. Ereignet sich also die erfreuliche Tatsache, daß ein Theater sich herbeiläßt, ein Opernwerk von Berlioz aufzuführen, so lasse man endlich Wagner und die durch ihn gewonnenen Anschauungen beiseite. Man wird genug des Schönen und Herrlichen in der Musik finden, um sich für die Schwächen der Textbücher zu entschädigen.

Versucht man, die Wirkungen unseres Meisters auf seine Zeitgenossen zu überblicken, so gewahren wir zunächst kaum viel mehr als scheue Verwunderung, wenn nicht offene Ablehnung. Es bildeten sich keine »Vereine«, die für die Verbreitung seiner Schöpfungen sorgten, man schrieb keine Broschüren, Einführungen und Kommentare, die jedes Vortragszeichen wie eine göttliche Offenbarung interpretierten. Durch Enttäuschungen und Mißerfolge mußte sich der große Tondichter durchringen und oft die beste Kraft für Fristung seines Lebensunterhaltes aufzehren. Wohl mag er mit dem kindlich verwunderten Auge des Genies in die Welt geschaut haben, die absonderliche Äußerlichkeiten seiner Werke als das Wesentliche nahm, und als Ausgeburt eines halbverrückten Gehirns verlachte, was ihm natürlich aus der Seele geflossen war. Einer erkannte ihn ganz und reichte ihm die Hand, sein großer Zeitgenosse Franz Liszt. Berlioz' Einfluß auf ihn wie auf Wagner ist unverkennbar. Beide profitierten zunächst von seiner Instrumentationskunst. Als sich Wagner von der dekorativen Massenorchestrierung des »Rienzi« zu emanzipieren begann, fußte er teils auf Weber, der dem Orchester die träumerische Weichheit und den romantischen Duft, teils auf Berlioz, der ihm den Glanz, die Pracht und die Gewalt einer faszinierenden Fantasie verliehen hatte. Er erhöhte dann die Kraft und Klangfülle des Orchesters noch durch Hinzufügung neuer Instrumente, sowie durch eine polyphonere Ausgestaltung des musikalischen Satzes.

In meiner Schrift über »Die Symphonie nach Beethoven« habe ich ausführlicher beleuchtet, wie Berlioz durch das, wie ich es dort genannt habe, »dramatisch-psychologische Variieren« eines Themas für Liszt und Wagner vorbildlich geworden ist. Noch in einem anderen genau zu bestimmenden Punkt hat Berlioz bahnbrechend gewirkt, nämlich in der ebenfalls auf psychologische Momente zurückzuführenden Gegenüberstellung mehrerer Themen. Lassen die älteren Meister zwei oder mehrere Themen gleichzeitig wirken, so geschieht es in der Form der Fuge, z. B. Bach in seinen Doppel- und Tripelfugen, Mozart im »Requiem«, Beethoven im Finale der Neunten Symphonie. Berlioz stellt aber im vollständig freien Satz zwei Themen einander gegenüber, wobei die poetische Intention stets unverkennbar ist. Mitten in das lustige Karnevalsgetriebe der »Cellini«-Ouvertüre ertönt das gewichtige Thema des Kardinals, der wohl imstande sein könnte, den Jubel zu dämpfen. Romeos Liebesgesang übertönt siegreich die Festesklänge bei Capulet. Während des Hexensabbats der Fantastischen Symphonie dröhnen die grausigen Klänge des Dies irae. Die Freude über seine Neuerung war so groß, daß Berlioz solche Stellen gewöhnlich mit den Worten »*Réunion des deux thèmes*« überschrieb, als ob er fürchtete, daß sonst die Zusammenstellung unbemerkt bleiben könnte. Wie schön hat sich Liszt diese Kompositionsweise seines Vorgängers zunutze gemacht, wenn er Tassos edle, melancholische Gesangsmelodie über dem heiteren Fis-dur-Scherzo erklingen läßt: Der träumende

Dichter, der sinnend durch Ferraras sonnige Blumengärten wandelt. Wie herrlich klingen am Schlusse des »Meistersinger«-Vorspiels die drei Hauptthemen zusammen! Walthers Liebeslied (Melodie) hat die starren Satzungen der Meisterzunft (Thema im Baß) überwunden. Sie bestehen fort, aber durchglänzt vom Lichte der Poesie. Die Klänge des Zunftliedes vom Sängerkönig David in zierlicher Verkleinerung (Mittelstimmen) scheinen sich wie frisch grünende Blätter zum Kranze über dem Haupte des preisgekrönten Dichtersängers zu verschlingen.

Noch heute besteht die Bewegung, die, von Berlioz angeregt, von Liszt und Wagner fortgeführt, gemeinhin als »musikalischer Fortschritt« bezeichnet wird. Doch hat dieser Fortschritt später vielfach den Charakter der Entartung angenommen. Unternahm es Berlioz, poetische Vorwürfe musikalisch auszudrücken, wobei er niemals (außer vielleicht in einem hier nicht näher zu erörternden Falle) vergaß, daß der Musiker vor allem Musik und nicht tönende Erläuterungen produzieren müsse, so ist man später so weit gekommen, die Musik Takt für Takt an ein Programm zu fesseln und sie zu realistischen, oft sogar gemeinen Schilderungen von Vorgängen zu zwingen. Überragte bei Berlioz das instrumentale Raffinement niemals die Größe der Gedanken, so ist in mancher modernen Komposition nur mehr das instrumentale Raffinement imstande, uns vorübergehend zu fesseln. Variierte Berlioz, von einer dichterischen Intention ausgehend, seine ausdrucksvollen, melodischen Themen und stellte sie im entscheidenden Höhepunkt einander gegenüber, so finden wir heute Stücke, wo fast in jedem Takte drei und mehr kurzatmige Motivchen mannigfaltig umgemodelt und ineinandergeschachtelt sind, aber kein einziges, wirklich großes und ausdrucksvolles Thema. Das ist nicht mehr Kunst, sondern Künstelei.

Dennoch haben wir keinen Grund, trübe in die Zukunft zu blicken. Haben wir gesehen, daß Joh. Seb. Bach aus den vielstimmigen Spielereien der niederländischen Tonsetzer eine wirklich polyphone Kunst gestalten konnte, so können wir uns auch getrost der Hoffnung überlassen, daß uns die Zukunft wieder einen »großen Erfinder« geben wird, der sich die, durch unsere heutigen Musikexperimente unstreitig vervollkommneten technischen Hilfsmittel der Komposition mit kühnem Griff aneignen und im Dienste einer wirklichen Kunst verwerten wird. Aber auch dann, in diesem glücklichen Falle fortschrittlichen Aufschwunges, dürfte niemand auf Berlioz, den wir als den Stammvater unserer neueren Tonkunst feiern, als auf einen überwundenen Standpunkt herabsehen. Wissenschaftliche Doktrinen, philosophische Erkenntnisse können durch bessere verdrängt werden und dadurch absterben. Aber aus einem großen Kunstwerk spricht der von Zeit- und Geschmackwechsel unabhängige, ewig junge Genius; daher kann es in seiner Eigenart nie verdrängt, weil eigentlich mit nichts anderem verglichen werden. Und für Berlioz brauchen wir erst recht nicht zu fürchten, daß er jemals »unmodern« werden könnte, denn er hat das sicherste Zeichen der Unsterblichkeit für sich, — er war niemals in der Mode!

Was können wir von Berlioz lernen?

(11. Dez. 1903.)

Die »Instrumentation«, wird man auf die im Titel gestellte Frage mit rascher Sicherheit antworten. Nein, die kann man nicht so leichthin lernen, auch von Berlioz nicht, denn Instrumentation als allgemeinen Begriff, losgelöst von den Werken, gibt es überhaupt nicht. Gut instrumentieren heißt, eine Komposition von Anfang an so anlegen, daß sie gar nichts anderes werden und sein kann, als ein Orchesterstück. Eine Melodie z. B. geradezu so zu erfinden, daß sie dem Wesen der Hoboe entspricht, daß ihr der Hoboist gleichsam seine Seele einhauchen kann, wird dem guten Instrumentator am Herzen liegen, nicht aber die Melodie beliebig zu gestalten, und sich nachher, wenn vielleicht das ganze Stück schon fertig ist, zu überlegen, ob er sie der Hoboe, der Klarinette, den Geigen oder mehreren Instrumenten zusammen anvertrauen soll. Der Orchesterkomponist muß bereits beim Entwerfen seines Stückes orchestral hören, denn dieselbe Tonfolge gewinnt einen stets wechselnden Charakter, sobald sie von verschiedenen Instrumenten gespielt wird. Daher sind auch Klavier-, Kammermusik und Orchestersatz so wenig miteinander verwandt, daß ich sicher bin, nicht fehlzugehen, wenn ich behaupte, daß nicht nur Aufbau, Polyphonie und Kolorit, sondern die Erfindung selbst schon in ihren ersten Keimen eine durchaus andersartige sein muß, je nachdem ein Werk der einen oder anderen Gattung angehört. Ein Quartetthema wäre in der Klaviersonate oder Symphonie unbrauchbar, und ebenso umgekehrt.

Nach den alten Meistern, wozu ich in diesem Falle auch

Mendelssohn rechne, hat nur Brahms die Eigentümlichkeiten der verschiedenen Satzarten und ihrer Unterabteilungen vollständig beherrscht und auseinander gehalten. Seine Klavier- und Kammermusik ist nicht orchestral, sein Orchester stets echt symphonisch, niemals instrumentierte Klaviermusik. Liszts Partituren verraten zuweilen, obwohl lange nicht so stark wie die Schumanns, daß dem Herzen ihres Schöpfers das Klavier am nächsten stand. Wagner und Berlioz leben und weben im Orchester, Berlioz in so hohem Grade, daß seine Werke sich der Bearbeitung für das Allerweltsarrangierinstrument, das Klavier, direkt widersetzen. In der Bearbeitung für dieses Instrument verliert seine Musik nicht nur Duft und Farbe, sondern auch zum großen Teile die Ausdrucksfähigkeit. Klavierauszüge sind für seine Werke noch mehr wie bei anderen Meistern Notbehelfe.

Die Schablone ist Berlioz unbekannt. Jedes Werk hat seine eigene orchestrale Physiognomie. Es gibt daher auch, wie ich eingangs andeutete, keine Berliozsche Instrumentation, sondern ebenso viele Instrumentationen als es Werke von ihm gibt, und jede ist ein Bild für sich. Er verwendet nur Instrumente, die er notwendig braucht, und weiß, jedem Instrument gerade das für das betreffende Werk, ja für die betreffende Stelle Charakteristische abzugewinnen, so daß der musikalische Satz stets nur in d i e s e r orchestralen Gewandung denkbar ist, und in keiner anderen zur richtigen Erscheinung gelangte. Mitunter läßt er ein sonst in jeder Partitur als unumgänglich erachtetes Instrument ganz weg, z. B. das Fagott, während er eine andere Gruppe, z. B. Trompeten oder Flöten ungewöhnlich stark besetzt. Sein Orchester ist einige Male riesengroß, dann wieder normal, oft sogar klein, stets aber g e r a d e so zusammengestellt und behandelt, wie es das Werk erfordert. Berlioz hat nicht instrumentiert, sondern für das Orchester gedichtet.

Wollen wir darin von ihm lernen — und das können wir — so dürfen wir uns nicht damit begnügen, überraschende Klangwirkungen auszuklügeln. Auch ein Nachahmen Berliozscher Eigentümlichkeiten hätte keinen Wert, da diese Eigentümlichkeiten nur in Übereinstimmung mit seinen musikalischen Gedanken Sinn und Zweck haben, und auch wiederum nur die Eigentümlichkeit der Gedanken das an der Instrumentation Bemerkenswerte bedingt. Den musikalischen Gedanken das einzig dafür passende instrumentale Gewand zu geben, das nun seinerseits die Gedanken in das richtige Licht stellt und so dem Orchestersatz Durchsichtigkeit und Plastik verleiht, dafür gibt Berlioz ein großartiges Beispiel. Gelingt uns dasselbe in Beziehung auf eigene Gedanken, so sind wir würdige Schüler des großen Franzosen. Sind die Gedanken selbst groß, so entstehen Meisterwerke, die Unsterblichkeit in sich tragen. »Gerade soviel Noten als notwendig sind«, war Mozarts goldene Antwort an Kaiser Josef. Mit aller Bescheidenheit und Selbstzucht dahin zu gelangen, reinen Herzens dieselbe Antwort geben zu können, erscheint mir als das höchste erreichbare Ziel des schaffenden Musikers, was die Übereinstimmung von Gedanken und Ausführung betrifft.

Hatte Berlioz wirklich große musikalische Gedanken? — Diese Frage wird merkwürdigerweise noch immer gestellt, und, was noch unerklärlicher ist, vielfach verneint. Mozart und Beethoven hat man Erfindungslosigkeit und Mangel an Melodie vorgeworfen, die man um so eifriger zeitgenössischen Modegrößen zusprach. Die Meister starben, aber ihre Werke lebten und sprachen mit stets wachsender Kraft zu den nachkommenden Geschlechtern, bis diese allmählich nicht umhin konnten, sie für »klassisch« zu erklären. Heute bezweifelt sogar der unmusikalischste Mensch nicht mehr, daß Mozart und Beethoven große Gedanken hatten, denn sie sind ja eben nun einmal Klassiker, an denen man stets dasjenige am meisten verehrt, was man ihnen zu ihren Lebzeiten am heftigsten abgesprochen hat. Wagners Melodik trägt ausgesprochen sinnliche, oft brünstige Züge. Das Empfinden dafür war so stark, daß man seiner Musik sogar vom moralischen Standpunkt aus beizukommen suchte. Man fühlte sich in seinen geheimsten Regungen durch diese glühenden Klänge berührt. Da man aber im heutigen sozialen Leben an die sinnlichen Probleme nur verschämt herantreten darf, so sträubte man sich anfangs teils in wirklicher, teils in geheuchelter Empörung gegen Wagners Musik, bis der rasselnde Gegeneifer in schmachtendes Bekennen umschlug, das beim Erscheinen des »Parsifal« vollends den Beigeschmack der augenverdrehenden Heiligkeit bekam. Für und Wider haben längst die Waffen gestreckt. Mit Behagen läßt man sich jetzt auf den rauschenden Wogen der »unendlichen Melodie« vom Venusberg bis zur Gralsburg tragen. Das jüngste Mädchen darf ohne Erröten die »Walküre« besuchen, und wer sich heute gegen Wagner das Urteil Beckmessers über Walther Stolzing »Von Melodei auch nicht eine Spur« herausnähme, wäre der Lächerlichkeit verfallen.

Den sinnlichen, den berauschenden Klangzauber Wagners wird man bei Berlioz vergeblich suchen. Die Schönheit seiner Musik in Melodie, Harmonie und Orchestrierung ist herb, keusch, und in den innigen wie in den graziösen, in den leidenschaftlichen wie in den grotesken Partien von reiner

Strenge. Die allgemeine Gunst hat sich der Muse Wagners zugewandt, dem jungen, blonden, üppigen, strahlenden Weibe. Der jungfräulichen älteren Schwester mit dem dunklen Haar, den tiefen Augen, den feinen schmalen Lippen und den Körperformen der Diana begegnet man mit Hochachtung, aber nur wenige kennen ihren reichen Geist und lieben ihr starkes, herrliches Gemüt. Daß Berlioz' Werke eine unabsehbare Fülle prachtvoller Melodien und ausdrucksvoller Themen enthalten, daß er wie wenige ein Meister des Satzes war, ist noch nicht Sache der allgemeinen Überzeugung geworden. Man krittelt an ihm herum, was man dem zehn Jahre jüngeren Wagner gegenüber bereits lange aufgegeben hat.

Worte werden gegen leichtsinnig gefaßte und gedankenlos genährte Vorurteile kaum wirken, wohl aber immer wiederholte gute Aufführungen seiner Werke, deren Erfolge beim Publikum ja stetig zunehmen. Als leuchtendes Vorbild leite uns seine Idealität, kraft der er, den Sinn stets auf das Hohe und Große gerichtet, lieber den Mißerfolg ertrug, als Wege wandelte, die ihm seines Herzens Stimme widerriet.

Noch in einem dritten, wichtigen Punkt soll uns aber Berlioz ein mahnender Lehrer sein. Er hat, wenn man von früheren, veralteten Versuchen absieht, die Veranlassung zu jener Abzweigung der Tonkunst gegeben, die man Programmusik nennt. Er wollte allerdings durch seine Musik schildern, aber er blieb sich derjenigen Momente, durch die sich seine Kunst von den Schwesterkünsten unterscheidet, doch in so hohem Maße bewußt, daß er die musikalische Form mitunter wohl freier gestaltete, aber der Schilderung zuliebe nicht gänzlich zerbrach, im Gegenteil eifrig darüber wachte, sich nicht ins Uferlose zu verlieren. Er war nie ein »Neuerer«, um als solcher zu gelten, er spekulierte nicht mit seinen Reformen auf das Sensationsbedürfnis der urteilslosen Menge, sondern ehrlich, einsam und wahr gab er dem, was sein Herz erfüllte, in Tönen Ausdruck. Ein weihevoller Ernst hielt ihn aber, mochte seine Phantasie auch ins Abenteuerliche schweifen, vor Ausschreitungen zurück, die nicht nur mit dem Wesen der Musik, sondern mit dem der Kunst überhaupt nichts mehr zu tun haben.

Ich habe meine Ansichten darüber, auch über die Fälle, wo er nach meinem Gefühle irrte, ausführlich in meiner Schrift »Die Symphonie nach Beethoven« niedergelegt, und verweise darauf, wer sich damit beschäftigen will. Heute aber, an seinem hundertsten Geburtstage, möge der Meister selbst das Wort ergreifen und uns in seiner klaren Weise seine Meinung sagen, beherzigenswert für diejenigen, die in kraftgenialischem Übermute ihr Schaffen im Sinne des »Alles ist erlaubt« gestalten zu dürfen glauben. In einem Briefe an die Fürstin Wittgenstein (siehe die deutsche Ausgabe dieser Briefe bei Breitkopf und Härtel, Seite 38—40) erzählt Berlioz von zwei, übrigens heute noch lebenden, und inzwischen von ihrem damaligen Geschmack und Wirken völlig abgekommenen Musikern, die sich bestrebt hatten, Unschönes, Widerwärtiges, ja Unharmonisches in der ausgesprochenen Absicht hinzuschreiben, um »Aufsehen zu erregen« und »das Ohr zu reizen«. Er fügt daran folgenden Herzenserguß: »Ach Gott, diese jungen Leute sind toll und verrannt! Hat man einen Begriff von solchen Grundsätzen? Aus der Disharmonie ein System zu machen! Auf solche Weise gäbe man ja den rückgratlosen Routiniers in der Kunst die gefährlichsten Waffen in die Hand, um die wahren Pioniere, die mit Mühe und Not Bahn gebrochen haben, niederzuschlagen und tot zu machen. Das ist entsetzlich, und ich muß gestehen, es macht mir schweren Kummer. Lieber möchte ich zu den ersten Klaviersonaten von Mozart und Pleyel zurückkehren, als zu solchen Abscheulichkeiten zu gelangen. — — Und dann kommen diese Leute noch und sagen: das hat Ihnen gewiß gefallen, nicht wahr? — Sehr schmeichelhaft, wirklich! Es gefällt mir gerade so gut, als Vitriol trinken und Arsenik essen!« — — So lehrt uns denn der »Vater der modernen Musik« in nicht mißzuverstehender Weise, daß Arsenik und Vitriol oder, wie Liszt in ähnlichen Fällen auch sagte, »Sägespäne mit Scheidewasser« mitunter ganz brauchbare Dinge sein mögen, daß es aber in der Kunst nicht auf ätzende Reizmittel und giftige Überraschungen ankommt, sondern auf vier Dinge, ohne die es Kunst überhaupt nicht gibt, nämlich auf Maß, Form, Wahrhaftigkeit und Schönheit.

Der »erfindungslose« Berlioz.

(11. Dez. 1903.)

Man las es, liest es und wird es wahrscheinlich wieder lesen, wenn die Konzertinstitute und vielleicht sogar einige Theater seinen hundertsten Geburtstag gefeiert haben werden, daß Berlioz wohl ein großer Kolorist, der Begründer der modernen Instrumentation, auch ein geistreicher Schriftsteller und alles mögliche sonst gewesen sei, nur leider kein musikalischer »Erfinder«, also kurz gesagt, daß ihm nichts eingefallen sei.

Ein Ästhetiker hatte vor langen Jahren einmal herausgefunden, daß Berlioz zuerst die Instrumentaleffekte ausgeklügelt und sodann auf irgend eine, wohl nur besagtem Ästhetiker begreifliche Weise die Musik »dazu«, »darunter«, »darüber« oder »darum herum« gefügt hätte. Dieses Urteil wurde überall nachgeplappert; war man doch froh, endlich einmal etwas über ihn sagen zu können, was nach tiefer Weisheit schmeckte, und womit man eine Erscheinung, die man nicht begriff, mit Gemütsruhe »abtun« konnte.

Als Studiosus der Musik schwatzte ich auch einige Zeit in diesem Sinne, solange ich Berlioz nur aus den Partiturbeispielen seiner Instrumentationslehre kannte, wo allerdings eine Reihe hübscher orchestraler Kunstgriffe verzeichnet steht. Bald jedoch hielt ich es für besser, mir lieber einmal seine Kompositionen selbst anzuschauen, als fremder Leute Rede im Munde zu führen. Die erste seiner Partituren, die ich erlangen konnte, war die Ouvertüre zum »Benvenuto Cellini«. Mit gebührendem Vorurteil schlug ich sie auf. Frisch und fröhlich leuchtete mir der Anfang in G-dur entgegen. Nun, dachte ich, das ist doch wenigstens ein Thema! Auf der dritten Seite stieß ich auf eine Fermate mit nachfolgendem Takt- und Tempowechsel. Aha, sagte ich mir, jetzt ist's vorbei mit der Erfindung, jetzt beginnt die Instrumentalklügelei! Die ersten Pizzicati der Bässe leuchteten mir auch nicht recht ein, ich wußte nicht, was daraus werden solle; auch sechs Takte, die einen Melodieansatz in den Holzbläsern zu enthalten schienen, überzeugten mich nicht. Es ist also doch so, wie man allgemein sagt, dachte ich, Erfindung ist seine schwache Seite!

Aber was ist das? Ich traue meinen Augen kaum. Da beginnt unmittelbar nach diesen sechs Takten, von allen Streichern gespielt, eine wundervolle, breite Melodie, steigert sich und endet in gesangvollster Phrasierung. Ich lese es immer wieder, dieses herrliche Thema von vollen 23 Takten. Beim Weiterlesen sehe ich auch, daß die Pizzicati der Bässe, die mir zuerst nicht verständlich waren, nur die Vorbereitung zu einem neuen Thema sind, das jetzt von Klarinetten und Fagotten in tiefer Lage gespielt wird: eine geschlossene Melodie von zwölf Takten, die man prächtig zu Variationen benützen könnte. Der »Melodieansatz« in den Holzbläsern war nur eine Überleitung, die jetzt wieder auftritt und zum eigentlichen Hauptstück der Ouvertüre, zum »Allegro deciso con impeto« führt.

Wahrhaftig, ich war ja erst bei der Einleitung, und schon gab es drei große und ausdrucksvolle Themen, darunter eine Melodie von geradezu klassischer Schönheit. Gar so erfindungslos kann der Mann denn doch nicht gewesen sein, sprach im stillen bereits meine Beschämung, daß ich so töricht mitgeschwatzt hatte, statt mir seine Werke früher anzusehen.

In Allegro treffe ich zunächst, nur mit veränderter Begleitung, das Thema, mit dem die Ouvertüre begonnen hatte. Ihm gesellt sich sehr bald ein ganz neues figuriertes Motiv, das wieder eine geschlossene Phrase von 21 Takten bildet. Das ist aber noch nicht das eigentliche Seitenthema. Dieses folgt erst kurz nachher ganz regelrecht in D-dur: wieder eine überaus reizvolle, zierlich gesponnene Melodie!

Jetzt aber begann ich zu lachen, halb aus Freude über den gefundenen Schatz, halb aus Wut über die Kurzsichtigkeit des menschlichen Urteilens. Schon das fünfte große Thema, jedes plastisch, eine Physiognomie für sich, wundervoll verarbeitet, variiert, gesteigert, zum Höhepunkt geführt und wirkungsvoll abgeschlossen! — Und so sehen die »erfindungslosen« Komponisten in den Augen vieler Rezensenten und des Publikums aus!

Mit Entzücken hatte ich die Partitur zu Ende gelesen. Seit jenem Tage aber gab es für mich einen Großen mehr in der Republik der Tondichter. Meinen Zeitgenossen rufe ich aber heute zum hundertsten Geburtstage dieses Großen zu: »Seht euch einmal diese kleine ‚Cellini'-Ouvertüre genau an. Das ist keine symphonische Überdichtung mit himmelstürmendem Titel. Dazu braucht ihr keinen Leitfaden, der euch Themenbröckchen und Melodierudimente mit mehr Worten, als Noten dastehen, erklären muß. Das ist eine einfache, schlichte Opernouvertüre, wie sie die alten Meister schrieben. Zehn Minuten dauert sie, aber wie reich ist das Material, aus dem sie gebaut ist, wie vollendet ihre Form und wie neu ihr Inhalt. Seht euch dann auch die übrigen Werke von Berlioz ebenso genau an, und ihr werdet bei den allermeisten dieselbe Erfahrung machen wie bei der ‚Cellini'-Ouvertüre. Vor allem aber beherzigt eines: Lernt erst kennen, bevor ihr urteilt!«

Originalität.

Mehr wohl als in früheren Zeiten wird heute an jedes neu entstandene Kunstwerk der kritische Maßstab der Originalität angelegt. Spricht man einerseits viel vom »Rechte der Individualität«, so wird andererseits die Pflicht der Individualität, das ist die Pflicht, originell zu sein, dem schaffenden Künstler besonders angelentlich ans Herz gelegt. Inwiefern in einzelnen Fällen gerecht oder ungerecht beurteilt worden ist und wird, möge hier nicht untersucht, wohl aber versucht werden, den

Begriff »Originalität«, soweit dies möglich ist, genau abzugrenzen. Sehen wir zunächst das Wort selbst an. Es stammt vom lateinischen *origo*, »Ursprung«, besagt also, daß es mit unserem eigenen Ursprung und mit dem der uns umgebenden Wesen und Dinge zu tun hat, ins Künstlerische übertragen also, daß der Künstler aus jener tiefen Quelle schöpfen muß, wo er selbst mit den Wurzeln alles Seins und Werdens zusammenhängt. Ist damit gesagt, daß jedes Nachbilden fremder Kunstwerke schon Unoriginalität bedeute? Ich glaube, nein, denn wir sehen bei den größten Meistern jeder Kunst, daß sie sich an anderen Meisterwerken ihr Beispiel genommen und diese nicht nur studiert, sondern mitunter auch kopiert haben. Es kommt nur darauf an, wann, was und wie sie kopierten. Sehr schön und richtig sagt Wagner, daß in der Jugend das Vorbild, im reiferen Alter jedoch das Leben selbst zum Schaffen anrege. Wie der junge Vogel, wenn sich der Trieb zum Fliegen in seiner Brust regt, die Flügelbewegungen der Alten nachahmt und er denselben Weg einschlägt wie diese, so wird auch der junge Künstler, sein leuchtendes Ideal vor Augen, diesem nachstreben und sein Empfindungsleben in der Art und Weise auszudrücken versuchen, wie es der Meister getan hat, der ihn vor allem begeistert. Je unverhohlener nun, je ehrlicher er dies tut, je fester er auf den Schultern seines Vorbildes steht, desto mehr scheint er mir die Anwartschaft zu besitzen, seine Leistungsfähigkeit später zu tatsächlicher Selbständigkeit zu steigern. Wer jedoch Kompromisse macht, dahin und dorthin lugt, was er wohl für die äußerliche Wirksamkeit seines Werkes ergattern könnte, wer nicht Farbe bekennt, mit allen möglichen Manieren liebäugelt, um sich das Ansehen zu geben, keines Vorbildes zu bedürfen, wer somit originell scheinen will, der hat keine Hoffnung, es jemals zu sein. Zunächst geht ihm die Naivetät ab, die zum künstlerischen Schaffen unerläßlich ist, und die sich eben in jenem unverhohlenen Nachbilden äußert, dann aber wird sein Werk auch niemals ein Ganzes werden können, sondern stets ein Stückwerk bleiben; damit verliert es jedoch bereits den Anspruch, als Kunstwerk betrachtet zu werden.

Von großer Bedeutung ist es ferner, welchem Vorbilde der junge Künstler nachstrebt. Ich erinnere mich, daß in meiner Leipziger Studienzeit einer meiner Lehrer über einen komponierenden Kollegen folgenden drastischen Auspruch fällte: »Mendelssohn hat die Klassiker verwässert, Reinecke ist ein verwässerter Mendelssohn, und dieser Kerl da verwässert gar noch den Reinecke.« Schwächliche Vorbilder deuten auf Schwäche des Nachstrebenden. Greift aber einer recht mutig zu, versucht er, sich mit dem Größten zu messen, so beweist er Kühnheit und Kraftbewußtsein und kann es zu was bringen. Spricht es vielleicht gegen Brahms, daß er sich gleich mit der ersten Sonate an die Hammerklaviersonate von Beethoven anlehnt? — Wie tut er es? — Und mit dieser Frage berühre ich das einschneidendste und wichtigste bei der Nachbildung in Betracht kommende Moment. Mag der junge Künstler noch so tief in seinem Vorbilde befangen sein, aus der Art, wie er das Ganze angepackt hat, ist doch schon zu ersehen, ob er etwas zu sagen hat oder nicht. Wagners »Feen« sind eine Kopie der um jene Zeit beliebten romantischen Opern und in ihrem Werte höchstens einem schwachen Werke Marschners gleichzustellen; die Klarheit der Themen und Dispositionen aber und die erstaunlich geschickt geschriebene Partitur verraten, daß bereits der Jüngling Wagner Herr seiner künstlerischen Absichten war. Was das Instrumentale betrifft, verbessert er sogar eine Schwäche Marschners. Auch sein »Rienzi« weist, trotz seiner Brutalität und der unverkennbaren Anlehnung an die französische Spektakeloper, einen Zug von echtem Heroismus auf, der jenen Theaterschaustücken fehlt, mögen sie auch heroische Stoffe behandeln. Inwiefern fast alle großen Meister in ihrer Jugend auf Vorbildern fußten, ist so bekannt, daß ich keine weiteren Beispiele anzuführen brauche. Hier ist nur bemerkenswert, daß sie ihre Unselbständigkeit keineswegs schlau oder schamhaft zu verstecken suchten, weil sie eben ganz naiv das gaben, was sie ihrer Natur und ihrem Alter gemäß geben konnten, ferner, daß sie stets dem Idealen zustrebten, ja sogar dort idealisierten, wo das Vorbild etwa Mängel aufwies, und endlich, daß bereits ihr jugendliches Schaffen eine geschlossene Einheitlichkeit aufweist, die auch für die Werke der frühesten Periode den zielbewußten Drang und nicht äußerliche Willkür als Ursprung nachweist.

Erscheint es ziemlich einfach, die Merkmale desjenigen Schaffens herauszufinden, das ein späteres wirklich originelles Produzieren erhoffen läßt, so gestaltet sich die Aufgabe schwieriger gegenüber diesem Produzieren selbst, das eintritt, wenn der Künstler herangereift und in die Periode getreten ist, wo er seinen eigenen Weg wandelt. Was er erlebt und in sich verarbeitet, ist jetzt der Boden, der seiner Persönlichkeit den Charakter, seinen Werken das Dasein verleiht; in jedem derselben enthüllt er eine neue Seite seines reichen Wesens. Er kopiert weder die Schöpfungen anderer noch seine eigenen. Darum gleicht auch keines seiner Werke mehr dem anderen, und jedes muß als Individuum für sich betrachtet werden. Dennoch finden wir mitunter Züge, die uns bekannt anmuten, ja Reminiszenzen in des Wortes eigentlichster Bedeutung, die den oberflächlichen Beurteiler zum Vorwurf des Plagiats verleiten können. Dann stoßen wir wieder auf Partien, die gegen jedes ästhetische Gesetz zu verstoßen scheinen, so daß die gern behaglich Genießenden erschreckt auffahren und Anathema rufen gegen den Umstürzler, der ihre faule Bequemlichkeit zu stören wagte. Erst ein längeres Vertrautsein mit solchen Werken löst den oft seltsamen Eindruck, den sie zuerst hervorrufen, und enthüllt ihre reine Größe; die scheinbar gesetzlos geschaffenen werden nun selbst zur Gesetzestafel für Späterkommende.

Wie soll es aber möglich sein, Merkmale dieses wirklich originellen Schaffens herauszufinden? Sollte man doch glauben, es liege lediglich in der Macht des genialen Schöpfers, Althergebrachtes umzustoßen und durch seine schöpferische Tat einzig und allein seinen persönlichen Willen als Gesetz zu dekretieren, als Gesetz freilich, das von einem mit ebenbürtig starkem Willen begabten Nachfolger ebenfalls wieder beliebig umgestoßen werden könnte, so daß man gleichsam durch eine mathematische Formel das Willkürliche dem Originellen gleich setzen könnte. Dem wäre auch so, wenn der originelle Schöpfer nicht tiefer begründete Gesetze befolgte, als solche aus diesem oder jenem Werk oder aus gelegentlichen Aussprüchen der Meister herauszulesen sind.

Wir alle sind Kinder jenes ungeheuren Komplexes von Kräften, den man »Natur« nennt. Wie dorther die Gesetze abgeleitet werden, nach denen sich das Phänomen unseres Lebens vollzieht, so werden auch dort die Regeln gesucht werden müssen, nach denen Kunstwerke entstehen, denn diese sind schließlich nichts anderes als ein konzentriertes Bild jenes so überaus mannigfaltigen Lebens. Nun sehen wir, daß allerdings in der Natur ein solcher Überreichtum an individuellen Formen herrscht, daß kein einziges Wesen dem anderen völlig gleicht, daß aber dennoch ungeheure Gruppen von Individuen gemeinsame Kennzeichen aufweisen, die es möglich machen, eine Einteilung nach Arten und Unterarten vorzunehmen und schließlich die ganze Erscheinungswelt auf wenige Urformen zurückzuführen. Wir kennen daher das Walten der Natur auch insofern ganz genau, daß wir absolut Unmögliches aus dem Bereiche der Möglichkeit ausschließen können. Wir wissen, daß die Sonne nicht grasgrün scheinen und der Baum keine himmelblauen Blätter treiben wird. Wir wissen, daß ein frei in der Luft losgelassener Stein fallen muß, bis er eine Unterlage findet. Wir wissen, daß der Mensch mit zwei Armen, zwei Beinen und einem Kopf zur Welt kommen muß, wenn nicht krankhafte Vorgänge eine Störung verursachen. Nehmen wir nun den Fall, ein Maler wollte tatsächlich beweisen, daß es kein Gesetz gibt als seinen Willen, und malte einen blutroten See mit grasgrünem Himmel, blauen Bäumen und orangefarbigen Bergen. Ist er originell? — Gewiß nicht, sondern entweder farbenblind oder frivol, und dieses deshalb, weil er sich von der Natur, dem Ursprunge der ihn umgebenden Dinge und seiner selbst entfernt, seinen Willen somit gegen sein eigenes Selbst gewendet hat. Etwas »Neues« hat er allerdings gebracht, aber sein Werk müßte ebenso als Mißgeburt bezeichnet werden, wie wenn durch einen unglücklichen Vorfall im Mutterleib ein Kind mit zwei Köpfen zur Welt kommt oder ein Bildhauer dergleichen darstellen wollte. W i l l k ü r l i c h k e i t ist das Gegenteil von Originalität und keineswegs mit ihr gleichzusetzen, wie es leider oft geschieht.

In der Musik, der uns hier am meisten interessierenden Kunst, wird es nicht so leicht sein, diese Gegenteile zu trennen, weil das für die bildenden Künste maßgebende, unmittelbare Vorbild der anschaulichen Welt fehlt. Hier muß zunächst ein Maßstab in der absoluten Notwendigkeit gefunden werden, die das Werk geradeso, wie es ist, und nicht anders entstehen ließ. Man versuche, in einer Meisterschöpfung eine Note zu ändern, einen Takt wegzulassen. Aus einer herrlichen Phrase wird eine Trivialität, aus einem ausdrucksvollen Gebilde ein unverständliches Geräusch werden, während bei einer Durchschnittskomposition kaum eine fühlbare Veränderung bei gleichem Verfahren eintritt.

Ferner wird es ein Kennzeichen von Originalität sein, wenn sich der Künstler als sicher in der Wahl seiner Mittel erweist. Stellt Wagner Götter und Riesen auf die Bühne, so macht er großen Aufwand im Orchester, während er für die schlichten Bürger der »Meistersinger« kaum mehr Instrumente verwendet, als Mozart und Weber sie brauchten. Berlioz schreibt die meisten seiner Werke für einfaches Orchester. Nur einmal, als er das jüngste Gericht schildern will, zieht er ungeheure Tonmassen herbei. Melodie, Harmonie und Polyphonie stets dem Ausdruck entsprechend, aber immer in deutlicher Einfachheit, das Einzelne zum Ganzen, das Ganze zum Einzelnen passend zu gestalten, das sind Merkmale des originellen, des meisterlichen Schaffens. Das ist der große Stil, der ein Werk nicht als gemacht, sondern wie von Ewigkeit her in seiner zwingenden Notwendigkeit bestehend erscheinen läßt, jener Stil, jene Vollendung, die niemals derjenige erreicht, der berechnend schafft, und über dem Bestreben Neues zu bringen, das Band zerreißt, daß ihn mit der Natur zusammenhält.

Was will es dann bedeuten, wenn sich in einem solchen Wunderbau ein zufälliger Anklang, ja vielleicht sogar eine bewußte Anlehnung an Bekanntes findet? Beweist es im letzten Falle nicht vielmehr die Weisheit und Wahrhaftigkeit des Schöpfers, wenn er, nachdem er erkannt hat, daß für dasjenige, was er hier zu sagen hat, eben nur die von einem anderen gefundene Fortschreitung oder Farbe paßt, diese unbesorgt anwendet, statt etwas eigenes Unpassendes und dadurch Unnatürliches an die Stelle zu setzen? Man lese in Eckermanns Gesprächen nach, wie sich Goethe über die sinnvolle Benutzung fremder Werte ausspricht, wie er zugesteht, selbst Fremdes benutzt zu haben, und wie er z. B. Walter Scott nicht dafür, sondern für die ungeschickte Verteidigung auf einen diesbezüglichen Angriff tadelt, und schließlich sagt, daß er nicht fertig würde, diejenigen aufzuzählen, von denen er gelernt habe. Ist vielleicht Beethoven deshalb ein unorigineller Komponist, weil er z. B. in seinem C-dur-Rondeau (op. 51) den Anfang der Arie Octavios »Tränen, vom Freunde getrocknet«, sozusagen abschreibt? — Nein, ihr Herren Reminiszenzenjäger und Nörgler, es anders zu machen, ist keine Kunst; das kann jeder Pfuscher. Wahres und vor allem Schönes zu schaffen, darauf kommt es an!

Schönheit ist mit der Natur eng verwachsen. Unter den bizarren Mannigfaltigkeiten der Erscheinungen, in den frohen und schrecklichen Ereignissen des Lebens tritt sie hervor in Farben, Formen und Tönen, in der Spiegelung, im Ausdruck, in der Sprache — überall Siegerin, wo sie erscheint. Auch in der Kunst hat sie ihren königlichen Sitz. Nicht immer wird der Künstler in reiner Schönheit schwelgen dürfen. Die unerbittliche Wahrheit verlangt auch andere Akzente, andere Schilderungen von ihm. Aber jubeln und jauchzen wird er, wenn sie sich ihm naht und er ihr Ausdruck verleihen darf. Sie wird das vornehmste Merkmal des originellen Schaffens sein, denn Schönheit kann nie erborgt oder gefälscht sein. Dem trüben Blick des Unechten verschleiert sie ihr Antlitz, und nur dem Edlen zeigt sie sich. Sie zu begreifen, sie zu empfinden, ihr leuchtendes Leben zu verleihen, vor allem in unseren Tagen, wo sich Schlamm und Schmutz im Tempel der Kunst einnisten, wird des Künstlers höchste Aufgabe sein. Laut möchte ich in die Welt hinausrufen: »Begegnet euch die Schönheit, so werft alles von euch, kniet nieder, dankt, daß ihr sie schauen dürft, und huldigt ihr, denn sie ist erhaben, göttlich und ewig!«

Hängen Vollendung und Schönheit mit der gesamten Natur eng zusammen, so ist ein weiteres Merkmal originellen Schaffens, das ich anführen möchte, speziell im menschlichen Wesen begründet. Ich meine den Humor. Das Tier hat keinen Humor, sowie es das Lachen nicht kennt. Erst das menschliche Antlitz wird von jenem sonnigen Lächeln verklärt, das wie ein holder Lichtstrahl in die Alltäglichkeit und in die Tragik unseres Lebens fällt, und das auch im Moment größter Andacht und Begeisterung eintreten kann, ohne diese zu stören. Der Humor ist stets eine Eigenschaft großer Menschen gewesen; ihn zu äußern ist ein Bedürfnis der großen Künstler. Wie oft führt Shakespeare unmittelbar vor der Katastrophe eine komische Figur ein. Aischylos verstattet dicht vor Orestes' furchtbarem Muttermord der drolligen Schwätzerin Kilissa einen ziemlich weiten Spielraum, und bei Beethoven wechselt oft fast regelmäßig ein humorvolles Stück mit einem ernsten ab. Warum ließen die so herrlich klar schauenden Griechen der Tragödie das Satyrspiel folgen? Weil sie durch und durch künstlerische Menschen waren und empfanden, daß der Humor als

Gegengewicht zur Tragik notwendig sei. Ich will hier nicht einmal jenes höchsten, freiesten Humors gedenken, der sich zum Beispiel in der achten Symphonie Beethovens und Verdis »Falstaff« ausspricht und tatsächlich »jenseits von Gut und Böse« über alles hinweglacht, sondern jener harmlosen Heiterkeit, jener kindlichen Fröhlichkeit, die der ernsteste Mensch als Gottesgeschenk empfinden muß, wenn er nicht verknöchert ist. Auch einmal nichts Tiefes sagen, sich leicht und vornehm unterhalten, sich von der liebenswürdigen Seite geben, das muß der große Künstler können. Auf wie vielen Heiligenbildern der alten Italiener und Spanier erscheint ein pausbäckiger Engel, ein drolliges Hündchen, oder sonst eine Figur in drastischer Stellung, die, allein betrachet, uns in die heiterste Stimmung versetzt. Man sieht, wie sich der Maler mit seiner Aufgabe unterhielt, wie er mit ihr spielte. Dieses anmutige Spiel, dieses lachende Tändeln mit den Erscheinungen des Lebens verlangt nicht minder größte geistige Freiheit und Elastizität, und auch nicht weniger sittlichen Ernst als die Tragik. Der Pseudokünstler kann es nie. Er ist immer pathetisch und bombastisch, legt sein Angesicht in Falten, als ob er die ganze Welt umschaffen müßte, lugt aber dabei doch zur Seite, welchen Eindruck er mit seinen Fratzen hervorbringt. Will er nun gar humoristisch sein, so wird er verzerrt, lächerlich, oft auch langweilig, und bringt bestenfalls einen Witz zustande.

Das letzte Merkmal endlich, das mir originelles Schaffen zu kennzeichnen scheint, ist sekundärer Natur und gehört nicht zum eigentlichen Wesen der Sache, nämlich, daß der große Künstler unter seinen Zeitgenossen stets mehr oder minder ein Fremdling ist. Dem »Fortschrittler« werden seine Werke zu »konservativ«, oder dem Konservativen zu fortschrittlich sein, je nachdem gerade die Zeitströmung ist. Er wird sich daher zu keiner Zeit etwas besonderes darauf zugute tun, »modern« zu heißen, weil dem mit Recht als modern Bezeichneten schon in diesem Worte selbst das Urteil gesprochen ist. Das Moderne entspricht dem gerade herrschenden Geschmack, besitzt nur dadurch Wert, und, sobald sich dieser Geschmack ändert, büßt es seinen Wert ein, ist nicht mehr modern, existiert also eigentlich überhaupt nicht mehr, während das mit dem sogenannten Zeitgeist in Widerspruch Stehende diesen überdauert. Damit hängt die langsam fortschreitende Anerkennung des Originellen gegenüber dem rasch zu Ruf und Ansehen gelangten Modernen und der späte Eintritt der ausgleichenden Gerechtigkeit zusammen.

Zum Schluß will ich auf ein Beispiel originellen Schaffens aus unseren Tagen hinweisen. Ich kann es mit gleicher Deutlichkeit nicht der zeitgenössischen Musik entnehmen, sondern muß zur Dichtkunst greifen. Man lese das epische Gedicht »Olympischer Frühling« von Karl Spitteler, einem Schweizer Dichter, dessen Name auf dem Markte der Weltliteratur noch nicht annähernd seinem Werte entsprechend geschätzt wird. Wer die wunderbare Kraft und Schönheit dieser Dichtung in sich aufzunehmen fähig ist, wird wissen, was Originalität ist.

Über musikalische Form.

Nicht nur Gesetz und Recht, sondern auch Anschauungen und Urteile erben sich wie eine ewige Krankheit fort; wir aber merken entweder nicht, daß wir unter ihrer Belastung leiden, oder bemühen uns nur selten, darüber nachzudenken, ob sie, wenn sie überhaupt jemals Berechtigung besaßen, nicht schon längst veraltet sind. Eines jener scheinbar feststehenden Urteile, das auf unsere musikalische Ästhetik einen schwerwiegenden Einfluß geübt hat, lautet: »Beethoven hat in seiner Neunten Symphonie die Form zerbrochen.« Seine Zeitgenossen sprachen es, und zwar nicht nur in Beziehung auf die Neunte Symphonie als Tadel aus; doch nicht in diesem Sinne sollte es auf die Nachwelt kommen. Kein Geringerer als Richard Wagner verlieh ihm die heute gültige Prägung, indem er gerade aus diesem vermeintlichen Zerbrechen, das er als eine der bedeutungsvollsten Geistestaten Beethovens pries, die Morgenröte einer neuen Kunst verkündigte. Als der größte Tondichter — so ist der kurzgefaßte Sinn von Wagners diesbezüglichen Abhandlungen — seine künstlerischen Absichten in der Symphonie nur mehr durch Hinzuziehung des gesungenen Wortes verwirklichen konnte, hat er das Todesurteil über eine Form gesprochen, in der es ferner nichts mehr zu sagen gab. Gleichzeitig aber bereitete er damit die von allen bisherigen Irrwegen erlösende Verschmelzung von Dichtkunst und Musik vor, die im Wort-Ton-Drama ihren vollendetsten Ausdruck finden sollte; Beethovens Neunte sei somit zugleich die überhaupt letzte Symphonie.

Für Richard Wagner war das Aufgehen aller Künste im Gesamtkunstwerk das Alpha und Omega der Kunst überhaupt. Es genügte ihm nicht, nur schöpferisch tätig zu sein, sondern er war auch bestrebt, seine mächtigen, durch monumentale Werke betätigten Impulse teils theoretisch zu fundamentieren, teils durch Darlegung ihrer legitimen Herkunft aus der bisherigen Kunstentwicklung zu adeln. Hatte er in einer phantasievollen Jugendschrift Beethoven als Verkündiger derjenigen Wahrheiten über die Oper erschaut, die er später selbst aussprechen sollte, so glaubte er in reiferen Lebensjahren, die Punkte aufgefunden zu haben, an denen die beiden für das Wort-Ton-Drama wichtigsten Einzelkünste ihre Selbständigkeit bereits verloren hatten, also zu fruchtbarer Vereinigung miteinander reif waren. Wie er Beethoven gerade in seiner machtvollsten Schöpfung als direkten Vorläufer des von ihm selbst angebahnten Gesamtkunstwerkes erklärte, so konstruierte er andererseits aus der wichtigen Aufgabe, die Goethe in zahlreichen Anmerkungen des »Faust«, namentlich des zweiten Teiles, der Musik ersichtlich zuweist, die höchst erreichbare Grenze der Dichtkunst, wo das Wort nichts anderes mehr leisten könne, als sich in die gesteigerte Sprache des Tones aufzulösen. Wagner stellt sich also gewissermaßen mit einem Fuß auf Beethoven, mit dem anderen auf Goethe. Er täuscht sich aber hierin insofern über sich selbst, als sein Kunstschaffen viel mehr auf Weber und den Romantikern, als auf Beethoven und Goethe fußt. Auch darf bei Beurteilung dieser Selbstabstammungslehre Wagners nicht übersehen werden, daß großen Individualitäten, deren Lebensaufgabe sich stark in einer Richtung bewegt, eine gewisse Art von Egoismus eigen ist, der ihnen eine richtige Würdigung dessen, was zu dieser Lebensaufgabe in keiner direkten Beziehung steht, verwehrt. Und Wagner besaß diesen Egoismus in hohem Grade. Er hat es sich auch nicht versagt, seine Thesen von der schwindenden Existenzberechtigung der Einzelkünste kräftigst dadurch zu stützen, daß er ignorierte oder bekämpfte, was ihnen entgegenstand. Schubert erwähnt er in seinen Schriften mit keinem Wort; die Urteile über Mendelssohn und Schumann sind zum mindesten einseitig. Ganz unverhohlen feindlich aber stellt er sich gegen die beiden eigenartigen

Meister Berlioz und Brahms. Diesen greift er mit Ironie und mitunter sogar mit Grobheit, jenen mit feinerer, aber stets scharf ätzender Dialektik an; und doch sind es gerade Berlioz und Brahms, die jeder in seiner, von der des anderen grundverschiedenen Weise bewiesen haben, daß eine Weiterentwicklung der Symphonie nach Beethoven sehr wohl möglich ist. Hand in Hand damit geht seine im allgemeinen durchaus ablehnende Stellung gegen die Dichter, die auf Goethe folgten, insbesondere gegen die Dramatiker. Fanatische Wagnerianer haben mit kleiner Urteilskraft aber großer Begeisterung die Aussprüche ihres Meisters in Bausch und Bogen genommen und die Einzelkünste, insofern sie sich nicht im Gesamtkunstwerk vereinigen, und somit auch alle Musik, die seit Beethoven, fernab der Wagnerischen Richtung entstanden war, für tot erklärt. Solche Albernheiten sind heute überwunden. Ebenso dürfte man der Meinung, daß die große Wiener Epoche der Musik, sowie der glanzvolle Aufschwung der deutschen Dichtkunst, der sich an Weimar knüpft, nichts weiter als Vorstufen des Nibelungenringes gewesen seien, wenn überhaupt, so doch wohl nur mehr in extremen Bayreuther Kreisen begegnen. Immerhin hat die große und begreifliche Popularität von Wagners Werken bewirkt, daß auch seine Theorien eine beinahe kritiklose Geltung erlangt haben. Auch die kühne Hypothese von der »letzten Symphonie« und die daraus gezogenen Folgerungen haben so tief auf das moderne Kunstbewußtsein und insbesondere auf das musikalische Formempfinden eingewirkt, daß es kein nutzloses Bemühen sein wird, sie einer eingehenden Betrachtung zu unterziehen. Gehen wir auf den Kernpunkt! — Hat Beethoven in der Neunten Symphonie wirklich die Form zerbrochen? — Es erscheint verwunderlich, daß er, sollte er es tatsächlich beabsichtigt haben, dies nicht schon im ersten, für den formalen Charakter wichtigsten Satz getan hat. Hier aber gibt er ein Gebilde von so eisern symphonischem Bau, daß ihm wenig andere an die Seite gestellt werden können. Er läßt sodann ein Scherzo mit einem Trio und den üblichen Wiederholungen, und diesem ein Adagio im Variationenstil folgen. Bedeutet es nun ein Zerbrechen der Form, daß er im Finale die Singstimmen hinzugezogen hat?

Vor, während und nach Beethovens Zeit hat man dem Orchester allmählich mehr und immer mehr Instrumente hinzugefügt, ohne daß die formale Frage dadurch direkt berührt worden wäre. Sollte die Hinzuziehung von Singstimmen etwas wesentlich anderes sein? Namentlich in diesem Falle, wo eine instrumentale Behandlung des vokalen Teiles unverkennbar ist? Handelt es sich hier nicht auch nur um ein neues Ausdrucksmittel, das Beethoven in der Neunten Symphonie in ähnlicher, nur viel gewaltigerer Weise verwendet hat, als in seiner viele Jahre vorher entstandenen Chorphantasie? Es versteht sich von selbst, daß er von den sonst für Finales meistens üblichen Formen der Sonate oder des Rondo abgehen mußte, als er ein Gesangstück an die Stelle des Instrumentalsatzes stellte; ändern sich doch die musikalischen Gesetze, das Wort Gesetz in weitestem Sinne genommen, in gar vielen Beziehungen, wenn der Gesang hinzutritt. Ich möchte sogar nicht anstehen, die Meinung auszusprechen, ohne sie hier weiter begründen zu können, daß Instrumentalmusik und Vokalmusik zwei gründlich verschiedene Künste sind. Betrachten wir aber die Struktur des Finale der Neunten Symphonie genauer, so sehen wir, daß es eine den Worten Schillers entsprechende freie Variation über zwei Hauptthemen ist, denen eine instrumentale Einleitung vorangeht. Aber gerade diese Einleitung, so höre ich einwenden, deutet doch auf einen kolossalen Bruch mit allem Vorangehenden: dieser leidenschaftliche Aufschrei im Orchester! die Rezitative der Bässe! — Gewiß, dies alles betrifft aber doch nur den Inhalt, den Charakter, den Aufbau dieses einen Satzes, nicht aber die Form als solche. Weder Rezitative für Instrumente, noch leidenschaftliche Vorspiele dazu sind etwas wesentlich Neues. Neu ist nur die Art, wie Beethoven diese bereits vorhandenen Elemente hier verwendet hat; neu in dieser Beziehung ist aber so ziemlich alles, was er in der letzten Periode geschaffen hat. Sollte nun gerade aus dieser einen Neuerung gefolgert werden dürfen, daß die symphonische Form nach ihr keine Berechtigung mehr habe?

Abweichungen von der Regel sind auch bei Beethovens Vorgängern nicht gerade selten. Verschiedenartige Anordnungen der Sätze z. B. finden wir bereits bei Haydn. In der sogenannten »Militare« tritt an Stelle des Adagio ein bewegter Marsch. In früheren Symphonien beginnt Haydn mitunter mit dem Adagio, hört auch wohl damit auf. Er setzt Variationen, die gewöhnlich einen Mittelsatz bilden, an den Schluß. Ein Satz der »Le Midi« betitelten Symphonie trägt rezitativischen Charakter. In allen erwähnten Anormalitäten ist ihm Beethoven in verschiedenen Werken gefolgt. Zweimal gestaltet Haydn das Finale zu einer Fuge, merkwürdigerweise beidemal über dasselbe Thema, das später Mozart, wissentlich oder unwissentlich, aber jedenfalls mit viel größerer Kunst wie Haydn, zum unsterblichen letzten Satz seiner Jupiter-Symphonie verwendet hat. Beethoven hat auch die Fugenform für das Finale wiederholt angenommen. Aber gerade hier können wir deutlich erkennen, daß sein Vorgehen, auch wo er vom Gewohnten abging, nie einen prinzipiellen Charakter trägt. Das große B-dur-Quartett hatte er ursprünglich mit einer Fuge geschlossen, jenem merkwürdigen Stück, das uns als Op. 133 erhalten ist. Sie schien ihm aber für dieses Werk nicht passend, und er entfernte sie, um ein Finale zu schreiben, das bei aller köstlichen Originalität doch vollständig in der üblichen Form gehalten ist. Und dieses Stück ist das letzte, das er geschrieben hat; seine Abfassung fällt vier Jahre nach Beendigung der Neunten Symphonie. Nach Wagners Theorie müßte dies einen Rückfall, einen Atavismus bedeuten, in ähnlichem Sinne, wie sich an manchen Lebewesen Organe zeigen, die in früheren Entwicklungsstufen Bedeutung besaßen, nunmehr aber überflüssig geworden sind. Solche Rückfälle gäbe es aber bei Beethoven ziemlich viele, denn nicht nur das erwähnte Finale, sondern die allermeisten der nach seiner Neunten Symphonie geschriebenen Instrumentalsätze weisen das übliche formale Bild auf, sogar diejenigen im allerfreiesten seiner letzten Werke, dem Cis-moll-Quartett. Wäre dies möglich, und wäre es ferner möglich, daß er eine zehnte Symphonie geplant und zu skizzieren begonnen hätte, wenn ihn auch nur im entferntesten die Ahnung hätte beschleichen können, daß jene Form, in der er die höchsten Kunstwerke geschaffen hatte, gerade infolge dieses Schaffens überlebt sei, daß sie also etwa der Schale einer Frucht vergleichbar sei, die durch das Überquellen des Inhaltes gesprengt ist? — Gewiß nicht, denn ist der Inhalt einer Frucht so vollsaftig, daß die Schale platzt, so fault die Frucht. Aber nichts Fauliges, nichts Angekränkeltes finden wir in Beethovens Schaffen, auch dort nicht, wo er, wie im Finale der Neunten Symphonie vom Hergebrachten abweicht, sondern überall die erhabenste Kunstvollendung, wie sie einem Meister eigen ist, der gegebenenfalls auch frei mit der Form schalten kann, weil er sie beherrscht, nicht aber weil er sie zerbricht, denn nur solche, welche die Form **nicht** beherrschen, halten sich für berechtigt, sie zu zerbrechen. Beethovens Neuerungen wie die seiner großen Vorgänger und Nachfolger bedeuten zwar Erweiterungen, aber durch die Vollkommenheit, mit der diese in die Erscheinung traten, keine Auflösung, sondern eine **Festigung** des formalen Elementes in der Musik.

Die Form ist allerdings zerbrochen worden, aber nicht von Beethoven und auch nicht von Wagner, denn was dieser tatsächlich zerbrach, war keine Kunstform, sondern ein Mischmasch von Kunst und Konvention; sie ist zerbrochen worden von jenen, die meinten, so wie Wagner sein dramatisches Kunstwerk aus dem Wesen der Dichtung schuf, so auch die symphonische, die wortlose Musik aus dichterischen Absichten aufbauen zu müssen, nicht aber im Sinne der Anregung, die auf allen Kunstgebieten wechselseitig möglich und ersprießlich ist, sondern, indem sie sich bestrebten, bestimmte Vorgänge musikalisch auszudrücken, und glaubten, die formale Gestaltung von der Reihenfolge und der Entwicklung dieser Vorgänge abhängig machen zu sollen, wodurch sie hofften, der Musik eine schildernde Kraft im Sinne der Sprache verleihen zu können. »Der Inhalt schafft die Form« hieß das neue Kunstgesetz und heißt es vielfach heute noch. Damit war ausgesprochen, daß bei einem Tonstück nicht der musikalische, sondern der poetische oder philosophische, jedenfalls aber der begriffliche Gedanke der primäre sein müsse. Sagten wir nun einem Maler, er dürfe sich nur mehr durch Gedichte oder Musikstücke inspirieren lassen, um deren Inhalt durch allegorische Figuren oder Farbenstimmungen wiederzugeben, oder einem

Dichter, er solle nur mehr poetische Transformationen von Bildern oder Klängen in Verse bringen, so wären wir ziemlich deutlicher Ablehnungen und kräftigen Spottes sicher; und den verdienten wir auch. Nur wir Musiker waren allzu willig, den eigentlichen Boden unserer Kunst zu verlassen und ihr Wesen fremden Elementen dienstbar zu machen, wodurch wir sie sowohl sich selbst entfremdeten, als ihr auch in manchen Fällen den Weg zur fruchtbringenden Vereinigung mit der Dichtkunst durch ein unkünstlerisches Kompromiß abschnitten.

Ich will versuchen, mich durch ein hypothetisches Beispiel klar zu machen. Man denke sich von einem Künstler, der mit glühender Inbrunst an die Richtigkeit seines Vorgehens glaubte, man denke sich von Liszt eine symphonische Dichtung »Coriolan« komponiert. Es würde nicht schwer fallen, nach der Anlage seiner übrigen einsätzigen Orchesterwerke den Aufbau einer solchen herzustellen. Wir hörten zuerst ein Thema, das den trotzigen Charakter des Helden verkörpern soll, damit wir uns es besser einprägen können, wahrscheinlich in mehreren Wiederholungen. Dann folgte eine Schlachtmusik, die in einen siegreichen Einzugsmarsch übergeht: Coriolan auf dem Gipfel seines Ruhmes. Doch er erstrebt noch Höheres; das Hauptthema wiederholt sich daher in gesteigerter Weise. Bereits regen sich aber die Feinde und arbeiten gegen ihn; hier würde wohl ein kurzes, verschnörkeltes Thema, vielleicht gar eine verkappte Umkehrung des Coriolan-Motives als Fugato verarbeitet. Beide Themen, das Original und die Verschnörkelung, kämen in Gegensatz zueinander, bis das Verschnörkelte die Oberhand behält. Die Feinde triumphieren, Coriolan unterliegt; wuchtige Posaunentöne verkünden seine Ausstoßung aus Rom. Nun folgt ein kurzes Moll-Adagio: der Held in der Verbannung. Doch seine Tatkraft, verbunden mit Rachsucht, regt sich aufs neue, und er verbindet sich mit dem Volskern, als deren Anführer er gegen seine Heimat zieht, was durch einen zweiten, aus einer weiteren Variation des Hauptmotivs gebildeten marschartigen Satz ausgedrückt würde. Jetzt aber kommt der Hauptmoment des Stückes: Mutter und Gattin des Helden werfen sich ihm entgegen und flehen ihn an, von seinem Vorhaben abzustehen; wir hörten eine weiche Melodie, vielleicht von Harfenarpeggien begleitet. Coriolans Herz wird erweicht, sein trotziges Thema erklingt in sehnsüchtiger Verbreiterung; aber schon ereilt ihn das Schicksal; ein jäher Schluß deutet auf ein jähes Ende. — Um nun ein derartiges Stück dem Publikum verständlich zu machen, müßte man diesem zunächst ins Gedächtnis rufen, wer Coriolan war, und ihm sodann mitteilen, was es sich bei den einzelnen, miteinander mehr oder minder lose verbundenen Abschnitten der Musik zu denken habe. Dabei käme es aber vielfach vor, daß die Vorstellungsreihe in dem einen Kopf zu langsam, im anderen zu rasch abliefe, so daß dieser im Verbannungsadagio bereits die flehende Mutter und Gattin zu hören glaubte, während der andere noch an die nörgelnden Feinde dächte, wenn er bereits von den Schlußakkorden überrascht wird. Alle musikalischen Momente eines solchen Stückes erhöben sich aber zu zweifelloser Bedeutung, wenn sie als Begleitung eines sich auf der Szene tatsächlich abspielenden Vorganges entworfen wären, wenn also der Komponist den diesfalls einzig richtigen Schritt täte, aus Coriolans Gestalt ein musikalisches Drama zu bilden. Dieses könnte möglicherweise ein volles Kunstwerk werden, während der geschilderten symphonischen Dichtung der Charakter der problematischen Halbheit anhaftete, indem sie, selbst schon eine Art von Erklärung, auch wiederum der Erklärung bedürftig wäre. — Sehen wir aber nunmehr, wie Beethoven seine Aufgabe angepackt hat. Sowie er auf das Drama verzichtet, ist ihm auch alles die Handlung selbst Betreffende gleichgültig. Er gestaltet die beiden großen, allgemeinen Momente, das tatkräftige Vorwärtsdringen und das schmerzlich resignierte Rückschauen, zu zwei plastischen Themen, die er als Haupt- und Seitensatz benutzt, um damit ein Stück in gedrungener Form zu schaffen, das eine unmittelbar tragische Wirkung höchster Gewalt hervorbringt, ohne daß es irgendeiner Erläuterung bedarf. Da durch den Titel die Vorstellung »Coriolan« erweckt wird, so möge der eine die etwaigen Beziehungen zum dramatischen Vorgange auf diese, der andere auf jene Weise suchen, ein dritter möge an den Titel gar nicht denken und nur die Musik genießen, ohne sich dabei etwas vorzustellen, ja, ein vierter vielleicht sogar Farbeneindrücke empfinden, und jeder wird auf seine Weise recht haben. Bei einem Programmstück müssen wir zuerst wissen, was wir zu hören haben; bei Beethoven haben wir nichts anderes zu tun, als zu hören. Beethoven gab etwas Unbedingtes, der symphonische Dichter im obigen Sinne gibt etwas Bedingtes. Welcher von beiden ist der größere Künstler? Ist der frei zum Himmel aufragende Baum die höhere Pflanzenart oder das Schlinggewächs, das des künstlichen Gestelles bedarf? Ist der auf seinen zwei geraden Beinen aufrecht einherschreitende Mensch der schönere, oder derjenige, der sich nur auf Krücken fortbewegen kann? Wir haben eine große, freie, aufrechte Musik, und dennoch glaubten wir, sie gefördert zu haben, als wir sie an Gestelle und Krücken fesselten. Sie hat sich aber doch nicht ganz fesseln lassen, sondern ist ihren angeborenen Gang weitergegangen.

So wie Wagner sein Gesamtkunstwerk auf Beethoven zurückgeführt hat, so hat man auch versucht, die programmatisch-symphonische Musik von diesem Meister herzuleiten. Die vorstehenden Zeilen haben den Zweck, dies als unrichtig darzustellen. Nicht nur steht die dem Programmstil huldigende Entwicklung der Musik, insofern sie dieser ihre ureigene Bodenständigkeit durch Verpflanzung in ein fremdes Gebiet geraubt hat, mit Beethoven, dem Inbegriff von echter Musik, in Widerspruch, sondern sie krankt auch selbst an einem inneren Widerspruch, eben jener problematischen Halbheit, indem sie einen ganz nebensächlichen Vorgang, die Umsetzung der Musik in Begriffe, an die erste Stelle und durch die Forderung, daß Begriffe in Musik übersetzt werden müßten, zugleich auf den Kopf stellt. Alles Halbe, Problematische und Widerspruchsvolle hat aber zu Beethoven nicht die geringste Beziehung, kann daher auch nicht von ihm hergeleitet werden.

Dieser innere Widerspruch der Programmusik ist nicht beseitigt worden, als jüngere Komponisten sich ihrer zwar mit weniger melodischen Motiven, als Liszt sie geben konnte, aber mit mehr Geschick und raffinierteren Mitteln bemächtigten und meinten, die musikalische Sprache dadurch zu solcher Deutlichkeit steigern zu können, daß man ihr die durch sie geschilderten Vorgänge unmittelbar abhören könne. Im Gegenteil, im gleichen Verhältnis mit der Ausdehnung, der Häufung der Mittel und der Kompliziertheit wuchs auch die Notwendigkeit, den Hörer aufzuklären, was er sich denn eigentlich unter dem Tongeklingel, das an sein Ohr schlug, vorzustellen habe. Was bei Liszt noch ein einfaches Programm war, wird bei modernen symphonischen Dichtungen zum Programmbuch; in diesem aber finden wir mehr vom beabsichtigten

Inhalt, als im Werke selbst, das zu jenem Inhalt in so losen Beziehungen steht, wie es nach dem Wesen der Musik eben nicht anders sein kann. Man versuche doch einmal, einem derartigen Stück ein ganz gegenteiliges Programm zu unterlegen. Man nenne zum Beispiel den Anfang von Straußens »Heldenleben« etwa »frohes Zusammenleben der Eheleute«, man stelle sich unter der Widersacherepisode »greinende Kinder« vor, das Violinsolo heiße »die Launen der Frau« (was es ja auch ungefähr bedeuten soll), in der Kampfmusik lasse man die Gatten statt der Völker gegeneinander wettern, erblicke sodann in des »Helden Friedenswerken« den Mann, der sich aus dem häuslichen Zwist in das Heiligtum seines Schaffens rettet und betitle endlich den letzten Abschnitt von des »Helden Weltflucht« ungefähr als »Wiederherstellung des ehelichen Friedens«. Man denke sich das Werk von Haus aus mit dieser Inhaltsangabe versehen und durch die üblichen Analysen entsprechend erläutert, so wäre das »Heldenleben«, ohne Änderung einer Note, wohl ebenso gläubig als »Sinfonia domestica« genommen worden, wie vielleicht, nach ähnlichem Rezept, diese für jenes. Schwer vorstellen aber läßt sich, wofür man beide Werke genommen hätte, wenn sie etwa unter dem einfachen Titel »Symphonie«, ohne weitere Einführungen, erschienen wären. Trotz der ungeheuersten Orchester, trotz der ausgesuchtesten Klangmischungen ist man dem ersehnten Ziel, durch die Musik Vorgänge so zu schildern, wie es die Sprache vermag, nicht einen Schritt näher gekommen; auch dadurch nicht, daß man sich den Anschein gab, es erreicht zu haben, indem man von derartigen Werken, nachdem man sie als genügend bekannt voraussetzen durfte, Neuausgaben veranstaltete, worin die Hinweise auf den Inhalt fehlen oder, indem man zwar die

Ablehnung einer Inhaltsangabe zu geben, laut verkündigte, die Verbreitung der Programmbücher aber stillschweigend zuließ. Das ist einfach ein Segeln unter falscher Flagge. Solange man es für nötig hält, dem Zuhörer auf irgend eine Art zurechtzulegen, was er hören soll, gesteht man ein, mit der Musik selbst nichts Vollwertiges sagen zu können. Das ist ein Dilemma, aus dem weder spitzfindige Sophismen, noch hochtönende Phrasen hinaushelfen; es löst sich erst auf, wenn man entweder rein musikalisch bleibt oder zu einer wirklichen Vereinigung der Künste im Lied, im Oratorium oder in der Oper schreitet. Ein Mittelding gibt es nicht.

Es dürfte nicht fehlgegriffen sein, wenn man eine Ablenkung vom wahren Wesen der Musik überall dort erblickt, wo das Bedürfnis eintritt, über diese Kunst zu philosophieren. Goethe und Schopenhauer haben viele Musiker durch ihre Weisheit beschämt, dieser, indem er aussprach, daß Musik eine höhere Offenbarung sei als die Philosophie, und jener, als er an Eckermann schrieb: »Sie (die Musik) steht so hoch, daß kein Verstand ihr beikommen kann, und es geht von ihr eine Wirkung aus, die alles beherrscht, und von der niemand imstande ist, sich Rechenschaft zu geben.« Ganz im Gegensatz zu diesen hohen Aussprüchen hat heutzutage die Manier, der Musik ihre Geheimnisse durch Ausdeuten entreißen zu wollen, einen geradezu aufdringlichen Charakter angenommen, und himmelweit verschieden ist dieses nach Sensation lüsterne Kunstgebaren von der keuschen Art, wie die großen Meister ihre Werke schufen und sie nach einem Worte Schillers »schweigend in die Welt warfen«.

Wagner zog zur Programmusik ein ersichtlich schiefes Gesicht. Einerseits mochte er in ihr wohl einen krankhaften Auswuchs seines eigenen Gesamtkunstwerks erkennen, andererseits zwangen ihm seine herzlichen Beziehungen zu Liszt eine ziemlich gewundene Anerkennung von des Freundes symphonischen Dichtungen ab. Erst eine jüngere Generation, auf Liszt und einem falschen Ausspruch Wagners fußend, schrieb den Satz: »Der Inhalt schafft die Form« ohne Bedenken auf ihre Fahnen. Es war ein trügerisches Zeichen, unter dem unsere Kunst sich nunmehr zu entwickeln begann; anscheinend befreite es die Phantasie, legte ihr aber in Wirklichkeit Fesseln auf; anscheinend eröffnete es der Tonkunst unbegrenzte Möglichkeiten, trug aber tatsächlich das Gift zu ihrer Auflösung in sich; dem Fortschritt wollte es dienen, führte aber den Rückschritt herbei. Hand in Hand mit der Auflösung des formalen ging naturgemäß allmählich auch eine solche des rhythmischen und tonischen Elements und mit dem Sinn für Form erstarb das Gefühl für Schönheit. Ein Kultus des Häßlichen tritt nicht nur in programmatischen, sondern auch in anderen Kompositionen immer unverhohlener zutage. Sehr wenige Tondichter scheuen sich noch, Takt und Tonart besinnungslos durcheinander zu werfen. Die Sucht nach immerwährender Verschärfung der Dissonanzen hat einen solchen Grad angenommen, daß in allerneuesten Kompositionen bereits ein Mißklang den anderen aufhebt, gerade die wesentliche und künstlerische Wirkung der Dissonanz also nicht mehr zur Geltung kommt, sondern nur ein auf- und absteigendes Tongeschwirr übrig bleibt, das vom bloßen Geräusch nicht mehr weit entfernt ist. Die Frage nach Wert oder Unwert aber tritt gänzlich zurück gegen die Spannung, wie weit es da noch getrieben werden kann.

Trotzdem nun eine allzeit geschäftige Reklame so freundlich ist, uns noch immer weitere »Steigerungen« in

Aussicht zu stellen, so fehlt es doch nicht an Anzeichen, die darauf hindeuten, daß man auch innerhalb der sogenannten fortschrittlichen Musikerkreise stellenweise zum Bewußtsein gekommen ist, daß das musikalische Gebäude in bedenkliches Wanken geraten ist, und daß es fallen muß, wenn man nicht rechtzeitig daran denkt, wenigstens zunächst seinen Grundstein, das formale Element, wieder zu festigen, dessen Lockerung die Verirrungen herbeigeführt hat. Es sind Stimmen laut geworden, die sogar bei Richard Strauß, dem seinerzeit schärfsten Opponenten gegen alle nichtprogrammatische Musik, eine Art von Rückkehr zur Form nachweisen wollen, indem sie in seiner »Domestica« die symphonische Gliederung im früheren Sinne zu erkennen glaubten. Außerdem haben einige Komponisten, die energische Verfechter der Programmmusik waren, jetzt »regelrechte« Symphonien angekündigt. Ich halte diese Anzeichen, so schwach sie auch noch sein mögen, für erfreulich, denn auf die Gefahr hin, als Reaktionär zu gelten, der ich gerne sein will, wo Willkür mit Fortschritt und Originalität verwechselt wird, möchte ich hier erklären, daß ich den Satz, daß der Inhalt die Form schaffe, nur insoweit gelten lasse, als es sich um den musikalischen, nicht aber um einen von auswärts hergeholten Inhalt handelt, und ferner, daß ich einen wirklichen Fortschritt in der Musik nur auf dem Boden der Form, nicht aber außerhalb dieser für möglich halte.

Die Entwicklung der reinen Instrumentalmusik, die sich unabhängig von Wagners Neugestaltung der Oper vollzogen hat und zurzeit in Brahms gipfelt, sowie rein symphonische Werke neuerer Tondichter, mögen sie zum Teil die Zeichen einer Verirrung an sich tragen oder nicht, geben uns genügenden Anlaß, den Ausspruch Wagners, daß die symphonische Form mit Beethoven erledigt sei, als Irrtum eines großen Mannes gründlich aus unserem Bewußtsein auszuschalten, hingegen zu versuchen, uns einmal darüber klar zu werden, was es denn mit der vielverleumdeten Form in der Musik eigentlich für eine Bewandtnis habe. Zunächst müssen wir uns vor Augen halten, daß Form und Leben zwei unzertrennliche Dinge sind. Wir wissen, daß die Form zerfällt, wenn das Leben aufgehört hat, und das Leben aufhört oder nur mit Notbehelfen weiter gefristet werden kann, wenn die Form zerstört oder verändert wird. Ein Gemengsel von Stoffen ist kein Organismus, ebensowenig aber eine Mischung von künstlerischen Elementen ein Kunstwerk. Auch dieses muß ein Organismus, also geformt sein, soll es Lebenskraft in sich tragen. Wir wissen ferner, daß unser eigenes Dasein sowie das der uns umgebenden Wesen sich in typischen Formen gestaltet hat, die aus dem Werdeprozeß der Schöpfung hervorgegangen sind. So mannigfaltig die Wesen, so einfach sind die Formen. Auch die Musik hat ihren Werdeprozeß gehabt, und die großen Tonmeister, indem sie durch ihr Schaffen daran arbeiteten, haben uns ebenfalls typische Formen hinterlassen. So mannigfaltig die Werke, so einfach sind auch diese Formen. Jede von ihnen läßt sich durch ein bestimmtes Schema ausdrücken. Bedeuten aber diese Schemata das Wesen der Form? — Sicherlich ebensowenig, wie etwa die systematische Einteilung der Naturerscheinungen, die ein Forscher unternimmt, das Wesen dieser Erscheinungen ausmacht. Käme es in der Musik allein auf das Schema an, so verbürgte ein richtiges Aneinanderreihen in seinem Sinne bereits ein Kunstwerk, während ein solches erst zutage treten kann, wenn sich die Form künstlerisch aus dem musikalischen Gedanken entwickelt hat, wobei noch die hauptsächliche Voraussetzung erfüllt sein muß, daß die Gedanken der Entwicklung wert waren. Organisch entwickelte minderwertige Gedanken ergeben ein leeres Tonspiel, wie wir es in schwachen Werken Mendelssohns, Schumanns und ihrer Epigonen finden. Wertvolle Gedanken ohne organische Entwicklung ergeben fragmentarische Gebilde, wofür uns Bruckner ein Beispiel ist. Auch der wertvollste Gedanke gewinnt seine ihm eigene Bedeutung erst durch die Form, in der er gestaltet wird, während wieder er selbst und nichts anderes für die Gestaltung der Form maßgebend ist. Hat mich ein künstlerischer Gedanke einmal ergriffen, so bin ich zunächst sein Sklave, der Sklave dieses Gedankens, nicht der Form, denn er ist es, der die Form zu bestimmen hat. Er weist mich darauf hin, ob das, was aus ihm entstehen kann, eine Symphonie oder ein Quartett, ein einsätziges oder ein mehrsätziges Stück wird, ob ich ihn strenge fassen, oder meiner Phantasie freier die Zügel schießen lassen soll, welche Instrumente zu wählen sind, ob ich zahlreicher Mittel bedarf, oder mich durchsichtiger Sparsamkeit befleißigen muß, ob ich mir heftige Modulationen, grelle Klangwirkungen erlauben darf oder mich in den Grenzen weniger Tonarten und einfacher Akkorde halten muß, ob er für größere Dimensionen ausreicht oder Kürze geboten ist, und endlich auch, ob er für ein rein instrumentales Stück vielleicht überhaupt nicht zu brauchen ist, sondern in das vokale Gebiet hinüberweist. Alle diese und noch unzählige andere Fragen fallen mit ihren feinsten Abstufungen in das Gebiet der Form. Erst wenn ich des künstlerischen Gedankens Hinweise richtig verstanden und ihn in der ihm einzig angemessenen Weise gefaßt habe, erst also, wenn er die seinem Wesen vollkommen entsprechende Form erhalten hat, erwächst für mich die Aufgabe, diesen Gedanken, dessen Gesamtbild ich erschaue, nunmehr in seinen großen und kleinen Zügen plastisch auszuführen. Erst dann höre ich auf, der Sklave des Gedankens zu sein, und bin sein Herr geworden, indem ich ihn zwinge, mir seine ihm angeborene ureigne Sprache zu reden. Verfehle ich aber die Form, so quäle ich mich vergebens, ihn zum Sprechen zu bringen; er windet sich, stammelt und entwischt schließlich meinen Händen, und was mir bleibt, ist ein Gerippe, das nicht zum Leben erwacht, mag ich es auch mit Flitterkram aufputzen, ja ihm vielleicht sogar durch einen versteckten Mechanismus künstliche Bewegung abzwingen. Im Erfinden bin ich frei. Da aber Erfinden bereits das Bedürfnis nach Form in sich schließt, so bin ich in der Gestaltung der Form ebenso frei, wie im Erfinden selbst. Die einzige Notwendigkeit, die mir auferlegt ist, ist die, Gedanken und Form in die richtige Proportion zu setzen. Dies ist die oberste und zugleich schwerste Bedingung eines Kunstwerkes, gegen die heute, wo das Feingefühl dafür untergraben worden ist, viel mehr gesündigt wird, als früher. Ohne Proportion verliert aber der schönste Gedanke an Wert, so wie die herrlichste Farbe in einem Gemälde nicht wirkt, wenn sie an falscher Stelle steht, oder ein tadellos gemeißelter Arm an einer sonst verfehlten Statue seine Bedeutung einbüßt. Die Vorstellung naiver Köpfe also, die meinen, in einer Symphonie oder einem formvoll gestalteten Musikstück müssten die Themen etwa so in ein feststehendes Gerüst gepreßt werden, wie der Gugelhupfteig in einen Model, läßt es wohl begreiflich erscheinen, daß solche die vermeintliche Befreiung vom Zwang der Form als Erlösung empfinden, läßt aber auch erkennen, daß sie sich nicht klar geworden sind, was Form überhaupt ist. Diese schreibt nämlich keineswegs dem Künstler kategorisch vor: »So und nicht anders mußt du deine Themen gruppieren, so und so viel Sätze mußt du schreiben usw.«, sondern sie ist dem Kunstwerk das, was dem Baume Wurzel, Stamm und Zweige, was Kopf, Rumpf und Glieder dem Menschen sind; sie ist der Körper des Kunstwerkes und seinem Geiste innigst verbunden, da Geistesleben ohne Körper nicht denkbar ist. Nicht nach den Schemata, wie wir sie heute in Lehrbüchern finden, haben die großen Tonmeister geschaffen, sondern aus ihren Werken sind die Schemata von Theoretikern abgeleitet worden, um dem Wesen der Formen leichter auf die Spur zu kommen, in ähnlicher Weise, wie die Forscher ihre Systeme aus den uns umgebenden Erscheinungen gezogen haben, um das Walten der Natur zu erklären. Wie aber die Natur innerhalb der bestehenden Formen die größtmögliche Freiheit der Varianten hat, so auch die Kunst. Jeder Baum hat Wurzel, Stamm und Zweige, und doch gleicht keiner dem anderen; jeder Mensch hat Kopf, Rumpf und Glieder, und doch ist jeder ein Wesen für sich. So ist auch jedes Kunstwerk vom anderen verschieden, mag ihre Struktur auch die gleiche sein. Und wie die Urformen der Natur sich aus dem Fortschreiten des Lebens auf unserer Erde allmählich entwickelt haben und sich nicht anders entwickeln konnten, so sind auch die musikalischen Urformen, wie wir sie heute besitzen, aus dem Werdeprozeß unserer Kunst mit zwingender Notwendigkeit hervorgegangen, und zerstöre ich sie, so greife ich an das Leben der Kunst selbst, ebenso, wie ich an das Leben der Natur greife, wenn ich ihre charakteristischen Formen zerstöre.

Aber, höre ich fragen, sollen wir denn für immer an die bestehenden Formen gebunden sein? Sollte es uns verwehrt oder nicht möglich sein, neue Formen zu schaffen? Kein Weitblickender wird dies verneinen wollen. Kann etwa mit Sicherheit behauptet werden, daß der Werdeprozeß auf unserem Planeten schon abgeschlossen ist? Gerade aber, daß die Musik wie jede Kunst und wie unsere ganze Schöpfung selbst, nicht als fertiges Produkt vom Himmel gefallen ist, sondern sich nach und nach entwickelt hat, spricht dafür, daß sie imstande sein wird, sich auch weiter zu entwickeln. Aber diese Entwicklung wird sich hier wie überall organisch und nicht willkürlich vollziehen müssen. Wie in unserer Schöpfungsgeschichte die abweichenden Arten durch Neubildungen oder Verkümmerungen einzelner Teile hervorgegangen sind, so können sich auch in der Musik neue Formen aus Erweiterungen, vielleicht auch aus Zusammenfassungen der alten allmählich bilden. Durch ungewöhnliche Vergrößerung der Coda zum Beispiel schuf Beethoven im Finale der achten Symphonie eine weder vorher existierende, noch später nachgeahmte Form, die ich einen überwuchernden Sonatensatz nennen möchte. Freilich bedurfte es dabei Beethovens Kunst, diese Überwucherung künstlerisch proportional zu gestalten. Schumann fügte einigen Scherzi seiner Symphonien ein zweites Trio ein. Aber auch ein Ausbau bereits veralteter Formen in neuerem Sinne ist denkbar. Brahms hat den letzten Satz seiner vierten Symphonie nach dem ungebräuchlich gewordenen Prinzip der Passacaglia aufgebaut. Beethovens Fugen sind von denen Bachs gründlich verschieden. Berlioz begründete durch die Vereinigung zweier selbständiger Themen im freien Satze eine ganz besondere Art von Polyphonie. Wie jedoch im Werdegang unserer Schöpfung mit dem Eintreten neuer Arten die alten nicht durchwegs abstarben, sondern diejenigen übrig blieben, die Kraft dazu besaßen, so müßten mit dem Aufleben neuer musikalischer Formen die alten nicht notwendigerweise absterben, sondern sie könnten in jugendlicher Frische wieder auferstehen, wenn genügend kräftige Gedanken sie zum Leben erweckten. Wie sollen aber neue Formen entstehen, wenn man die Form überhaupt als verbrauchten Ballast über Bord werfen will? Hätte sich auf unserer Erde etwas entwickeln können, wenn ein plumper Komet in sie gefahren und sie dem Chaos überliefert hätte, aus dem sie entstanden ist? Nicht viel anders aber ist es mit der Musik geschehen, da man sie, gerade als sie auf einem Höhepunkt ihrer Entwicklung angelangt war, durch Vermengung mit ihr entgegengesetzten Elementen von diesem Höhepunkt abdrängte und sich in vage Experimente verlor. Die Programmusik war der Irrstern, der in den strahlenden Körper der Musik fuhr, und — das Chaos ist nicht ausgeblieben.

»Dem Genie dürfen keine Grenzen gezogen werden,« ist ein von vielen modernen Künstlern und Ästhetikern verfochtener Grundsatz. Er ist an und für sich nicht unrichtig. Ich glaube aber, es gehört zu den Eigenschaften des Genies, daß es sich selbst Grenzen zieht, jene nämlich, die im Wesen seiner Kunst liegen. Mit der in Taten umgesetzten Erkenntnis dieser Wahrheit wäre ein Fortschritt in der Musik enge verbunden.

Die Zukunft der Oper.

Es ist nicht ratsam, zu prophezeien. Fehlerlos begründete Vermutungen, scharfsinnige Kombinationen, die mehr als Wahrscheinlichkeit für sich haben, können durch eine einzige Tat in alle Winde verweht werden. Wissen wir, welcher Genius einmal der Oper erblühen wird? — Nein! —

Ob er erblühen wird? — Nein! — Wissen wir, wie zur Zeit seiner beginnenden Reife die Entwicklung der Oper aussehen wird? — Nein! — Welche Wege ein solcher Genius wandeln würde? — Nein! — Nur das eine können wir als sicher annehmen, daß er, wenn er kommt, gerade das tun wird, was die sogenannte Majorität für falsch hält. Im Widerspruch stehen zur Masse, das ist ja von jeher das Vorrecht und Wahrzeichen des Genies gewesen. Freilich darf man daraus nicht den Rückschluß herleiten, daß bloßes Widersprechen genüge, um ein Genie zu sein. Wollen wir, unter Vermeidung alles Prophezeiens, von einer Zukunft der Oper sprechen, so können wir uns nur aus der Vergangenheit und Gegenwart eine Vorstellung entwickeln, wie es wohl etwa weitergehen möge, wenn kein eingreifender Umsturz erfolgt.

Die alte Oper ist tot, so meint man allgemein. Ich glaube, sie ist nur scheintot. — Warum ich das glaube? — Weil es in der Art, wie heute für das Theater komponiert wird, nicht lange mehr weitergehen kann. Das edelste musikalische Instrument, die menschliche Stimme, ist in eine unnatürliche Lage geraten. Versteht man nur erst, daß sie daraus befreit werden muß, daß es im Operntheater erst dann wieder eine Kunst geben wird, wenn *gesungen* und zwar *schön* gesungen wird, so ist das Bedürfnis nach erneutem Aufleben der aus dem Wesen der menschlichen Stimme entstandenen Kunstformen von selbst gekommen. Und wo ein Bedürfnis da ist, läßt in der Regel die Tat nicht lange auf sich warten. Ist dieses Bedürfnis nicht schon da? Wie erklärt es sich zum Beispiel, daß Puccini die Oberhand gewonnen hat und mit einigen Werken auch *behält*? Man kann seine Musik schön *singen* und der Geschmack des Publikums ist noch immer nicht so verdorben, daß es schönen Gesang nicht liebte. Kommen einmal in dieser Richtung höhere Werte, als sie Puccini zu geben vermag, so ist eine Wiedergeburt der Oper wenigstens in einer Richtung eingetreten, und es fragt sich, ob wir uns in diesem Falle nicht über einen Fortschritt zu freuen, anstatt einen Rückschritt zu beklagen hätten. — Aber Wagner! Wagner! — Mir ist, als hörte ich mir diesen Namen hundertfältig (oder ist es tausendfältig?) entgegenschreien aus den Kehlen jener, die noch glauben, daß von Wagner alles Heil in der Kunst komme, daß uns Wagner »erlöst« habe, erlöst von der alten Oper, von der Musik als Sonderkunst, erlöst von etwas, das sie selber nicht kennen. In Wahrheit sind wir gar nicht erlöst, von nichts und von niemandem. Der Fluch der Erbsünde, wenn es eine solche gibt, haftet heute noch an uns, trotzdem der Nazarener am Kreuze gestorben ist, und im Namen keines Menschen sind so viel Greuel verübt worden wie in dem seinigen. Der Fluch der schlechten Opern, und den gibt es ganz gewiß, ist durch Wagner nicht von uns genommen, wohl aber ist im Namen keines Künstlers so viel Widersinn geschrieben, geredet und verübt worden, wie in dem seinigen. Lassen wir also neben dem Prophezeien auch den leeren und faden Begriff der Erlösung, der einige Zeit in Philosophie und Kunst sein Unwesen getrieben hat, beiseite. Bemühen wir uns, klar zu sehen, wie es in unserer Zeit aussieht.

Da sehen wir Wagners Bedeutung unumstritten, trotzdem sich eine Art von Gegnerschaft, allerdings noch mit Reserve, geltend macht. Im Theater herrscht er mit einer seiner Größe wenig entsprechenden Allgemeinheit. In der Musik aber, sagen wir: in der absoluten Musik, behaupten, trotz des fantastischen Traumes eines Aufgehens dieser Kunst im Gesamtkunstwerk, die alten

Meister siegreich das Feld und wachsen immer gewaltiger empor in ihrer gesunden Kraft und Schönheit. Einer der Neueren hat sich zu ihnen gesellt, der von Wagner verspottete »blonde Johannes«, der unbequeme Brahms. Er ist ein Eckstein geworden im Wunderbauwerk der Töne und seine Werke leuchten wie Sonnen durch den Nebel eines unreifen Modernismus.

Und wie sieht es im Reiche der Oper, oder zeitgemäß ausgedrückt: des Musikdramas aus? — Nun, hier geht es bunt durcheinander, sowohl was Produktion als was Reproduktion betrifft, ohne daß man eigentlich weiß, wohin. Vorerst leben wir da wie dort von Experimenten. Den alten Meistern gegenüber ist man in Verlegenheit, weil der Stil, wie man sie zu geben hat, in der Wagnerei verloren gegangen ist. Mitunter hilft man sich mit Bearbeitungen. Prinzipiell ist nichts dagegen einzuwenden. Wie hier und da die ältere Orchestermusik, so bedarf auch manches ältere Bühnenwerk stilgemäßer Retouchen, vielleicht auch diskreter Ergänzungen. Doch sind derartige Aufgaben äußerst heikel, und wagen sich Unberufene daran, so kommen Lächerlichkeiten und noch Schlimmeres dabei heraus.

Wagner gegenüber ist man starr konservativ. Die zahlreichen, teils halb gelösten, teils vielleicht unlösbaren szenischen Probleme, die Längen der nicht für das alltägliche Repertoire bestimmten Werke, die Stellungen, die von Bayreuth sanktionierten Tempi, alles muß um Gotteswillen so bleiben, wie es ist. Hier darf man nicht sehen, nicht denken, nicht hören, nicht überlegen; man muß nur blind gehorchen. Alle Meister sind vogelfrei, außer Wagner. Sein »Geist« wird ebenso billig im Munde geführt, wie ein weiland Münchener Kapellmeister den »Geist Beethovens« zitierte, als er sich herausnahm, den Anfang der Fünften Symphonie Andante zu spielen, und die große Leonoren-Ouvertüre am Schluß des »Fidelio« anzufügen. Wahrhaftig, ich wünsche den Herren Wagnerianern von Herzen, daß ihnen einmal ein Impresario ihren Götzen, berühmten Mustern folgend, im Zirkus aufführte. Hei, wie käme da der Walkürenritt, das Stiefkind unserer Wagner-Inszenierungen zur Geltung! Und Grane, das edle Roß, brauchte sich auch nicht mehr zu genieren, während der hehren Heldenzwiegespräche etwas zu fabrizieren, das, dank einer modernen Oper, zwar schon hoftheaterfähig geworden ist, in den »Nibelungen« aber doch noch üble Heiterkeit hervorruft. Sophokles und Shakespeare haben mit Erfolg im Zirkus debütiert. Warum nicht auch Wagner? Überraschungen sind modern.

Man regt sich über alles mögliche, nur nicht darüber auf, daß das Feingefühl für Vollkommenheit des Gesanges immer mehr verloren geht. Man kämpft sogar zugunsten anderer Qualitäten dagegen an. Eine schöne und zugleich künstlerisch gebildete Stimme gilt manchem als Hindernis für die dramatische Begabung, ein Ehrentitel, den man nur zu gerne der Stimmlosigkeit, dem Falschsingen und der hysterischen Körperverrenkung verleiht. Bei Wagner ist der Mangel weniger fühlbar, wenigstens nicht im großen Publikum, das guten und schlechten Wagner-Vorstellungen mit derselben Urteilslosigkeit zujubelt. Hier entschädigt auch meistens das Orchester, das bei Wagner trefflich die Mängel der Bühne vertuscht. Ältere Opern aber haben schwer darunter zu leiden. Sie kommen ohne schönes Singen nicht zur Wirkung, ebensowenig ohne interessante, individuelle Persönlichkeiten; aber auch diese sind immer seltener zu finden. Einen um so breiteren Raum nimmt das Ausstattungswesen ein. In einem

Bühnenkunstwerke müssen freilich alle Faktoren einheitlich zusammenwirken, darf also auch die Ausstattung, will man Vollendung erreichen, nur mit Sorgfalt und Feingefühl für den Charakter des Werkes behandelt werden. Stellen wir uns aber eine Oper schön gesungen und gespielt mit schlechten Dekorationen, und dieselbe Oper schlecht gesungen und gespielt mit schönen Dekorationen vor, so bedarf es nicht der Frage, welche von beiden Aufführungen künstlerischer wirken wird. Trotz seiner großen Wichtigkeit ist das dekorative Element sekundär und die Bedeutung, die man ihm heute zuweist, übertrieben; sie wird gefährlich, wenn die Ausstattung dem musikalischen Stil des Werkes zuwiderläuft oder ihre Pracht einen Ersatz bieten muß für die minderwertigen Leistungen der Sänger. Die Beurteilung einer Aufführung aber gar davon abhängig zu machen, wer die Ausstattung gemacht hat, ist ungefähr ebenso, als wollte man die Qualität eines Dirigenten nach dem Namen des Schneiders beurteilen, der ihm den Frack angemessen hat.

Nur in einer musikfeindlichen Zeit sind solche Fehlgriffe möglich; und als musikfeindlich wird man die auf Wagner folgende Periode auch in Beziehung auf die Entwicklung der Oper und ihrer Theater bezeichnen müssen. Musikfeindlich ist ihr Charakter und Musikfeindlichkeit der tiefe Grund ihrer Erscheinungen. War doch Wagners Reform selbst bis zu einem gewissen Grade musikfeindlich. Ein mißverständlicher Anschluß an diese Reform hat eine gefährliche und ziemlich lange Krisis herbeigeführt. Die programmatische Phase, in der die Musik dichten und malen, aber nicht singen und klingen durfte, wie's ihr ums Herz ist, stammt indirekt von Wagner, der, als er sein Stiefkind zu Gesicht bekam, es energisch verleugnete. Die Musik hat diese Krisis überstanden und sich wieder auf ihre eigenen Füße gestellt. Man hört jetzt viel von neuen Symphonien, aber wenig von neuen symphonischen Dichtungen, Tongedichten, Symbolien, oder wie man diese Zwitter-Erzeugnisse taufte. Aus mancher modernen Symphonie grinsen uns freilich noch die Häßlichkeiten jener merkwürdigen Klangprodukte entgegen, durch die man uns von Schönheit und Form, den Lebenselementen aller Kunst, »erlösen« wollte. Aber es sind doch nun wenigstens Symphonien, Variationen, Ouvertüren und Quartette, nicht mehr betitelte Monstra. Die Musik ist auf dem Wege, sich aus der Programmusik zu sich selbst zu erretten. Heil ihr zu diesem Schritt!

Die Oper müßte einen ähnlichen Schritt tun: sie müßte sich aus dem Musikdrama erretten, nicht um Wagners Reform zu ignorieren, sondern um reife Früchte aus ihr zu ziehen. Die Lage ist hier keineswegs analog. War die Programmusik eine Abirrung von der Natur, eine bösartige Beule am herrlichen Körper der Tonkunst, so ist das Vorgehen Wagners, auch abgesehen von seiner persönlichen Bedeutung vollständig gesund, berechtigt und notwendig gewesen. Wagners Reform richtete sich auch nicht gegen die Opern der alten Meister, für die er große Verehrung bekundete, wollte er doch sogar einige davon in Bayreuth aufführen, sondern gegen jene Abart der Oper, die als stilloses Gemisch von Ausstattungsprunk und Sängervirtuosität den dramatischen Sinn zum Unsinn erniedrigte. Wenn diese Opern auch musikalische Perlen enthalten, die sich in manchem modernem Musikdrama gar glänzend ausnähmen, so war doch die ganze Kunstart zu sehr in Verfall geraten, als daß eine Reform nicht hätte kommen müssen. Und Wagner hat sie vollbracht. Wir verdanken dieser Reform zwar seine Werke, und das ist viel, sehr viel, aber auch eine Verwirrung, aus der wir uns befreien müssen, wollen wir nicht darin untergehen. Die einen wollen Wagner bis in die äußersten Konsequenzen folgen und verfallen der Übertreibung, die anderen liebäugeln mit der alten Oper, trauen sich nicht, ganz zurückzukehren, finden aber auch keinen eigenen Stil und bringen Werke zustande, die weder Fisch noch Fleisch sind. Endlich verzichtet man auf Melodie und Themen überhaupt und begnügt sich mit klanglichen Untermalungen. Man komponiert »mit erhobener Faust gegen Bayreuth« und ahnt nicht, wie sehr man doch von Wagner abhängt. Die literarische Durchkomponiermaschine gestattet, die längste Musik mit den kürzesten Einfällen zu bestreiten, und das Orchester wirbelt mit seinem Tonfarbenstrom über alles hinweg. Die Reklame hebt schließlich den am höchsten, der sie am besten zu bedienen weiß.

Hinter diesem bunten Durcheinander aber steht unheimlich nahe eine lockende Gestalt, die das nervöse, unterhaltungslustige, aber vom heutigen Operntheater unbefriedigte Publikum an sich zu reißen droht: die Operette. Nicht die feurigen Liebenswürdigkeiten des genialen Johann Strauß, nicht die übermütigen Offenbachiaden sind es, die Gefahr bringen. Die berechnende und kalt lächelnde Frivolität zieht den von der höheren Kunststätte sich mißgestimmt Abwendenden in ihre Arme, wie den in der Liebe unbefriedigten Mann die geschminkte Dirne.

Hier liegt eine Gefahr, die es zu bekämpfen lohnt. Suchen wir das Publikum auch im Theater wieder mit der Musik zu gewinnen, mit Melodie und Gesang, die viel höher im Werte stehen, als wir sie heute einschätzen. Besinnen wir uns darauf, daß die Oper, mag man sie nun betiteln wie man will, im Grunde doch nichts anderes ist als ein musikalisches Kunstwerk, wenn auch andere Kunstarten in ihr eine hervorragende Rolle spielen. Ging Wagners Reform wesentlich vom dichterischen Gedanken aus, so müßte eine weitere Entwicklung der von ihrem Urquell entfremdeten Oper diese aus dem Geiste der Musik neu erstehen lassen; nicht aus Geräuschen, die nach etwas klingen, sondern aus jener göttlichen, edel geformten Sprache, die uns alle Schönheiten des Himmels und der Erde erschließt, wenn wir sie nur hören wollen.

Einer, ein einziger unter allen, hat Wagner richtig verstanden, obwohl er dessen Werke vermutlich gar nicht genau gekannt hat: der greise Verdi. Im »Othello« und im »Falstaff« hat er Meisterwerke der tragischen und komischen Oper geschaffen, wie sie vollendeter nicht gedacht werden können. In keinem Takt ist der dramatische Zweck außer acht gelassen, und jeder ist doch von wahrhafter Musik erfüllt. Es gibt keine toten Punkte. Blühende Melodik ist mit der schärfsten Kraft des Ausdrucks verbunden, das Orchester reich und farbig, und doch stets dem Gesange untergeordnet. Das Publikum versteht beide Werke noch nicht. Man sollte sich ihrer annehmen. Sie bedeuten den ersten Schritt zu einer freudereichen Zukunft der Oper.

Was kann man komponieren?

Alles! — So lautete ungefähr die Antwort eines berühmten Komponisten, die ich unlängst in einer Musikzeitung las. Ganz richtig! Wenn sich's bloß um Können handelte, so kann man gewiß alles komponieren. Sogar zu den unmusikalischsten Worten kann man Musik machen. Das Notenpapier ist geduldig und die Zuhörer sind es meistens auch. Mitunter scheint es allerdings, als ob man sogar die Grammatik komponieren könnte. Cornelius schrieb ein Terzett über die Sätze: »Ich sterbe den Tod des Verräters, du stirbst den Tod des Verräters« usw., und erwies sich damit als Humorist ersten Ranges. Das war aber eine Ausnahme. Hier handelte es sich nicht um eine sinngemäße Vertonung der Worte, sondern um eine Parodie der sinnlosen Wortwiederholungen in vielen älteren Opern, gegen die damals der musik-dramatische Krieg geführt wurde, dem sich Cornelius nolens volens angeschlossen hatte. Dem Humor ist vieles gestattet, was sich der Ernst nicht erlauben darf. Sowohl in den »Meistersingern« wie in den »Nibelungen« sind Dinge komponiert, die zur Musik nur in einem äußerlichen Verhältnis stehen. In den »Meistersingern« aber wärmen uns die goldigen Sonnenstrahlen des Humors, die den frostigen Götternebel nicht durchdringen können, und nötigen unser Gefühl zu einer Teilnahme, die Walhall gegenüber mehr und mehr erkaltet.

Wagner war ein größerer, ein unendlich größerer Musiker als seine Nachfolger. Seine Lebensaufgabe war es, dem Drama in der Oper zu seinem Rechte zu verhelfen. Mit echt deutscher Gründlichkeit führte er seine Absichten bis zur letzten Konsequenz aus. Das sogenannte Durchkomponieren, das seine Vorgänger nur schüchtern versuchten, erscheint bei ihm zum schärfsten Prinzip ausgebildet. Um nur ja nie undeutlich zu erscheinen, führte er seine Szenen mit dichterischer Breite aus, die einem gesprochenen Drama angemessener gewesen wäre als dem musikalischen. Dadurch ergaben sich Partien, denen die Musik mehr aufgezwungen werden mußte, als daß sie ihnen mit unbedingter Notwendigkeit entspringen konnte. Gerade da aber, wo der Ausdruck unmittelbarer Empfindung, der die Musik herbeizwingt, nicht zur Wirksamkeit kommt, setzt Wagners erstaunliches Können ein und hilft mit großartigem Stilgefühl, das er sich selbst abrang, die Klippe umschiffen und selbst diese musikalisch unfruchtbaren Szenen durch die Kraft der Deklamation und den eigentümlichen Charakter seiner Orchestersprache mit tonalem Fluß zu durchdringen. Trotz der oft quälenden Längen, und trotz des nicht zu bannenden Gefühles, daß es sich hier um eine durch das dramatische Prinzip erzwungene, aber nicht mehr um natürliche Musik handle, wirken sie dennoch überzeugend.

Gerade Wagner beweist uns aber am schlagendsten, daß die Inspiration den Vortritt hat vor dem Können. Wie hoch erhebt er sich, wenn er als der großе Musiker zu uns spricht, wenn die Welt der Klänge, die er in sich trägt, voll und rein zum Durchbruch gelangen darf. Wie viel ergreifender ist es, wenn Wotan von seinem Lieblingskinde Abschied nimmt, als wenn der unendliche Gott über das Mißgeschick klagt, in das ihm seine Verträge verwickelt haben. Wie weit überlegen sind Hans Sachsens Monologe »Wie duftet doch der Flieder« und »Wahn, überall Wahn« seinen beiden langatmigen Reden auf der Festwiese. Wohl auch der rechtgläubigste Wagnerianer atmet auf, wenn Tristan und Isolde nach dem Theoretisieren über ihre Liebe den Zwiegesang »O sink' hernieder, Nacht der Liebe« und damit bis zum Schluß dieser Szene das schönste dramatisch-symphonische Adagio anstimmen, das wir in neuerer Zeit besitzen. Nicht durch seine Dichtungen, nicht durch sein scharfes Erkennen dessen, was der Oper tatsächlich nottat, ist Wagner unsterblich geworden. Diese und andere musikalischen Höhepunkte sind es, die ihm seine Popularität gewonnen haben. Was wären die Nibelungen heute ohne »Walkürenritt«, »Feuerzauber«, »Wotans Abschied«,

»Siegmunds Frühlingslied«, ohne das »Waldweben«, die »Schmiedelieder« und der »Trauermusik« bei Siegfrieds Tod? — Die Tatsache aber, daß es diese tief ergreifenden Höhepunkte waren, die Wagners Weltruf begründeten, legt ein gewichtiges Zeugnis dafür ab, daß die Musik auch im Dienste einer andern Kunst sich keine Sklavenfesseln anlegen läßt. Wo sie ihr Haupt erhebt, ist sie Königin, wo sie es nicht darf, eine niedrige Magd, an der man achtlos und bedauernd vorbeigeht. Selbst Wagner mußte sich vor dieser adeligen Eigenschaft der Musik beugen, und er hat sich davor gebeugt; in seinen Werken können wir den Abstand des Komponierbaren vom Unkomponierbaren bereits deutlich erkennen.

Bei seinen Nachfolgern wird dieser Abstand noch größer; das Unkomponierbare hat ein unverhältnismäßig breiteres Feld gewonnen.

Schlagen wir moderne Opern auf! Seitenlang finden wir da Dialoge und Abhandlungen, bei denen wir uns vergeblich fragen, was denn das alles, was uns da im Sprechgesangton mit leitmotivischen Begleitungs-Illustrationen im Orchester vorgetragen wird, eigentlich mit der Musik zu tun hat. Oft drängt sich an solchen Stellen der Ruf auf die Lippen: »Seid doch endlich einmal stille da unten im Orchester! Ich möchte verstehen, was die oben auf der Bühne sagen!« — Auf das Wort ist alles gestellt. Stücke, die lediglich für scharf und gewandt sprechende Schauspieler berechnet sind, werden ohne Veränderung in Musik gesetzt. Der Sinn, die Farbe, der Tonfall und der Stimmungsgehalt der Dichtung sollen uns in begrifflicher Deutlichkeit aus dem mystischen Abgrund des Orchesters entgegenklingen, und dadurch in ihrer Eindrucksfähigkeit gehoben werden. Gerade das Wort aber versteht man nicht. Es geht hier wie bei Bäumen, die von Schmarotzerpflanzen überfallen sind: Eine Efeuranke, die den Stamm umwindet, erhöht seine Schönheit, überwuchern aber die Ranken den ganzen Baum, so fressen sie ihn auf. So hat unser modernes illustrierendes Orchester allmählich das Wort aufgefressen, zu dessen Hebung es konstruiert wurde, und den Gesang dazu. Denn von Gesang ist bei diesen unnatürlich geführten, unmelodischen, rein deklamatorisch in den Orchesterpart hineingezwängten Singstimmen, wenn man sie noch so nennen darf, nicht mehr die Rede.

Auf diese Art, mit ewig fortkrabbelndem, fälschlich symphonisch genanntem Orchester und hinein punktierten menschlichen Gurgellauten, die man auch beliebig ändern kann, ohne daß eine wesentliche Verschiebung entsteht, läßt sich freilich »alles« komponieren, auch philosophische Abhandlungen, Gespräche über alltägliche Dinge, Frivolitäten; warum schließlich nicht auch politische Leitartikel oder Annoncen, vielleicht sogar solche eigener Werke? — Wenn man ähnliche Experimente nicht etwa als »Prägung neuer Werte« ansehen will, was bei der Verwirrung, die heute in musikalischen Dingen herrscht, gar nicht verwunderlich wäre, so wird man vieles, was heute komponiert wird, als absolut unkomponierbar bezeichnen müssen. Sollte es aber vielleicht gerade darauf abgesehen sein, zu zeigen, daß man komponieren kann, was man nicht komponieren kann? — In einer so antimusikalischen Zeit wie der unserigen wäre auch das nicht verwunderlich.

Die Grenzen des Komponierbaren wird man nicht nur absolut, sondern auch individuell ziehen können. Ich nehme z. B. eine Sammlung von Gedichten in die Hand. Manche fesseln mich, manche nicht. Bei einem aber klingt etwas in mir, ein unbestimmtes Etwas, ein kaum hörbarer Ton einer feinen Saite, ein Hauch. Es hat mit Gefallen oder Nichtgefallen nichts zu tun, nichts mit größerem oder geringerem Werte des Gedichtes — es klingt — und das ist das Entscheidende. Ich merke mir das Gedicht und weiß sicher, daß es sich früher oder später zum Lied gestalten wird. Ein anderer Komponist nimmt dasselbe Buch zur Hand und erlebt einen ähnlichen Vorgang wie ich, nur wahrscheinlich bei einem andern Gedicht. Treffen wir uns aber bei demselben, denn es gibt Gedichte, die wirklich nach Musik »schreien«, so wird er die Stimmung anders zum Ausdruck bringen, die Worte in anderem Lichte sehen, wie ich, so wie er eben überhaupt anders sieht und empfindet wie ich. Die Qualität, die Feinheit, die Stärke des Sehens und der Empfindung entscheiden dann später den Wert. Auch an einem dramatischen Stoff kann der eine achtlos vorbeigehen, während ihn der andere begierig ergreift. Was in dem einen eine ganze Welt von Tönen hervorruft, läßt den andern kalt. Ein und dasselbe kann daher individuell komponierbar und unkomponierbar sein. Aber dieses Erklingen der Seele, wenn sie vom rechten Gedichte, vom rechten Stoff berührt wird, ist noch immer nicht das Primäre. Dasselbe Gedicht, das morgen diesen wunderbaren Klang in mir erweckt, kann mich heute noch unberührt lassen, weil ich aus irgend einem Grunde, sei es einer Ablenkung, einer körperlichen Indisposition oder aus sonstigen, mir vielleicht nicht einmal bewußten Ursachen, keine Musik in mir habe. Darauf kommt es aber an. Mein Wesen muß mit Musik so erfüllt sein, daß ein mit dieser latenten Musik verwandter äußerlicher Anlaß, in diesem Fall das Erleben eines Gedichtes oder eines dramatischen Stoffes, so in mich eindringen kann, daß jene unendlich zarte Vibration erzeugt wird, die nichts anderes ist, als der Moment der Empfängnis, dem die Geburt des Kunstwerkes folgt.

Jeder Komponist — ich spreche natürlich von wirklichen Komponisten, nicht von Sensationsmachern — hat, so glaube ich, die Werke, die er in der Zeit seines Erdenlebens schaffen wird, schon in sich und es bedarf, wenigstens soweit es sich um Gesangskompositionen handelt, nur der befruchtenden poetischen Anregung, damit der Keim lebensfähig wird, alle Umhüllungen nach und nach abwirft und zum Kunstwerk reift.

In diesem Sinne hat Schopenhauer recht, wenn er sagt, daß bei einer Oper eigentlich die Musik zuerst da sein müßte, und der Text dann dazu komponiert werden sollte. Merkwürdigerweise hat der große Metaphysiker hier durchaus nicht metaphysisch gedacht, als er diesen Satz niederschrieb, den er in sehr physischem Sinne für wahr hielt. Aber die Metaphysik — und die Musik ist metaphysisch — gibt ihm hier, wie in dem meisten, was er über diese wunderbare Kunst geäußert hat, recht. Was nicht in mir ist, kann auch nicht zum Erklingen gebracht werden. In diesem Sinne möchte ich die Grenzen des individuell Komponierbaren ziehen.

Die Zentenarfeier für Hector Berlioz in Grenoble.

(1903.)

Eine der eigentümlichsten Erscheinungen unter den Tondichtern, ein Feuergeist, durch und durch Romantiker und Phantast, aber geläutert durch die klassischen Meisterwerke Glucks und Beethovens, die er nicht aufhört zu bewundern und zu studieren, so steht Hector Berlioz vor uns. »*Maintenant on va jouer ma musique*«, soll der

Meister dicht vor dem Ende seines an Mißerfolgen und Verkennungen reichen Lebens geäußert haben. Man kann nicht einmal sagen, daß dieses prophetische Wort ganz in Erfüllung gegangen sei, wenigstens nicht in Beziehung auf das »*maintenant*«; denn erst einige Dezennien später beginnen Berlioz' Werke ihr Publikum zu finden. Aber sie finden es in steigendem Maße, und mit der Zahl der Aufführungen wächst die Begeisterung des Publikums und das Interesse der Musiker. Dies beobachtete ich bei uns sowohl als im Ausland, und auch in Paris konnte ich bei meinen oft wiederholten Besuchen eine Zunahme von Berliozisten konstatieren, obwohl eine kleine Zahl seiner Werke dort schon früher populär war als in Deutschland.

Ich habe mich wiederholt und ausführlich über Berlioz ausgesprochen und möchte schon Gesagtes nicht wiederholen, sondern diesmal nur von der schönen Feier berichten, welche die Hauptstadt des Departements Isère, in dessen Gefilden Berlioz das Licht der Welt erblickte, zur Feier seines hundertsten Geburtstages veranstaltet hat. Hundert Jahre werden am 11. Dezember dahingegangen sein, seit Berlioz im freundlichen La Côte St. André geboren wurde. Hundert Jahre — eine lange Zeit, zu lange immer, um Zeuge seines eigenen Ruhms zu sein, mitunter aber für den Ruhm selbst doch noch zu kurz! Es ist nun wirklich gut, daß wir Menschen, obwohl die Zeit nach Kants Lehre nur eine aprioristische Denkform unseres Gehirns sein soll, doch so fest an der Vorstellung der Zeit hängen, daß der Ablauf eines Säkulums immer sehr vernehmbar an unseren Verstand, aber auch an unser Gewissen klopft. Männer, deren wir selten oder nie gedenken, werden uns plötzlich lebendig, wenn ein Gedenktag an sie erinnert, und wir überlegen, wie wir sie feiern sollen. Empfinden wir nur schuldigen Respekt vor ihrem Wirken, so gleicht die Feier einer Seifenblase, die uns für eine kurze Spanne Zeit leuchtende Farben vortäuscht, um nachher in graues Geriesel zu zerstieben. Sind aber lebendige und Leben spendende Werke vom Gefeierten ausgegangen, denen keine Spur des Alters anhaftet, so glänzt ein flammendes Feuerzeichen weithin hell durch die Lande und Tausende blicken staunend darauf hin.

Hat ein feindliches Geschick einem Meister den verdienten Ruhm lange vorenthalten, so regt eine solche Feier zur erneuten Beschäftigung mit seinen Werken an; sie werden bekannter, und ihre Popularität nimmt zu. Das ist der Vorteil der Zentenarfeiern, und dieses Vorteils werden auch Berlioz' Werke teilhaftig werden, nachdem der Schöpfer glücklich alt genug geworden ist, um zu den Unsterblichen gezählt zu werden. Grenoble hat begonnen, Paris wird folgen, und auch in anderen Ländern, vor allem wohl in Deutschland, wird man mehr als früher Gelegenheit haben, sich mit Berlioz' gewaltiger und eindrucksvoller Musik zu befreunden.

Ich war freudig überrascht, als ich von der Stadt Grenoble die Einladung erhielt, der Feier anläßlich Berlioz' hundertstem Geburtstag als Vertreter der deutschen Kunst beizuwohnen, und die Leitung eines Teiles der Festkonzerte selbst zu übernehmen; erblickte ich darin doch eine Anerkennung dessen, was ich versucht habe, für den großen französischen Tonmeister zu wirken. Ich machte mich also wohlgemut auf den heißen und langen Weg vom schönen Berchtesgadener Land über München, Lindau, Zürich nach Genf, und von da in einem Personenzuge, der für eine kurze Strecke neun Stunden braucht, wofür aber die malerische Fahrt über Culoz und Aix-les-Bains reichlich entschädigt, nach Grenoble. Spät abends kam ich in der sauberen, hübsch gelegenen Stadt an. Eine Unmenge Menschen durchwogte die Straßen, die Trikolore wehte von allen Häusern und blau-weiß-rote Bänder waren über die Straßen gespannt. Dazwischen leuchtete in feuriger Schrift »Centenaire Berlioz« oder einfach »Hector Berlioz«. Mit dem Fest sind die in Frankreich üblichen »Concours« verbunden, d. s. Wettbewerbe von Gesangvereinen, Militärkapellen, Bläserchören usw. mit Preisverteilungen. Schon seit zwei Tagen ist die Jury unermüdlich beschäftigt, zu hören und zu richten. Verschiedene Gruppen durchziehen spielend und singend mit ihren Abzeichen die Straßen, einen etwa gewonnenen Preis dem staunenden und jubelnden Volke zeigend. Besonders fällt ein Häuflein singender Algerier auf mit ihren braunen Gesichtern, dem Fez und den weißen Mänteln. Sie sind glückliche Gewinner eines Preises, sprechen und gestikulieren laut und lebhaft; dazwischen hört man immer und immer wieder, geblasen, gesungen und gepfiffen, die Marseillaise. Das Treiben ging in dieser Art bis in den Morgen hinein, so daß bei mir, der ich unglückseligerweise ein gassenseitiges Zimmer bekommen hatte, trotz starker Ermüdung von Schlaf kaum die Rede sein konnte.

Am nächsten Morgen goß es in Strömen, blitzte und donnerte fortwährend. Um 10 Uhr sollte die Einweihung der Statue stattfinden. Um $^1/_2$10 Uhr erschien eine Deputation, die mir meldete, daß die Enthüllung des Unwetters wegen auf 5 Uhr Nachmittag verschoben sei. Ich hatte also vollauf Zeit, meinen Umzug nach einem ruhiger gelegenen Hotel zu bewerkstelligen, wo ich mehrere Pariser Freunde traf und bald heimisch wurde. Ein fester Schlaf entschädigte mich für die lärmende Nacht, und als ich erwachte, hatte sich das Wetter aufgehellt. Wir fuhren also mit gehobenen Gefühlen zur Einweihung. Aber wir hatten falsch gerechnet. Das Mißgeschick, das Berlioz während seines Lebens verfolgt hat, und von dem er behauptete, daß es sich ihm immer hemmend in den Weg stelle, welchen Plan er auch fasse, schien auch jetzt, hundert Jahre nach der Geburt des Meisters, seine Kraft noch nicht verloren zu haben, denn als wir uns dem Festplatze näherten, zog ein Unwetter über die Berge direkt auf die Stadt zu mit so erstaunlicher Schnelligkeit, wie ich es selten erlebt habe. Die blaugrauen, unheimlichen Wolken schienen über uns hereinzustürzen, und kaum hatten wir die schützenden Tribünen erreicht, als es auch schon mit unerhörter Wut niederprasselte. Aufgelöst war alle Ordnung. Befrackte Herren, Damen mit Sonnenschirmen und in heller Toilette, Soldaten mit ihren Musikinstrumenten suchten Schutz unter den Tribünen. Vor mir hatte sich eine kleine Gruppe von Straßenjungen zusammengekauert, die sich lebhaft für die vergoldete Palmenkrone interessierten, die ich in der Hand hielt. Sie verstanden gar nicht, warum die Schleife schwarz-weiß-rot und nicht blau-weiß-rot sei. Nachdem ich ihnen begreiflich gemacht hatte, daß dies die deutschen Farben seien, meinten sie, ich hieße wohl »Auguste«, weil die Schleife das Datum »17. August« trug, und bemühten sich dann, mit sehr komischer Aussprache die deutsche Inschrift zu entziffern.

Endlich ließ der Regen nach, die Tribünen leerten sich bis auf die offiziellen Persönlichkeiten, und die Feier konnte beginnen. Allerdings tat Eile not, denn ein neuer Guß war jeden Augenblick zu erwarten. Nachdem die Marseillaise, von Kinderstimmen gesungen, verklungen war, faßte der Präsident des Festkomitees, Herr de Beylié seine geplante Rede in wenige Worte zusammen, und unter den Klängen des von Berlioz bearbeiteten Rakozy-Marsches fiel unter lebhaftem Beifall des Publikums die Hülle.

Die Statue selbst ist allerdings nicht mit dem schönen, vornehmen Berlioz-Denkmal zu vergleichen, das sich auf der Place Vintimille in Paris inmitten eines Blumenbeetes erhebt. Kopf und Figur, sowie die ganze Anlage sind dort von großer Feinheit und Intimität, der etwas leidende Zug im Antlitz ist rührend, die Haltung sinnend und sympathisch.

Ich ließ nun meine Krone mit den deutschen Farben am Sockel des Denkmals niederlegen, was Herrn de Beylié Anlaß gab, in warmen Worten seine Freude auszusprechen über den Gruß aus Deutschland, »*de ce grand et beau pays*«, das schon frühzeitig Berlioz' großes Genie erkannt habe. Abermals erscholl lebhafter Beifall. Als Schluß der Feierlichkeit war der Marsch aus der Trauer- und Triumph-symphonie mit großem Chor geplant. Das böse Wetter hatte die Ausführung des sehr passenden Vorhabens vereitelt, und so erscholl, nachdem einige offizielle Formalitäten abgewickelt waren, abermals die Marseillaise, unter deren Klängen sich das Publikum so schleunig als möglich in die Wagen und unter die schützenden Dächer verlor.

Man hatte mir versichert, daß das Orchester aus Aix-les-Bains, das für die Festlichkeiten engagiert war, sehr gut sei und die Fantastische Symphonie, deren Leitung ich übernehmen sollte, ganz genau kenne. Ich entschloß mich daher, um die ohnehin angestrengten Leute nicht zu übermüden, mich mit einer einzigen ausgiebigen Probe am Ausführungstage zu begnügen, konnte mich also in Behaglichkeit den festlichen Veranstaltungen hingeben und mich sonst in der Stadt umsehen. Den folgenden Morgen benutzte ich zu einem längeren Spaziergang; das Wetter war schön, die umliegenden Berge mit Neuschnee bedeckt, daher die Temperatur frisch und angenehm, was ich als günstiges Vorzeichen für die kommenden Musikaufführungen ansah. Mittags vereinte ein Bankett die Festteilnehmer, ungefähr 150 Herren. Das einzige Land, dessen Regierung einen offiziellen Vertreter gesandt hatte, war — das Fürstentum Monaco, dessen Herrscher ein kundiger Tiefseeforscher, aber auch ein begeisterter Verehrer von Berlioz ist, dem er in Monte Carlo ein Denkmal errichtet hat. Ich war der einzige ausländische Künstler, England, Italien und Rußland waren meines Wissens durch Journalisten vertreten. Beim Champagner begannen die Reden. Zunächst interessierte mich die von der unserigen verschiedene Art des Toastierens. Das »Hochlebenlassen« und »Anstoßen« kennt man hier nicht. Man erbittet vom Vorsitzenden das Wort, das öffentlich erteilt wird, spricht und wird dann, wie ein Schauspieler, mehr oder minder lebhaft applaudiert. Ich hatte die Möglichkeit, sprechen zu müssen, vorhergesehen, und mich etwas vorbereitet; gleichwohl war ich fest entschlossen, wenn irgend möglich, zu schweigen, da es eine eigene Sache ist, vor einer Menge Menschen in einer fremden Sprache zu reden, die man zwar zum notwendigen Verständnis beherrscht, in der man aber die Übung des Denkens und Sprechens nicht besitzt. Ich kam aber doch dazu. Die Anwesenden waren vom Maîre begrüßt, der Präsident der Republik und verschiedene andere erwähnt worden, aber niemand hatte daran gedacht, auf Berlioz selbst, zu dessen Ehren wir doch versammelt waren, zu sprechen. So erbat ich mir denn das Wort und sprang in diese Lücke ein, wobei ich nicht unterlassen konnte, Franz Liszts zu gedenken, der zuerst Berlioz' eminentes Talent erkannt und, wie für so viele, auch für ihn mit Tat, Schrift und Wort in der ihm eigenen, großherzigen und begeisterten Art gewirkt hatte. Die lebhafte Zustimmung bezeugte mir, daß Liszt in Frankreich nicht vergessen ist, worüber ich warme Freude empfand.

Nach dem Bankett vereinigten wir uns in kleinem Kreise zu einer Spazierfahrt in die schöne Umgebung, von der ich namentlich den malerischen Ausblick vom »Bougueron«, einem kleinen, hochgelegenen Schlosse, das jetzt zu einer Nervenheilanstalt umgewandelt ist, in Erinnerung behalten werde.

Abends war das erste Festkonzert. Man gab »Fausts Verdammung«. Welch merkwürdiges Werk! Seine Entstehung ragt in Berlioz' Jugendzeit hinein. Er schrieb eine Musik zu einer schlechten französischen Prosaübersetzung des »Faust« von Goethe unter dem Titel »Acht Szenen zu Faust« (jetzt in der Gesamtausgabe von Breitkopf und Härtel als op. 1 erschienen). Er sandte das Manuskript mit einem glühenden Briefe an Goethe, der jedoch, durch Zelter ungünstig beeinflußt, nicht antwortete. Später verfaßte er einen verbindenden Text, den er komponierte, und die Musik seines Jugendwerkes mit teilweise sehr eingreifenden Veränderungen darin aufnahm. So entstand »Fausts Verdammung«, vielleicht das reifste Werk seiner späteren Periode. Wie prachtvoll dämonisch ist Mephistopheles gezeichnet, wie innig und schön sind Gretchens Lieder, wie rein der Ostergesang und wie bezaubernd die Sylphenchöre! Wo anfangen, wollte man versuchen, das sprühende Leben, die mannigfachen Bilder, die immer erneuten, schier unerschöpflichen Einfälle zu schildern, die uns aus dieser fantastischen Musik entgegenleuchten. Dabei duftet aus dem ganzen Werk ein Hauch der Naivität, der uns an das alte Volksbuch und an die Puppenspiele vom »Faust« erinnert.

Die Aufführung war gut, das Orchester vortrefflich, die Chöre klein, aber prächtig geschult. Es war ein Genuß, das Werk französisch zu hören. Alles kam leichter, deutlicher heraus. Die Rezitative, in ausdrucksvollem Parlando vorgetragen, wirkten sehr dramatisch. Der Dirigent, Herr Jéhin, im Winter in Monte Carlo, im Sommer in Aix-les-Bains angestellt, nahm die Zeitmaße belebter, als sie bei uns üblich sind, was viel zum intensiven Ausdruck beitrug. Mir war die Aufführung in vieler Beziehung lehrreich.

Das zweite Festkonzert am nächsten Nachmittag brachte im ersten Teile Bruchstücke aus »Romeo und Julie«, der Harold-Symphonie, »Beatrice und Benedict«, sowie den »Römischen Karneval« unter der Leitung meines inzwischen verstorbenen Pariser Kollegen, Herrn Marti, dem damaligen Direktor der Konservatoriumskonzerte, im zweiten Teile unter meiner Leitung die Fantastische Symphonie. Die Begeisterung des Publikums während beider Konzerte war enorm; ich glaubte, am Schlusse der Symphonie der allgemeinen Stimmung nicht besser Ausdruck geben zu können, als daß ich mit einem mir überreichten Lorbeerzweig die Partitur bekränzte und so den Beifall auf den übertrug, dem er einzig gebührte.

Das schönste Erlebnis stand mir aber noch bevor. Bereits bei der Enthüllung des Denkmals hatte ich den Maire von La Côte St. André (Berlioz' Geburtsort) kennen gelernt, der mich, da ich verhindert war, den dortigen offiziellen Festlichkeiten beizuwohnen, einlud, nach dem letzten Konzert hinüberzukommen, und mich zugleich bat, die am Fuße des Denkmals niedergelegte Palmenkrone dem kleinen Museum zu überweisen, das in La Côte

St. André, im Geburtshaus selbst, eröffnet werden sollte. Ich hatte gerne zugesagt und war schon am folgenden Morgen durch ein Ständchen der »Société philharmonique« von La Côte St. André, einer kleinen Schar wackerer Musiker überrascht worden. Nach dem Konzert war es nun aber viel zu spät geworden, den Zug zu benutzen. Herr Henri Meyer, dies ist der Name des liebenswürdigen Maire, hatte deshalb ein Automobil besorgt, in dem wir die Strecke, zu der die Bahn zwei Stunden braucht, in einer starken Stunde durchsausten. Es war meine erste Automobilfahrt. Das anfängliche Gefühl der Bangigkeit wich bald dem größten Behagen an diesem »*cours à l'abîme*«, wie wir die tolle Fahrt im Anschluß an den Titel des letzten Teiles von »Fausts Verdammung« nannten. In der Tat eine Höllenfahrt! Den Kopf noch voll von den abenteuerlichen Klängen des Hexensabbats und der Teufelsszenen im »Faust«, über uns bald wild dahinfliegende dunkle Wolken, bald funkelnde Sterne, wir selbst auf einem pustenden Ungeheuer, bald keuchend bergan, bald pfeilgeschwind bergab wie in einen Abgrund, rechts und links erleuchtete Häuser, vorbeihuschend wie Träume, dann wieder weite nächtige Gefilde, ein aufgeschreckter kläffender Hund, in weiter Ferne vor uns kreischend beiseite springende Menschen, die im nächsten Augenblicke schon weit hinter uns waren, Bäume, Sträucher, Felsen auftauchend und verschwindend wie Gespenster, und das alles in stockdunkler Nacht, so daß das ungeübte Auge kaum den Windungen der Straße zu folgen vermochte, ein Flug durch schwarze Luft, scheinbar ohne Grund und Ziel — wahrhaftig eine Szene à la Berlioz, die ihm selbst zu gönnen gewesen wäre. Lachend wiederholen wir immer wieder: *le cours à l'abîme, le cours à l'abîme!*

Endlich taucht ein ungewöhnlich heller Schimmer in der Ferne auf. »*La Côte St. André illuminée à votre honneur,*« sagt mein Begleiter mit leichter Verneigung. Ich glaubte zu träumen: mitten in Frankreich eine Stadt illuminiert zu Ehren eines deutschen Gastes? — Und doch war es so. Das Automobil mäßigte seinen Lauf. Wir fuhren in das ungefähr viertausend Bewohner zählende Städtchen ein. Jedes Fenster ist erleuchtet. Alles ist trotz der vorgerückten Nachtstunde — es war 10 Uhr vorüber — auf den Beinen. Laute Jubelrufe erschallen. Der Maire hebt die Krone mit den Schleifen in die Höhe. »*La couronne d'Allemagne!*« ertönt es überall. Die Musik beginnt zu spielen, wir steigen aus und werden in feierlichem Zuge mit Musik und Lampions zum Rathaus geleitet. Ich konnte meine Bewegung schwer bemeistern. Abgesehen davon, daß ich unter so denkwürdigen Umständen den Geburtsort des von mir hoch verehrten Meisters betrat, hatte die Freude und Verwunderung des Volkes, daß einer aus weiter Ferne kommt, ihrem großen Landsmann Ehre zu erweisen, etwas unbeschreiblich Rührendes. Dabei war jeder einzelne fein und freundlich; man vernahm kein unschönes Johlen, sah keinen Betrunkenen, erlebte keine Zudringlichkeit, sondern nur die Äußerung eines echten schönen Patriotismus, wie man ihn in jungen Tagen erträumt, der sich nun auf mich, als den in der Kunst befreundeten Ausländer und Vorkämpfer ihres »*grand compatriot*« übertrug.

Auf dem Rathause wurde ich in aller Form begrüßt und verfaßte hierauf ein kleines Schriftstück, auf ausdrückliches Verlangen in deutscher Sprache, in welchem ich die Krone dem Geburtshaus von Berlioz überwies. Dann ging es mit Musik und bengalischer Beleuchtung zum Monument. Auf freiem Platze erhebt sich eine getreue Kopie des schönen Pariser Denkmals, das jetzt von Fackeln hell erleuchtet war. Der Bürgermeister hielt eine Ansprache an mich, die ich mit der Bitte erwiderte, nicht mich zu ehren, sondern den großen Meister, für den zu wirken die Pflicht jedes ehrlichen Künstlers sei. Der Zug setzte sich zum Geburtshause fort, wo mich der jetzige Bewohner mit seiner Familie empfing. Ich deponierte die Krone im ehemaligen Studierzimmer des jungen Berlioz, das jetzt als Museum eingerichtet ist, und besichtigte die Wohnräume der Familie sowie einige noch erhaltene Denkwürdigkeiten. Vom Balkon eines Restaurants, in das wir uns hierauf begaben, wo ein Ehrentrunk bereitet war, mußte ich nochmals der Bevölkerung und den Musikern für den einzigartigen, unvergeßlichen Empfang danken. Ein Bürger ergriff hierauf das Wort und sprach auf das »*genie allemand*«, das allezeit große Männer hervorgebracht habe. Ich erwiderte, daß ich, obwohl kein Politiker, doch der Hoffnung Ausdruck geben möchte, daß die Kunst und die großen Fragen der Kultur beide Völker immer mehr einander nähern möchten.

Es war spät, als ich zur Ruhe gehen konnte und dennoch dauerte es lang, bis ich in leichten und aufgeregten Schlummer fiel. Aber das »*feu sacré*« des großen Berlioz war noch nicht erloschen; es spukte noch einmal, diesmal allerdings in etwas zu realistsicher Weise. Gegen 3 Uhr weckten mich Lärm und Fanfaren. Ein Warenhaus in der Nähe stand in hellen Flammen und brannte nieder, glücklicherweise, ohne daß ein weiteres Unglück geschah. Mit dem Schlafen war es aber vorbei und so erhob ich mich um 5 Uhr, um bei anbrechendem Morgen einen Eindruck der freundlichen Umgebung des idyllischen Städtchens zu gewinnen. Ein großes weißes, modernes Haus ist etwas außerhalb errichtet, sonst mag die Gegend wohl noch ganz so aussehen, wie sie dem Kinde und dem heranreifenden Jüngling erschien: ein grünes, lachendes Hochplateau mit welligen, bewaldeten Hügeln, nichts von den grotesken Zaubern, die seine überreiche Fantasie den Tönen zu entlocken verstand. Monsieur Meyer begleitete mich, nunmehr mit einem Frühzuge, nach Grenoble, wo ich von den dortigen neugewonnenen Freunden Abschied nahm.

Wieder die lange, aber schöne Fahrt bis Genf. Das freundliche Lausanne mit dem hellblauen See und dem gegenüberliegenden pittoresken savoyischen Ufer fliegt an meinen Blicken vorbei. Es ist Nacht, als ich in Zürich ankomme. Ein bequemer Schlafwagen nimmt mich gastlich auf. Nun schlafe ich wirklich, fest und gründlich, und erwache kurz vor München. Wenige Stunden später begrüßen mich wieder die Berge des bayerischen Hochlandes.

Wie ein Traum liegt das Grenobler Fest hinter mir und die märchenhafte Nacht im Geburtsort des großen Hector Berlioz.

Die Reform der Partitur-Notierung.

Von verschiedenen Musikzeitschriften ist die Forderung ausgesprochen worden, Ausgaben von Partituren zu veranstalten, in denen alle anders als um eine Oktave transponierenden Instrumente, also Klarinetten, Baßklarinetten, Althoboen (Englischhörner), Hörner, Trompeten und Tuben so notiert sind, wie sie klingen und in denen für sämtliche Stimmen nur noch der Violin- und der Baßschlüssel, aber keiner von den C-Schlüsseln gebraucht wird. Dadurch meint man, das Lesen einer Partitur so zu vereinfachen, daß auch der Laie ohne besondere Schwierigkeiten in ihre Geheimnisse einzudringen vermag.

Nach meiner Ansicht beruht die Schwierigkeit des Partiturlesens nicht so sehr in der Notwendigkeit, mehrere Zeilen transponieren und einige für die Klaviermusik ungebräuchliche Schlüssel lesen zu müssen, als vielmehr in der nur durch Übung zu erlangenden Fähigkeit, viele Notensysteme auf einmal verfolgen zu können. Wer sich nur auf dem Klavier zurechtfindet, dem wird es anfänglich recht schwer fallen, die vier Stimmen einer Streichquartettpartitur gleichzeitig zu lesen. Sieht er sich aber zwanzig und mehr übereinander gestellten Systemen gegenüber, so wird er zunächst wie vor einem Buch mit sieben Siegeln stehen, ob sich nun fremde Schlüssel und transponiert geschriebene Instrumente darin finden oder nicht. Gesetzt den Fall aber, daß er nun die Mühe nicht scheut, sich durch Übung und Gewöhnung allmählich den nötigen Überblick anzueignen, so heißt eine Partitur lesen können noch lange nicht, sie verstehen. Dazu gehört vor allem eine genaue Kenntnis der einzelnen Instrumente, ihres Umfangs, ihres individuellen Klangcharakters, ihres speziellen technischen Vermögens, ihrer verschiedenartigen Ausdrucksfähigkeiten und endlich ihrer Wechselbeziehungen untereinander. Dadurch erst wird dem Leser einer Partitur klar werden, warum der Meister hier ein Fagott und kein Horn, hier eine Hoboe und keine Klarinette geschrieben hat, warum hier die Streicher, da die Bläser spielen oder pausieren, warum hier wieder zwei oder mehrere Instrumente im Einklang miteinander, dort hingegen ganze Gruppen gegeneinander gehen usw. Erst dann wird er erkennen, daß ein musikalischer Gedanke gerade nur in diesem Instrument oder in dieser Zusammenstellung von Instrumenten den ihm adäquaten Ausdruck finden konnte, und daß der ganze Bau eines Tonstückes gerade diese Art der Orchestrierung und keine andere bedingte. Dann aber erst wird er den Wert einer Partitur schätzen, aus ihr lernen und das Werk nach ihr beurteilen können; ja, das durch sorgfältige Erziehung des Ohres und Auges erlangte orchestrale Fühlen rechtfertigt überhaupt erst die Beschäftigung mit einer Partitur, denn wer mit dem Orchester nicht durch und durch vertraut ist, dem gibt ein Klavierauszug nicht nur ein bequemeres, sondern auch ein besseres Bild, weil das Werk darin für ein Instrument zusammengefaßt ist, auf dem er sich wenigstens mehr oder minder genügend auskennt.

Gern gestehe ich hingegen zu, daß unsere jetzt gebräuchlichen Partituren so manches enthalten, was auch dem Musiker ihr Lesen unnötig erschwert, nämlich Überreste veralteter Schreibweisen in Beziehung auf Schlüssel und Transpositionen, die beseitigt werden können und beseitigt werden sollten. So bedaure ich z. B. auf das lebhafteste, daß in der herrlichen großen Bachausgabe die alten Schlüssel für die Singstimmen beibehalten worden sind. Das Lesen eines Chorsatzes, wo der Sopran im Sopran-, der Alt im Alt- und der Tenor im Tenorschlüssel geschrieben ist, erfordert tatsächlich eine ganz besondere Übung und wer sich nicht fortwährend mit diesen Werken beschäftigt, hat infolge der erwähnten Notierung immer erst ein gewisses Hindernis zu überwinden, bevor er in einer Bachschen Partitur heimisch wird. Sehr wissenschaftlich und gelehrt sehen sie freilich aus, diese drei oder mehr Hieroglyphen übereinander, und mancher Musikforscher wird vielleicht sein Gesicht bedenklich verziehen, falls ihm meine Worte vor die Augen kommen. Aber, wie sich bei Bach-Aufführungen glücklicherweise die Überzeugung Bahn gebrochen hat, daß der Geist dieses Gewaltigen nur um so eindringlicher zu uns spricht, je weniger wissenschaftlich, gelehrt und pedantisch seine Werke aufgeführt werden, so sollte man, meine ich, auch aus den Partituren jenen veralteten Kram mit den drei Spezialschlüsseln beseitigen und Sopran, Alt und Tenor nach der heute allgemein gebräuchlichen Weise im Violinschlüssel notieren. In den Veröffentlichungen der Neuen Bachgesellschaft hat man zwar mit den Klavierauszügen der Kantaten den Anfang damit gemacht, in den Chören a capella (Lieder und Arien für gemischten Chor) dagegen leider den alten Modus beibehalten. Zu erwähnen ist auch, daß in der bei Peters erschienenen Partitur der Missa solemnis von Beethoven die Notierung der drei höheren Singstimmen im Violinschlüssel angenommen worden ist. Das Bild der Partitur dieses Werkes hat, mit dem der früheren Ausgabe verglichen, dadurch weder an Weihe noch an Korrektheit eingebüßt, an Klarheit hingegen viel gewonnen; möglichste Klarheit sollte aber das Ziel jeder Ausgabe sein.

In Wagners Partituren sind sämtliche Tenorstimmen im Tenorschlüssel geschrieben, was ganz überflüssig ist; in der Partitur des »Lohengrin« tritt noch die Merkwürdigkeit hinzu, daß die Chor-Soprane zwar im Violin-, die Chor-Alte aber im Sopranschlüssel geschrieben sind, was ein geradezu verwirrendes Bild ergibt. Für spätere Neudrucke sollte da gründlich revidiert werden.

Was das Orchester betrifft, so kann zunächst festgestellt werden, daß der Tenorschlüssel durchaus entbehrlich ist. Er ist nur für die erste und zweite Posaune sowie für die Violoncelle und Fagotte in hohen Lagen gebräuchlich und kann bei diesen beiden Instrumenten durch den Violinschlüssel vollkommen ersetzt werden, der dann aber natürlich so zu lesen ist, wie er geschrieben steht, nicht etwa, wie in älteren Partituren, eine Oktave tiefer. Der Violinschlüssel ist beim Fagott zwar bis jetzt nicht gebräuchlich; ich glaube aber, daß kein Fagottbläser so wenig musikalisch gebildet ist, ihn gar nicht zu kennen. Sicherlich genügt die Übung weniger Stunden, um ihn sich für den überdies seltenen Gebrauch bei einigen hohen Noten anzueignen. Es liegt nicht der geringste Grund vor, warum eine Stelle, die für Violoncell oder Fagott bisher so:

notiert worden ist, in Zukunft nicht so:

geschrieben werden sollte. Die erste und zweite Posaune aber können, ebenso wie es gewöhnlich bei der dritten geschieht, bequem in dem allen Posaunisten geläufigen Baßschlüssel notiert werden. Für ältere Partituren freilich, wo noch für die richtige Altposaune geschrieben ist, wäre dieses Verfahren der hohen Noten wegen schwer anwendbar. Seit dieses wenig erfreuliche Instrument fast überall der Tenor- und der Tenorbaßposaune Platz gemacht hat und die oberste Posaunenstimme nicht mehr in so hohe Lagen wie früher geführt wird, ist der Baßschlüssel vollkommen ausreichend. Übrigens besteht kein Zweifel, daß in Ausnahmefällen auch die Posaunisten den Violinschlüssel ohne Schwierigkeit lesen könnten. Auch könnte man sich, wie ich später noch erwähnen werde, für die beiden höheren Posaunen des Altschlüssels bedienen. Kann somit der Tenorschlüssel aus neuen Partituren ohne Bedenken ausgeschaltet werden, so möchte ich hingegen den Altschlüssel vor allem für die Bratschen um keinen Preis entbehren. Die Bratsche bewegt sich in der Regel in folgendem Umfang:

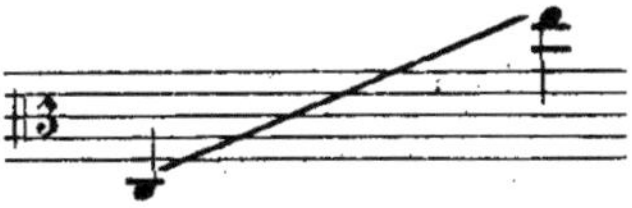

Für höhere Lagen ist ohnehin der Violinschlüssel gebräuchlich; wird nun aber der Altschlüssel gänzlich verbannt, so ist man für die Töne, die den Normalumfang des Instrumentes bilden, gezwungen, fortwährend Baß- und Violinschlüssel zu wechseln, oder aber im Violinschlüssel die Noten meistens weit unterhalb, im Baßschlüssel aber meistens weit oberhalb der Linien zu schreiben. Man schlage eine beliebige Partitur auf und schreibe eine Strecke weit die Bratschenstimme im Violin- oder Baßschlüssel, oder in beiden, so wird man die Richtigkeit meiner Ansicht bestätigt finden. Außerdem stellt der Altschlüssel auch für das Auge in geradezu prächtiger Weise die besondere Stellung dar, welche die Bratsche zwischen Violine und Violoncell einnimmt. Das Bild der Streichquartettpartitur ist aber so typisch, daß man nicht daran rühren sollte. Ich glaube, jeder Musiker, der Sinn für die Ästhetik einer Partitur hat, wird darin mit mir übereinstimmen. Ich warne ausdrücklich vor jenem radikalen Reformieren, das nur einfach umstürzen will, ohne daß dabei bedacht wird, was etwa Gutes, ja Unentbehrliches in den allgemeinen Sturz hineingezogen würde. Es gibt wirklich auch gute Gewohnheiten. Besonnenheit braucht der

Neuerer vor allem, will er Segen von seinem Vorgehen erhoffen.

Auf den Versuch einer unbesonnenen Reform brauchte ich nicht lange zu warten. Während ich diese Zeilen schrieb, war im Verlag Dreililien, Berlin, eine von H. Stephani redigierte Ausgabe der Manfred-Ouvertüre von Schumann erschienen, die das Wesen und die Vorzüge einer neuen Partiturschriftreform klarlegen soll, an der neben Stephani auch die Herren Capellen und Dubitzky seit mehreren Jahren arbeiten. Diese Reform verlangt neben einer einheitlich transponierten Notierung für alle Instrumente auch die Ausschaltung des Alt- und sogar des Baßschlüssels. Alle Instrumente sollen im Violinschlüssel notiert werden, dessen Vorzeichnung damit überflüssig wird, so daß die Partitur schlüssellos erscheint. Die Oktavlage der unter dem Bereich des Violinschlüssels liegenden Töne wird durch besondere, nach dem Umfang der Instrumente und ihrer Stimmen stets wechselnde Transpositionszeichen bestimmt. 8 bedeutet eine Oktave, 16 zwei und 24 drei Oktaven tiefer, die 8 über die Linien gesetzt eine Oktave höher wie die Normallage, die durch 0 bezeichnet wird, wenn eine tiefere oder höhere Lage vorhergegangen ist.

Der Wert, den die genannten Herren ihrer Erfindung zuschrieben, war ein sehr hoher. Am Schlusse des Vorworts zu dieser schlüssellosen Manfred-Ouvertüre heißt es: »Möge die Einheitspartitur — sei es in der Form Stephani-Capellen, sei es in anderer Gestalt — dazu beitragen, das Bedürfnis nach großer Kunst anzuregen, es von dem Zufall einer Aufführung unabhängig machen und das Verhältnis zwischen Laien und Kunst wieder inniger knüpfen.« — Was die letzte Bemerkung betrifft, so habe ich bereits darauf hingewiesen, daß es unmöglich ist, von der einfachsten Partitur Genuß und Nutzen zu haben, wenn man nicht eingehende diesbezügliche Studien und Übungen gemacht hat. Wir können ja immerhin hoffen, daß sich unsere Musikatmosphäre einmal so weit reinigen werde, daß hervorragende Kompositionen nicht, wie es so oft geschehen ist, Jahre und Jahrzehnte auf den »Zufall« einer Aufführung warten müssen, was allerdings mit dem »Bedürfnis nach großer Kunst« zusammenhinge. Die Anregung dazu aber darin zu suchen, daß man in einem statt in mehreren Schlüsseln notiert und Transpositionen aus den Partituren ausschaltet, ist denn doch eine gewaltige Überschätzung der ganzen Frage. Ich schlage vor, daß wir nicht in solche Fernen schweifen, sondern die Sache nüchtern in der Nähe betrachten wollen, und zwar zunächst, ob und welchen praktischen Wert sie hat.

Da drängt sich uns denn die Frage auf, ob eine Reform der Partiturnotierung, sehe sie aus, wie sie wolle, sehr eingreifende Erleichterungen bringen werde. Für den Lernenden zunächst nicht, und zwar aus folgenden Gründen. Setzen wir den günstigsten Fall, daß sich alle Komponisten und Verleger heute einigten, eine Reform anzunehmen, so würden neue Werke fortan allerdings in der neuen Notierung in die Öffentlichkeit gelangen. Wer aber danach das Partiturlesen erlernte, wäre naturgemäß nicht imstande, die bisher erschienenen Partituren zu entziffern. Da auf das Studium unserer Meisterliteratur nicht verzichtet werden könnte, so entstünde die unabweisbare Notwendigkeit, diese Literatur neu herauszugeben. Daß dies, wenn man nur die hervorragendsten orchestralen und dramatischen Schöpfungen in Betracht zöge, einen Zeitraum vieler Jahre beanspruchte, — von den Kosten gar nicht zu reden — wird sich niemand verhehlen. Soll nun der Unterricht so lange stillstehen? — Aber dem Musiker wird es nicht genügen, nur die sogenannten gangbaren Meisterwerke kennen zu lernen, sondern er wird auch nach weniger oder gar nicht bekannten forschen und manchen Schatz zu heben suchen, der entweder einzeln oder in den Foliobänden unserer Gesamtausgaben verborgen liegt. Niemand wird mir wohl widersprechen, wenn ich sage, daß keiner, der die Musik ernstlich treibt, in die Lage kommen darf, eine im Fünfliniensystem notierte Partitur nicht zu verstehen. Von der Verpflichtung, neben Violin- und Baß- auch wenigstens noch den Sopran-, Alt- und Tenorschlüssel lesen, und von einer Tonart in die andere transponieren zu können, wird ihn somit keine Reform, auch im Fall ihrer einstimmigen Annahme, entbinden.

Wohl aber wird eine solche Reform dem Komponisten ermöglichen, von manchen seiner *notwendigen* Kenntnisse praktisch keinen Gebrauch mehr zu machen, was eine Vereinfachung sowohl für ihn, als auch für den Leser und den Ausführenden bedeutete. Diese Vereinfachung wird eine *Verbesserung* sein, wenn ein feines Verständnis darüber gewacht hat, daß nur tatsächlich Überflüssiges verschwindet, Berechtigtes und Gutes aber erhalten bleibt.

Bedeutete die »Reform Stephani« — so will ich sie der Kürze wegen fortan nennen — tatsächlich eine Verbesserung?

Auf den ersten Anblick erscheint es so, denn das Prinzip, daß infolge der einheitlichen Notierung im Violinschlüssel z. B. das Zeichen  stets nur ein C bedeutet, daß man also, um mit den Worten der Reformatoren zu reden, keiner »neuen Augeneinstellungen« bedarf, um obiges Zeichen einmal als C, dann als E, dann wieder als D, H oder A zu lesen, hat etwas sehr Verlockendes. Sieht man jedoch genauer hin, so zeigt sich sofort ein Irrtum. Für denjenigen nämlich, der Partituren, somit auch die verschiedenen Schlüssel, *wirklich lesen* kann, gibt es neue Augeneinstellungen überhaupt nicht mehr. Er wird keinen Augenblick im Zweifel sein, daß  C,  D und  E heißt und in *welcher Oktave* diese Töne liegen, geradeso wie z. B. der gut italienisch Sprechende nicht überlegen wird, wo er g oder dsch, wo er t oder z spricht, trotzdem für die ersten zwei Laute beide Male g, für die letzten zwei meistens beide Male t geschrieben wird. Die Verwechslungen, also eben die »neuen Augeneinstellungen« kommen beim *Lernen* vor, aber auch da nur, wenn ungeschickt gelehrt wird. Der kluge Lehrer wird dem Schüler *nicht* sagen: du mußt den Baßschlüssel erst eine Terz und dann noch zwei Oktaven tiefer lesen wie den Violinschlüssel, den Altschlüssel aber nur eine Septime tiefer. Er wird ihn sorgfältig davor *hüten*, die Notenzeichen der einzelnen Schlüssel in *transponierende* Beziehung zueinander zu setzen, sondern ihn unterweisen, daß der Ausgangspunkt des Violinschlüssels , der des Altschlüssels  und der des Baßschlüssels 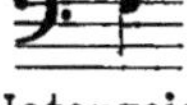 ist, und wird ihm die Bedeutung der übrigen Notenzeichen in ihren Verhältnissen zu diesen Ausgangspunkten erklären. Der Übung des geläufigen Lesens in einer Stimme wird die des gleichzeitigen Lesens mehrerer in verschiedenen Schlüsseln notierter Stimmen folgen. Aber auch beim Transponieren kann von »neuen Augeneinstellungen« nicht die Rede sein, denn hier handelt es sich darum, die *Intervalle* so lebendig im Bewußtsein zu haben, daß man sie mühelos und momentan in die neue Tonart übersetzen kann. Freilich gehört auch dazu die Mühe der Übung, der sich aber der Musiker ebensowenig entziehen dürfen wird, wie derjenige, der eine fremde Sprache beherrschen will. *Bewußt* Gelerntes *unbewußt* zu wirken ist der Sinn und Zweck alles praktischen Lernens. Eine Vereinfachung unserer unnötig mannigfaltigen Partiturorthographie wird verdienstlich sein, wenn sie nicht, einer scheinbaren Bequemlichkeit zulieb, an den Grundfesten des musikalischen Baues rüttelt. Inwieweit dies die »Reform Stephani« tut, will ich in nachfolgendem untersuchen.

Lassen wir zunächst die Transpositionsfrage beiseite und beschäftigen wir uns mit den Schlüsseln. Mit Hilfe des Violin- und Baßschlüssels sind wir imstande, sämtliche in der Musik vorkommenden Töne (mit Ausnahme der allerhöchsten und allertiefsten), ohne die Oktavlage irgendwie bezeichnen zu müssen, bequem und deutlich graphisch darzustellen. In der Partitur notiert man naturgemäß die hohen Instrumente im Violin-, die tiefen im Baßschlüssel. Ein Wechsel der Schlüssel, der oft ohne ersichtlichen Grund vorgeschrieben wird, ist tatsächlich nur in *seltenen* Fällen notwendig und kann meistens vermieden werden, wenn man sich entschließt, etwas mehr Hilfslinien zu gebrauchen. Eine besondere Unbequemlichkeit kann es z. B. nicht mit sich bringen, das Violoncell bis  durchweg im Baßschlüssel zu notieren, schreibt man doch für die Violinen unbedenklich Noten mit noch mehr Hilfslinien, ohne das 8va-Zeichen zu gebrauchen. Nun gibt es aber auch Instrumente, die sich vorwiegend in der Mittellage bewegen, bei denen man allerdings, gebrauchte man nur den Violin- und Baßschlüssel, häufig wechseln müßte. Für nicht transponierende derartige Instrumente, wie Bratschen und die höheren Posaunen, verwendet man daher den Alt- oder Tenorschlüssel. Beide leisten im wesentlichen dasselbe; einer von beiden kann daher, wie ich bereits ausgeführt habe, unbedenklich geopfert werden, ebenso wie der Sopranschlüssel wegfallen kann, weil er dasselbe leistet wie der Violinschlüssel. Der Altschlüssel verdient den Vorzug vor dem Tenorschlüssel, weil sein Ausgangspunkt, das c der sogenannten ersten Oktave, der natürliche Mittelpunkt der gesamten Tonreihe ist, und sich dieser Ton bei ihm als Notenkopf auf der mittlersten der fünf Linien darstellt, wodurch er auch äußerlich als Schlüssel der Mittellage gekennzeichnet ist.

Führen wir uns dieses Zeichen  vor Augen, so sehen wir, daß der erste Notenkopf als Ausgangspunkt des Baßschlüssels die Unterdominante F der einfachsten Tonart C-dur, der zweite als Ausgangspunkt des Altschlüssels, deren Grundton C, und der dritte als Ausgangspunkt des Violinschlüssels, deren Oberdominante, das G bedeutet. Vergleichen wir den Violin- mit dem Baßschlüssel, so finden wir, daß die erste Note mit einem Strich durch den Kopf, die im Violinschlüssel unterhalb der fünf Linien steht, mit derselben Note oberhalb der fünf Linien im Baßschlüssel identisch ist. Beide bedeuten aber jenen vorhin erwähnten natürlichen Mittelpunkt der ganzen Tonreihe, das C der ersten Oktave, während dieselben Noten in vertauschter Stellung im Altschlüssel gelesen, das Reich der Mittellage ungefähr begrenzen.

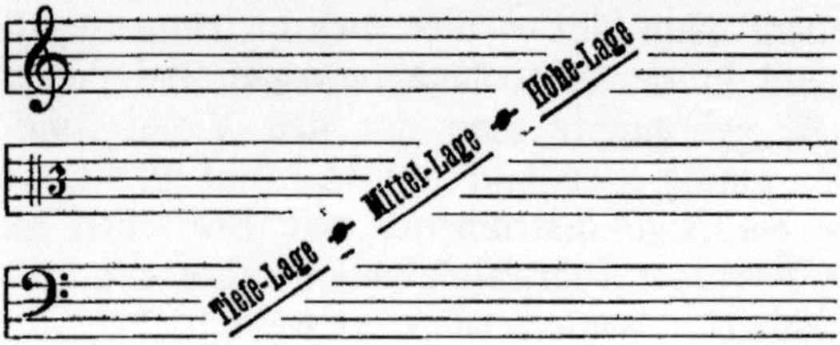

Wenn auch, *zur Vermeidung des zu oftmaligen Wechsels der Schlüssel*, über die angedeuteten Grenzen durch Zuziehung von Hilfslinien hinausgegangen wird, so zeigt doch die obige Figur, daß wir mit den erwähnten drei Schlüsseln, dem der hohen, dem der mittleren und dem der tiefen Lage, ein System der Notierung besitzen, das weder an innerer Symmetrie, noch an Einfachheit, noch aber auch an Bequemlichkeit zu wünschen übrig läßt.

Der Vorteile dieser ebenso sinnvollen wie praktischen Notierung wollte uns nun die »Reform Stephani« berauben, indem sie sämtliche Notenzeichen auf den Violinschlüssel zurückführt. Was ist die nächste Folge? Sämtliche Töne, die etwa unter dem  liegen, sind nur mehr durch Transposition in eine höhere Oktave darstellbar. Bedienen wir uns der von den Reformatoren angewandten Transpositionszeichen, so ergibt sich, wenn wir wieder vom Grundton C ausgehen, statt des vorhin dargestellten Notierungssystems das folgende:

Wir sehen, daß die tiefen Noten, die bisher über die ganze Reihe der verfügbaren Notenköpfe ausgebreitet waren, sich nun plötzlich auf ein ganz enges Feld zusammendrängen müssen und nur mehr durch besondere Zeichen bezüglich ihrer Oktavlage erkennbar sind, während die hohen Noten ihren freien Spielraum behalten. Mit demselben Rechte könnte man eine Partitur konstruieren, die durchwegs im Baßschlüssel notiert wäre, was die umgekehrte Lage ergäbe. Ästhetisch betrachtet gliche das Bild einer solchen Partitur einer menschlichen Figur, der man Kopf und Oberkörper bis zu den Hüften zusammengequetscht hat, während die Stephanische einer Statue gleicht, der man die Beine in den Leib gestoßen hat. Auf die Frage, ob die neue Notierung symmetrisch sei, wird man also mit »nein« antworten müssen.

Wenden wir uns nun zur praktischen Seite. Ich schicke voraus, daß gegen die Oktaventransposition als solche natürlich nichts einzuwenden ist. Wir notieren behufs Vermeidung allzu vieler Hilfslinien Kontrabässe und Kontrafagott eine Oktave höher, die kleine Flöte eine Oktave tiefer wie die entsprechenden Klänge. Aber — und das ist das wichtige — wir notieren sie stets so. Anders ist es, was die tiefen Instrumente betrifft, in der Stephanischen Partitur. Da sich die Stimmen dieser Instrumente über mehrere Oktaven bewegen, so war man genötigt, die Transpositionszeichen fortwährend zu wechseln. Dasselbe muß aber auch bei allen anderen Instrumenten geschehen, deren Bereich die Tiefe und Mittellage ist, also auch bei den Violoncellen, Bratschen, Posaunen, Hörnern und Fagotten. Nur die Pauken können wegen ihres geringen Umfanges beständig mit dem Zeichen 8 notiert werden. Zieht man moderne Partituren in Betracht, so würden auch Althoboe, Altflöte, Baßklarinette,

Kontrafagott, Baßtrompete, Harfe, Heckelphon und Tuba von dieser beständig wechselnden Notierungsweise betroffen. Wie gefangene Vögel in ihrem Käfig von Sprosse zu Sprosse, so hüpfen in der Stephanischen Partitur die Stimmen der genannten Instrumente von Oktave zu Oktave. Die Herren Reformatoren behaupteten, man werde sich an diese Notierung ebenso »gewöhnen«, wie an die frühere. Das schlimme ist nur, daß man sich an die neue Notierungsweise nicht gewöhnen kann, weil sie durch keine Gesetzmäßigkeit geregelt, sondern rein zufällig ist. Während ich jetzt nur durch einen ausnahmsweise wechselnden Schlüssel genötigt bin, ein Instrument anders zu lesen wie gewöhnlich, z. B. das Cello im Tenor- oder Violinschlüssel, sonst aber jederzeit, ohne den Schlüssel besonders anzusehen, weiß, wo ich mich befinde, muß ich in der Stephanischen Partitur bei jeder mittleren oder tieferen Stimme zuerst die Note lesen, dann aber das Transpositionszeichen suchen, das oft am Anfang, oft in der Mitte der Zeile steht, oder ich muß bei jeder Zeile erst das Transpositionszeichen lesen, das aber oft in derselben Zeile immer wieder wechselt, sobald die Stimme in eine Oktave tritt, die in der soeben noch vorgeschriebenen nicht mehr darstellbar ist. Für jede Seite, oft für eine Gruppe weniger Takte, ist diese Doppelfunktion in verschiedener Weise für mehrere Stimmen gleichzeitig erforderlich, wodurch ein fließendes Lesen unmöglich gemacht wird. Alles ist trügerisch. Liegt hier die Bratsche über der zweiten Violine? — Muß erst nachsehen. — Ach nein, da steht ja die 8. — Wie kommt das Violoncell zu diesen hohen Noten? — Da steht ja 16, also zwei Oktaven tiefer; jetzt begreife ich. — usw. — Gerade die »neuen Augeneinstellungen«, welche die Reform Stephani vermeiden will, führt sie durch diese sprunghafte und stets willkürlich wechselnde Notierung herbei. Während im Original der Manfred-Ouvertüre nicht ein einziges Mal der Schlüssel wechselt, finden sich in dieser »Einheitspartitur« nicht weniger wie achtundsiebzig Wechsel der Transpositionszeichen. Die Frage, ob die Reform eine Vereinfachung bedeute, und somit praktischen Wert besitze, kann daher auch nur verneinend beantwortet werden.

Des schlimmsten Übelstandes jedoch muß ich nunmehr gedenken. Die Reform Stephani ist geradezu unmusikalisch. Dadurch nämlich, daß sämtliche tiefen und mittleren Stimmen in den verschiedensten und immer wechselnden Oktavlagen in die Höhe gepreßt werden, vermengen sie sich für das Auge stets mit den Oberstimmen, und es entstehen fortwährend falsche Augenbilder. Zwar behauptete Herr Capellen in Nr. 40 des »Musikalischen Wochenblattes«, daß in der Einheitspartitur eine augenblickliche Erkennung des Ganges der Harmonie (!) und Melodie selbst dann möglich sei, wenn die Mittelstimmen ohne Rücksicht auf die vorgezeichnete Oktavhöhe abgelesen werden. Doch das ist grundfalsch. Es ist im Gegenteil außerordentlich wichtig, in welcher Oktavlage die Mittelstimmen liegen, wenn man den Gang der Harmonie richtig erkennen will, und durchaus nicht gleichgültig, ob sie vielleicht über die Melodie hinauf- oder unter den Baß hinabsteigen. Da der Baß infolge seines größeren Abstandes von der unteren Grenze des Violinschlüssels im Verhältnis höher notiert sein muß wie die Mittelstimmen, so ist der zweite Fall der häufigere, wie denn überhaupt die Bässe in der neuen Notierung am schlechtesten wegkommen. Zwar entgegnen die Herren Reformatoren, daß auch in der jetzigen Partitur die Kontrabässe für das Auge mitunter über das Violoncell rücken. Erstens aber sind solche Fälle Ausnahmen; zweitens kommt diese Höherrückung insofern nicht zum Bewußtsein, als an solchen Stellen das Cello stets im Baßschlüssel und der Kontrabaß stets eine Oktave tiefer gelesen wird wie er geschrieben ist. Ich wiederhole es: nicht die Oktaventransposition als solche, sondern der fortwährende sprunghafte Wechsel der Transposition sowie der Umstand, daß manche Stimmen stellenweise zwei, ja sogar drei Oktaven höher zu lesen sind als sie klingen, bringt die Verwirrung mit sich. Was die Reformatoren mit so großem Stolz betonen, nämlich, daß sie alles dem Klang nach notieren, ist abermals falsch. Die Transposition um eine Oktave wird als Notbehelf zur Vermeidung größerer Unbequemlichkeiten nicht zu vermeiden sein; eine solche aber von zwei, geschweige denn von drei Oktaven irritiert das Klangbild um so schwerer, je mehr andere in der einfachen Oktav- oder in der Originallage notierte Stimmen gleichzeitig dazu gelesen werden müssen. Es ist ein großer Unterschied, ob einmal der Kontrabaß wirklich einige Noten über das Cello hinaufrückt, oder ob wir die Bässe, die das stolze Fundament des musikalischen Baues bilden, stets in Violinnoten dicht unter, gelegentlich sogar über die ersten Geigen gezwängt sehen müssen, wo sie sich so winzig und armselig ausnehmen, wie große Gegenstände, die man verkehrt durch das Opernglas betrachtet. Ich will nur zwei Beispiele hersetzen, um zu zeigen, welch verkehrte und musikalisch grundfalsche Bilder für das Auge durch die Stephanische Notierung entstehen.

Original:

Stephani:

Original:

Stephani:

Im zweiten Beispiel bildet die zweite Violine mit ihrem Es (falscher Sekund-Akkord!) den Baß für das ganze Orchester. Ich habe speziell die Partitur des Streichkörpers auf solche Fälle untersucht und von den 308 Takten der Manfred-Ouvertüre 104, also über ein Drittel gefunden, die auf diese abscheuliche Art entstellt waren. Überblickt man die Gesamtpartitur, so sind es noch mehr. Dabei ist die Manfred-Ouvertüre ein sehr einfaches Stück ohne besondere Stimmenkreuzungen. Wie würde erst eine kompliziertere Partitur in dieser Notierung aussehen?

Ich verkenne nicht, daß eine ideale Notenschrift diejenige wäre, die uns für jeden Ton ein besonderes Zeichen gäbe und uns dadurch der Schlüssel und der Transpositionen, auch der um eine Oktave, überhöbe. Solange wir aber am Fünfliniensystem festhalten, — und daß dies notwendig sei, erkennt auch die Reform Stephani an, — können wir die Schlüssel nicht entbehren. Jedoch wird es richtig sein, ihre Zahl zu reduzieren.

Sehen wir von ihrem Grundirrtum ab, alle Notierung auf den Violinschlüssel zurückzuführen, so enthält die Reform Stephani einige beachtenswerte Vorschläge. Das Transpositionszeichen 8 entspringt einer glücklichen Idee; nur möchte ich raten, es in anderem Sinne zu verwenden, wie die Reformatoren, nämlich als Zusatz zum Schlüssel derjenigen Instrumente, die ständig in Oktaventransposition geschrieben werden. So würde es zur Deutlichkeit beitragen, wenn man Kontrabässe und Kontrafagott so  die Chortenöre und, wenn man meinem nachfolgenden Vorschlag, die Hörner stets in C zu schreiben, folgt, auch diese so  und die kleine Flöte mit ihrer Transposition nach der Höhe so  (mit der 8 oben) vorzeichnete. Für die Bratsche muß der Altschlüssel erhalten bleiben, weil, wenn wir auch für dieses Instrument den  annähmen, die höhere Lage des Instruments die Einführung des , also eines neuen Zeichens für ein einziges Instrument, und außerdem die verwirrende, sprunghafte Notierung im gleichen Schlüssel nötig machte, die in der Stephanischen Partitur so böse Folgen hat. Nachdem ich mir viele Partituren eigens daraufhin angesehen habe, erscheint mir der Altschlüssel als Schlüssel der Mittellage auch eventuell für die erste und zweite Posaune das richtige, insofern ihre Stimmen nicht so tief liegen, daß sie, wie die dritte Posaune, im Baßschlüssel notiert werden können.

Nach diesen Ausführungen über einen verfehlten Reformversuch und die Schlüsselfrage wende ich mich nunmehr den transponierenden Instrumenten zu. Was diese betrifft, so sind es zunächst die Hörner und Trompeten, deren Schreibart einer gründlichen Regelung bedarf. Wie bekannt, verfügten diese Instrumente früher nur über eine beschränkte Anzahl von Tönen, die sog. Naturtöne; auf den Hörnern war durch das Stopfen, d. i. mehr oder weniger Schließen des Schalltrichters, noch eine Anzahl zwischen diesen Naturtönen liegender Töne zu erlangen, die aber nur mit einer gewissen Vorsicht verwendet werden konnten. So war es erklärlich, daß die älteren Meister, Berlioz eingeschlossen, der fast ausschließlich für Naturinstrumente, aber mit sehr geschickter Verwendung der Stopftöne schreibt, die Hörner und Trompeten stets ohne Vorzeichnung in C-dur notierten, wobei die einfache Vorschrift, in C, in D, in Es usw. besagte, ob und wie die jeder Stimmung gemeinsame Naturskala:

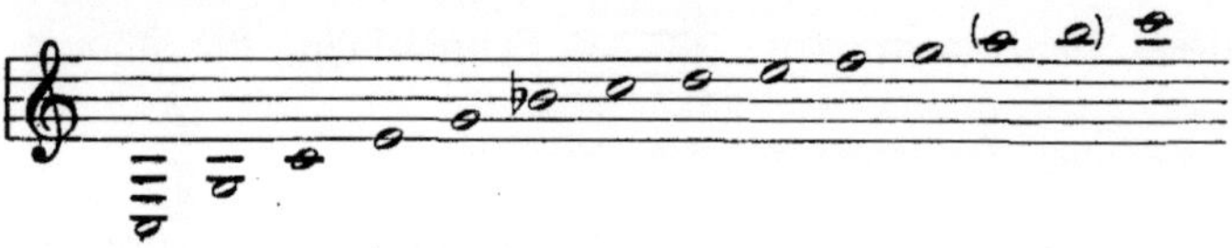

und eventuelle Zwischen- d. h. Stopftöne transponiert werden müssen. Ein Wechsel der Stimmung war nur durch ziemlich umständliches Einsetzen eines anderen Bogens in das Instrument zu erzielen, konnte daher während des Tonstücks nur unter der Bedingung vorgenommen werden, daß dem Spieler eine beträchtliche Anzahl Pausen zur Verfügung standen. Beethoven bewilligt im ersten Satz der Eroica dem ersten Hornbläser 41 Takte Pausen, um sein Es-Horn nach F zu stimmen und sogar 89 Takte, um dann wieder die ursprüngliche Stimmung in Es herzustellen. Gewöhnlich verzichteten die alten Meister aber überhaupt auf die Umstimmungen während der Tonstücke, wahrscheinlich wegen der damit verbundenen Unsicherheit, und ließen die Hörner und Trompeten während der Harmonien, in denen kein Ton der Naturskala vorkam, einfach pausieren. Durch die Erfindung der Ventile ist nun die Umstimmung jederzeit in einem Augenblick zu bewältigen, wodurch es möglich geworden ist, nicht nur jeden Ton innerhalb des betreffenden Umfanges mit gleicher Sicherheit hervorzubringen, sondern auch die chromatische Tonleiter mit größter Schnelligkeit aufwärts und abwärts zu blasen. Damit sind natürlich die verschiedenen Stimmungen mit der Naturskala illusorisch geworden und Horn und Trompete können unbedenklich den chromatischen Instrumenten beigezählt werden.

Die Komponisten bemerkten zwar bald die Vorteile der Ventilisierung und begannen, die Hörner und Trompeten chromatisch zu verwenden, ohne sich aber über eine sinngemäße Schreibweise klar zu werden. Eine merkwürdige Kompliziertheit zeigen in dieser Beziehung die Partituren Wagners. Ich greife im nachfolgenden nur einige Beispiele heraus, ungewiß, ob ich die treffendsten gefunden habe; da aber der partiturkundige Leser fast auf jeder Seite ähnliche finden kann, so mögen diese genügen. Wagner schreibt die Hörner oft in drei verschiedenen Stimmungen. Dies ist offenbar auf das ähnliche Verfahren von Berlioz zurückzuführen, der dadurch eine möglichst große Anzahl offener Töne auf den Naturhörnern erzielen wollte, für die er, wie bemerkt, fast ausschließlich schrieb. Wagner aber schreibt offenkundig für das Ventilhorn, weshalb diese Art der Notierung das Lesen nur übermäßig erschwert, sonst aber keinen Vorteil gewährt. Auf Seite 167 der Rheingold-Partitur findet sich folgender Akkord:

Ich glaube, selbst ein gewiegter Partiturleser wird da einige Zeit studieren müssen, um herauszubekommen, daß die Wirkung ein gis- bzw. as-moll-Akkord sein soll. Da es sich hier um lauter gestopfte Töne handelt, und speziell das gis auf dem Naturhorn ein dumpfklingender (künstlicher) Ton ist, so könnte man vielleicht meinen, Wagner habe gewollt, daß die Hornisten durch die Ventile die vorgeschriebenen Stimmungen herbeiführen und dann die Töne so anbliesen, wie sie es auf den Naturhörnern tun müßten. Warum aber die folgende Stelle, die für C-Hörner notiert so aussähe:

auf die folgende verzwickte Weise geschrieben ist:

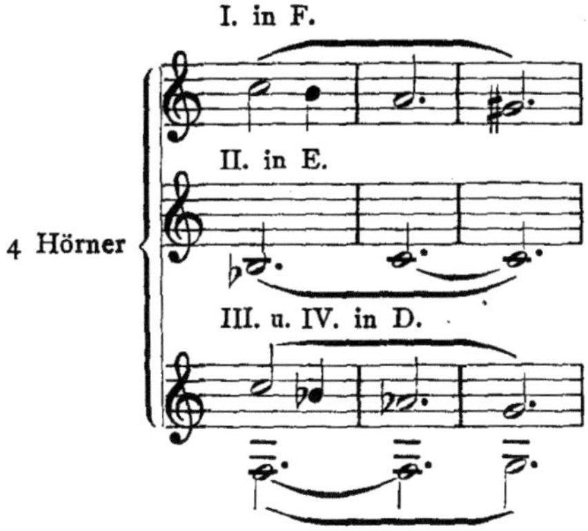

ist gar nicht einzusehen. Auf vier Naturhörnern in C wäre sie überdies, wenn auch nicht viel, so doch etwas besser zu blasen, wie auf den vorgeschriebenen Stimmungen, falls man auch dabei an Naturhörner denkt, da auf jenen zehn offene Töne zur Verfügung ständen, auf diesen nur sieben. Aber bei Wagner ist ja von Naturtönen überhaupt nicht mehr die Rede. Dessenungeachtet bemüht er sich an anderen Stellen wieder oft in auffälliger Weise, möglichst nur Naturtöne zu schreiben, und wechselt zu diesem Zweck bei jeder Note die Vorschrift der Stimmung. Folgende Stelle findet sich auf Seite 108:

folgende auf Seite 110 und 111 der Rheingold-Partitur:

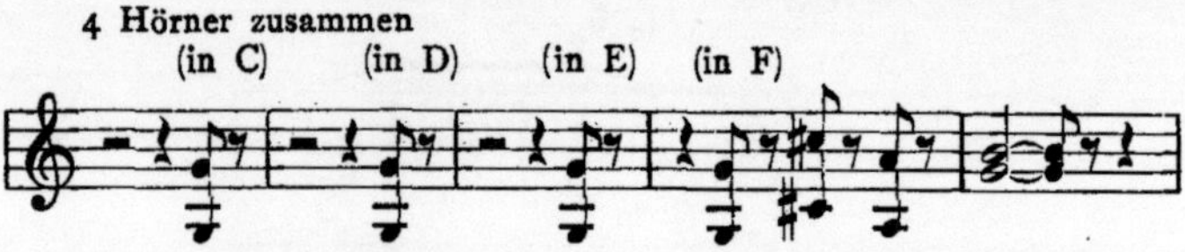

Die eigentümlichste, fast drollig anzusehende Stelle bildet aber der Anfang des dritten Aufzugs von Lohengrin, Partitur Seite 269:

Man sieht aber, daß er trotz dieser plötzlichen Umstimmungen nur an Ventilhörner denkt, da er jeden Augenblick Töne einfügt, die auf Naturinstrumenten schlecht oder gar nicht vorhanden sind; auch wäre auf diesen das rasche Umstimmen unmöglich. Im Vorwort zur Tristan-Partitur spricht er übrigens deutlich aus, daß er es den Hornisten überläßt, ob sie auf die von ihm angegebenen Umstimmungen Rücksicht nehmen wollen. Dies geschieht in Wirklichkeit nämlich durchaus nicht, und kann in so raschem Wechsel gar nicht geschehen. Folgende Noten z. B.

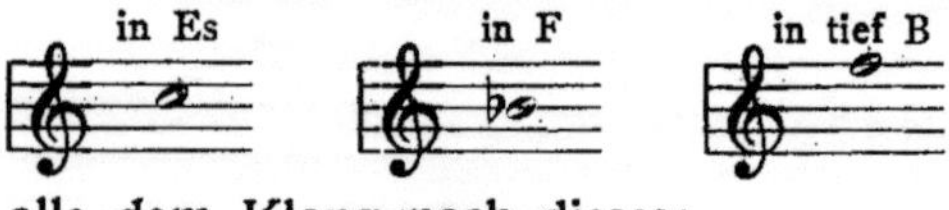

ergeben alle dem Klang nach dieses:

Auf dem Ventilhorn spielt es aber der Bläser, wie es auch geschrieben sein mag, auf die Art, die ihm im vorliegenden Fall am bequemsten ist.

Da Wagner bei den Trompeten in ähnlicher Weise verfährt, wie bei den Hörnern, so ist die ohnehin nicht geringe Schwierigkeit, seine reichhaltigen Partituren zu lesen, tatsächlich um ein Beträchtliches gesteigert[1]). Auch hier ist bei späteren Nachdrucken eine gründliche Revision sehr wünschenswert, und es frägt sich nur nach den Prinzipien, die dabei maßgebend sein sollen.

Wagner hat sich vielleicht die hier ausgesprochenen Bemerkungen schon selbst gemacht, denn in der Partitur des »Parsifal« herrscht die F-Stimmung in Hörnern und Trompeten ziemlich einheitlich vor; nur vorübergehend treten andere Stimmungen auf. Neuere Komponisten verwenden jetzt die F-Stimmung für die Hörner ausschließlich, für die Trompeten aber mehr die C- als die F-Stimmung, was bequemer ist, weil man in der F-Stimmung die Trompeten eine Quarte tiefer schreiben muß, wie sie klingen, somit oft weit unter die Notenlinien herabzusteigen gezwungen ist, dann aber auch, weil die in C notierte Trompete so klingt, wie sie geschrieben wird, also noch einfacher zu lesen ist. Die Geschicklichkeit im Transponieren ist den Blechbläsern von Anfang an so anerzogen, daß man keine Rücksicht zu nehmen braucht, ob ein Trompeter die in C notierte Stimme tatsächlich auf einem Ventilinstrument mit C-Bogen oder auf einem mit F- oder B-Bogen spielt. Diese Bogen sind bei den Trompeten noch gebräuchlich, während bei den Hörnern

---

[1]) Ich spreche hier natürlich nicht von Dirigenten, die diese Partituren so gut wie auswendig kennen, sondern von Musikern, die sie von Grund aus neu studieren müssen.

fast nur der F-Bogen, und für hohe Stellen jetzt mitunter auch der kleine B-Bogen (B alto) zur Verwendung kommt.

Sonderbarerweise hat sich aber immer noch aus der Zeit der Naturinstrumente der Gebrauch erhalten, Hörner und Trompeten *ohne Vorzeichnung* zu schreiben, wofür ein irgendwie vernünftiger Grund nicht aufzuweisen ist. Der Hornist und der Trompeter müssen gerade so gebildete Musiker sein, wie die übrigen Orchestermitglieder, und Musik mit Vorzeichnung gerade so gut lesen können, wie diese. Auch entstehen durch die Notierung ohne Vorzeichen bei der heutigen Kompositionsweise in den Stimmen dieser Instrumente mitunter wahre Ungeheuerlichkeiten. Wenn das Orchester z. B. in Fis-dur spielt, so stehen die F-Hörner in Cis- oder Des-dur. Nun denke man sich einen vorwiegend chromatischen Satz in diesen Tonarten ohne Generalvorzeichnung geschrieben, wodurch fast bei jeder Note ein oder sogar zwei Versetzungszeichen stehen müssen! Ich habe in den neuen Partituren nicht selten Stellen gefunden, die infolge dieser Schreibweise von mir und den Spielern erst langsam enträtselt werden mußten. Wozu nun dieser Atavismus, der keinen Sinn hat und in Militärorchestern wohl schon lange abgeschafft ist? —

Ich unterbreite hiermit den Komponisten den Vorschlag, für *Ventilhörner* und *Ventiltrompeten* in Zukunft *mit Vorzeichnung* zu schreiben und eine *einheitliche*, nicht wechselnde Stimmung für diese Instrumente anzunehmen, und zwar die in C, für die Hörner, natürlich eine Oktave höher, mit dem Schlüssel

. Den Herren Verlegern aber schlage ich vor, bei

Neudrucken Wagnerscher, Lisztscher und solcher neueren Werke, die deutlich für *Ventilinstrumente* geschrieben sind, nach demselben Prinzip vorzugehen. Daß die Baßtrompete ebenfalls stets in C mit Vorzeichnung zu notieren wäre, versteht sich von selbst. Auch was die übrigen transponierenden Instrumente, Klarinetten, Baßklarinetten, Althoboen, Altflöten und Tuben betrifft, so ist gegen eine untransponierte Notierung in der Partitur nicht das geringste einzuwenden. Ob man schließlich für die Klarinetten bis zum  herabsteigen muß, während man bisher  notierte, hat nicht viel auf sich. Die Frage, ob man für besonders tiefe Lagen der Klarinetten — vielleicht auch der Althoboe — den Baßschlüssel anwendet, wie es Wagner mitunter, trotz Beibehaltung der transponierten Schreibweise, tut, möge der Diskussion anheimgestellt werden. Die Baßklarinette notiert man ihrer tiefen Lage wegen am besten stets im Baßschlüssel. Die sogenannten Nibelungen-Tuben könnten am besten so notiert werden, daß man die Tenortuben wie die Hörner schreibt, also eine Oktave höher mit dem Schlüssel  und die Baßtuben, wie sie klingen, im Baßschlüssel.

Die *Orchesterstimmen* dieser Instrumente müssen dann aber allerdings in die Originallagen dieser Instrumente *transponiert* werden und wird der Komponist gut tun, die Kopie, bzw. den Stich dieser Stimmen zu überwachen, um unpraktische Notierungen zu vermeiden. Setzen wir z. B. den Fall, daß in einem Stück in F-dur, das B-Klarinetten verwendet, eine Ausweichung nach Cis-dur vorkäme. Der Komponist wird mit geschicktem enharmonischem Wechsel an dieser Stelle für die Klarinetten Es-dur schreiben, der sich selbst überlassene Kopist aber das unleserliche Dis-dur. Was bedeutete aber ein kleines Opfer an Zeit gegenüber dem großen Vorteil, eine Partiturnotierung zu besitzen, in der nur drei Schlüssel vorkommen, und in der jede Transposition außer der Oktaventransposition ausgeschaltet ist.

Ich hatte die Freude, daß mein ursprünglicher Gegner, Herr Capellen, schließlich meinen Ausführungen beitrat, während Max Schillings bereits von sich aus einen dem meinigen ähnlichen Weg eingeschlagen hatte. Wir verfaßten eine gemeinsam unterzeichnete Resolution, die in der »Musik« abgedruckt wurde und die ich hier nochmals veröffentliche. Sie lautete:

»Wir halten es für richtig, sämtliche Stimmen einer Partitur stets in der C-Stimmung zu notieren, und nur die Oktaven-Transpositionen beizubehalten, also die Hörner eine Oktave höher, Trompeten, Klarinetten, Baßklarinetten und Althoboe (Englischhorn) aber dem wirklichen Klange nach zu notieren. Jedoch soll für die drei zuletzt genannten Instrumente in den Orchesterstimmen aus praktischen Gründen die Originalstimmung beibehalten werden, die bei den Klarinetten in der Partitur anzumerken ist.

Hörner und Trompeten sollen, wie alle anderen Instrumente, mit herausgesetzter Tonart-Vorzeichnung notiert werden.

Bei Instrumenten, welche in Oktaven-Transposition notiert werden, soll dem Schlüssel eine 8 beigegeben werden, und zwar oben, wenn die Transposition nach der höheren, unten, wenn sie nach der tieferen Oktave erfolgt.

Z. B. Kleine Flöte 𝄟, Hörner und Chortenöre 𝄠, Kontrabässe und Kontrafagott 𝄣.

Außerdem schlagen wir vor, nur mehr Violin-, Alt- und Baßschlüssel zu verwenden, also den Tenorschlüssel als überflüssig zu eliminieren, weil er in der Lage, in der die C-Schlüssel bei einigen Instrumenten üblich sind, durch den Alt-, beim Violoncell wohl auch durch den Violinschlüssel ersetzbar ist.

München, 3. März 1907.

Georg Capellen
Max Schillings
Felix Weingartner«

Mit einer allgemeinen Annahme dieser Vorschläge wären nach meiner Ansicht die Schwierigkeiten, die das Lesen einer Partitur *überflüssig* erschweren, beseitigt.

Die Posaunen in Mozarts Requiem.

Das Sheffielder Musikfest im Oktober 1905 gab mir die Gelegenheit, Mozarts Requiem zu dirigieren. Die Partitur der Gesamtausgabe, die ich bei dieser Gelegenheit benutzte, verzeichnet mit großer Gewissenhaftigkeit, was in diesem Werk noch von des Meisters Hand selbst herrührt, und was sein Schüler, dem die schwere, ja fast unmögliche Aufgabe zufiel, das von Mozart unvollendet hinterlassene Manuskript zu ergänzen, hinzugefügt hatte. Bereits im zweiten Stück, dem »Dies irae«, beginnt Süßmayers Arbeit. Hier rühren noch die Singstimmen und fast das ganze Quartett von Mozart her. Nur in der ersten Violine zeigen sich Lücken, die Süßmayer ausgefüllt hat, so wie er auch die Bläserstimmen hinzugefügt hat. Dann wird es aber immer weniger Mozart. Bis zum »Hostias« sind die Singstimmen und der Instrumentalbaß Original, stellenweise finden sich einige Takte in den Violinen und Bläsern, die der Meister offenbar als Haltepunkte für die spätere Ausarbeitung seiner Partitur fixiert hat und die uns nun kostbare Vermächtnisse sind. Dazu gehören die herrlichen Stimmen der Bassetthörner im »Recordare«. Vom »Sanctus« ab verstummt Mozart vollständig und Süßmayer hat das Wort.

So war es mir während des Dirigierens wie ein allmähliches, wehmütiges Abschiednehmen. Nur das erste »Requiem« überschriebene Stück gewährt den ungetrübten Genuß reinen Mozartschen Schaffens. Wie wundervoll ist seine Klangfarbe, wie edel der Ausdruck. — Und die Doppelfuge über das »Kyrie« und »Christe eleison«! — Bei aller Wucht, bei aller Kunst des Satzes, die der Bachs in nichts nachsteht, bleibt doch stets die Mozart eigentümliche sinnliche Schönheit gewahrt. Ich glaube kaum, daß Mozart am Schluß des Werkes diese herrliche Fuge einfach wiederholt hätte, wie es Süßmayer getan hat; für diesen war es wohl der beste Ausweg.

Man darf Süßmayer die Anerkennung nicht versagen, daß er mit höchster Pietät seine Ergänzungsarbeit ausgeführt hat. Nur das »Sanctus« ist schwach. Das »Benedictus« ist ein gutes, obwohl etwas weichliches Stück; sehr schön, von den Mozartschen Fragmenten sogar kaum merklich abfallend, ist hingegen der Anfang des »Agnus Dei«.

Ernstlich zu tadeln ist Süßmayer nur für die oft geradezu brutale Verwendung der Posaunen. Wie sie Mozart im Requiem wohl geschrieben hätte, ersieht man ungefähr aus dem ersten Stück, wo sie nur einmal am Anfang, vor dem Eintreten des Chores, mit wenigen Akkorden einsetzen. Süßmayer läßt die Posaunen in den meisten Fällen einfach mit dem Alt, Tenor und Baß des Chores, ja, im Benedictus sogar mit den Solostimmen im Einklang mitblasen. Diese primitive Schreibweise der mächtigen Instrumente mag allenfalls im »Dies irae«, im »Rex tremendae« und im »Confutatis« unbeanstandet bleiben. Bedenklich wird es erst vom »Lacrimosa« ab.

Nachdem ich mich auf den Proben in Sheffield hinlänglich überzeugt hatte, daß diese fortwährend mitblasenden Posaunen eine häßliche Wirkung hervorbringen, entschloß ich mich zu Korrekturen. Die Befriedigung, die ich selbst bei der Generalprobe und Aufführung darüber empfand, sowie die Zustimmung mehrerer anwesenden Musiker, denen ich mein Verfahren vorher mitgeteilt hatte, veranlassen mich, diese Korrekturen hier bekannt zu geben und ihre Nachahmung zu empfehlen. Bezüglich der Seiten- und Taktzahlen folge ich der Partitur der Gesamtausgabe.

Lacrimosa: Die Posaunen schweigen vom letzten Takt der Seite 52 ab und setzen im letzten Takt der Seite 54 wieder ein. Hierauf schweigen sie vom dritten Takt der Seite 55 ab und blasen erst wieder die zwei letzten Takte dieses Stückes, Seite 56, natürlich piano.

Domine Jesu: Die Posaunen schweigen vom dritten Takt der Seite 59 ab, was den gewaltigen Kontrapunkt der Singstimmen mit dem Quartett erst ins richtige Licht rückt, und setzen im dritten Takt der Seite 64 auf dem vierten Viertel wieder ein. Sie schweigen dann vom neunten Takt derselben Seite ab, und setzen im dritten Takt der Seite 65 auf dem vierten Viertel forte bis zum Schluß ein.

Genau dasselbe gilt von der Wiederholung des »Quam olim Abrahae« im »Hostias«.

Benedictus: In den ersten vier Takten, ferner auf Seite 81, 84 und 86 ist den beiden ersten Posaunisten ein diskretes Spiel zu empfehlen; sie wären hier am besten durch Hörner zu ersetzen, wenn nicht die Verwendung von Hörnern in diesem Werk offenbar Mozarts Willen widerspräche. Gänzlich zu schweigen haben die Posaunen von Seite 78 ab bis zum fünften Achtel im ersten Takt der Seite 80, wo sie im vollen fortissimo einsetzen. Dann schweigen sie wieder vom zweiten Viertel des ersten Taktes des Allegro auf Seite 87 bis zum Schluß dieses Stückes. Das »Osanna« wird hier ebenso ohne Posaunenverdoppelung gespielt wie im »Sanctus«.

Die Tenorgeige.

Für einen in Barmen geplanten Kammermusik-Abend mit meinen Kompositionen war an mich die Anfrage ergangen, ob ich einwillige, daß meine Werke vom Ritter-Quartett ausgeführt würden; d. i. eine Vereinigung von vier jungen Künstlern, die von Musikdirektor Traugott Ochs in Bielefeld nach einem Plane des bekannten Violaverbesserers, Prof. Hermann Ritter in Würzburg herangebildet worden waren, und die mit diesem Abend ihren ersten Schritt in die Öffentlichkeit wagen sollten. Eine ausführliche Schilderung erweckte mein Interesse und ich gab meine Zustimmung, was ich nicht zu bereuen hatte. Zwar fand ich nichts Fertiges, künstlerisch Vollendetes, wohl aber eine Neuerung, die einige lebensfähige Keime für die Zukunft in sich birgt und darum der Beachtung wert ist.

Die zweite Violine des Quartetts war durch eine fünfsaitige Bratsche ersetzt, die neben den vier üblichen Saiten C D G A noch eine, der sogenannten Quinte der Violine entsprechende E-Saite besitzt, und somit imstande ist, mit Leichtigkeit in die höchsten Lagen der Violine emporzuklimmen, ohne jedoch den der Bratsche eigentümlichen Klangcharakter ganz zu verlieren. Die Bratsche hinwiederum war durch eine *Tenorgeige* ersetzt, ein Instrument in der Form eines Violoncells, nur kleiner als dieses, dessen vier Saiten genau eine Oktave tiefer stehen wie die der gewöhnlichen Violine, also auch in G D A E.

Die erste Violine und das Violoncell blieben unverändert.

Diese vier Instrumente stehen also, was ihren Umfang und ihre Stimmung betrifft, in regelmäßigen Abständen voneinander, die ungefähr — und das war der leitende Grundgedanke des ganzen Planes — der Lage der vier hauptsächlichen *menschlichen* Stimmen entsprechen, wie es das nachfolgende Schema, wofür ich die Namen benutze, die Musikdirektor Ochs den Instrumenten seines Quartetts gegeben hat, verdeutlicht.

Sopran-Geige: (Violine)

Alt-Geige:

Tenor-Geige:

Baß-Geige: (Violoncell)

In der Klangwirkung fiel mir zunächst der sehr durchdringende Charakter auf, den die zweite Geigenstimme dadurch, daß sie auf einer Bratsche gespielt wurde, gegenüber der ersten Violine bekam, während die Tenorgeige sich sowohl vom Violoncell wie auch von den Oberstimmen kräftig abhob. Größere klangliche Selbständigkeit der Mittelstimmen war somit das erste Ergebnis meiner Beobachtungen. Sie erklärt sich dadurch, daß, während beim gewöhnlichen Quartett drei Individualitäten, Violine, Bratsche und Violoncell, vertreten sind, wir hier deren vier, also ein Quartett im eigentlichen Sinne des Wortes, vor uns haben. Hand in Hand damit geht eine große Tonfülle, aber auch eine wesentlich dunklere Tonfärbung, die an manchen Stellen von wundervoller Wirkung ist, den Absichten der Komponisten jedoch nicht überall entsprechen dürfte. In meinem D-moll-Quartett z. B. entschloß ich mich, eine sehr charakteristische Bratschenstelle dennoch der Bratsche zu überweisen, sie also in die zweite Violinstimme zu überschreiben, während die Tenorgeige an derselben Stelle mühelos die Stimme der tiefliegenden zweiten Violine übernehmen konnte. Nicht immer aber wird sich die Schwierigkeit so leicht beheben lassen, wie in diesem Falle; eine hohe Lage der zweiten Violinstimme hätte das erwähnte Auskunftsmittel unmöglich gemacht. In meinem Sextett, wo ein Kontrabaß und das Klavier hinzutraten, waren hingegen keinerlei Nachteile zu verspüren. Der Streichkörper hielt den Tonwogen des Flügels, die ich nicht im geringsten zu mäßigen brauchte, ausgezeichnet stand, und die Gesamtwirkung soll nach dem Urteil objektiver Zuhörer eine vortreffliche gewesen sein. Der dunklere Klang der neuen Zusammenstellung kam allerdings auch diesem, im wesentlichen düster gefärbten Tonstück besonders entgegen.

Ich glaube zwar nicht, daß diese neue Zusammenstellung für ältere, auf die allgemein übliche Zusammenstellung des Quartetts berechnete Werke von Nutzen sein wird, doch wäre es sehr wohl denkbar, daß neue Quartette eigens dafür komponiert würden. Träte aber zum üblichen Quartett eine Tenorgeige als fünftes Instrument hinzu, so ergäbe sich ein Quintett von sehr ausgeglichener und mannigfaltiger Tonfärbung. Ich glaube mich nicht zu irren, wenn ich eine derartige Zusammenstellung für das Streichquintett für zukunftsreich halte, wie ich überhaupt glaube, daß die Tenorgeige der einzige wirkliche Gewinn ist, der aus diesem Versuch einer neuen Zusammenstellung des Quartetts resultiert.

Auch für das Orchester ist die Tenorgeige ernstlich in Erwägung zu ziehen. Erstens sind die Bratschen durch ihre schwache Besetzung noch immer die Stiefkinder des Orchesterquartetts, trotzdem Berlioz schon vor fünfzig Jahren gegen diesen Übelstand seine schärfsten

Pfeile losgeschossen hat. Mindestens ein Bratschenpult jedoch mit Tenorgeigen besetzt, gäbe dieser Stimme Saft und Kraft, ohne daß mehr Musiker angestellt zu werden brauchten. Ist endlich die Tenorgeige allgemein bekannt und geübt, so wäre es sicherlich von großem Nutzen, ihr eine besondere Stimme in der Partitur anzuweisen.

Vielleicht geben diese Zeilen die Anregung, gute Tenorgeigen zu bauen, worauf man weitere Urteile über Verwendbarkeit und Charakter dieses Instruments gewinnen könnte. Jedenfalls wäre eine Bereicherung des Streichkörpers gegenüber den sich immer verstärkenden Bläsermassen nur zu wünschen.

Die Altflöte.

Im modernen Orchester hat fast jedes Holzblasinstrument je ein Instrument seines Charakters zur Seite, das tiefer im Ton und in der Klangfarbe steht, als das Normalinstrument. Dem Fagott gesellt sich das eine Oktave tiefer stehende Kontrafagott, der Klarinette in gleicher Weise die Baßklarinette, der Hoboe das eine reine Quinte tiefer stehende Englische Horn (von Wagner in der Parsifal-Partitur viel zutreffender Althoboe benannt), sowie in neuester Zeit auch das eine Oktave tiefer stehende Heckelphon. Nur die Flöte hat ihren Begleiter nicht in der Tiefe, sondern in der Höhe; die kleine Flöte steht bekanntlich eine Oktave höher als die große.

Da der Wunsch nicht unberechtigt erscheint, bei Verwendung von Kontrafagott, Baßklarinette, Althoboe und Heckelphon auch einen tiefer gestimmten Vertreter des Flötenklanges zu besitzen, so gab ich dem Berliner Instrumentenbauer, Herrn Moritz, die Anregung, eine Altflöte zu konstruieren, die sich zur gewöhnlichen Flöte so verhält, wie die Althoboe zur gewöhnlichen Hoboe. Herr Moritz ging auf meinen Plan ein und hat mir das neue Instrument vorgeführt. Der Versuch darf als gelungen bezeichnet werden. Die Altflöte ist bedeutend größer, als die gewöhnliche, hat aber sonst dieselbe Gestalt und Mechanik. Sie steht eine *Quinte* tiefer als die große Flöte, muß daher, jedenfalls in der Orchesterstimme, ebenso notiert werden, wie die Althoboe. Sie erreicht das tiefe h der großen Flöte, also dem Klange nach , sowie mühelos das hohe c, dem Klange nach 

Das Instrument des Herrn Moritz ist nur ein erster Versuch, der der Verbesserung bedarf. Noch sind die Töne untereinander nicht ausgeglichen. Die weiten Griffe bereiten dem Spieler manchmal Unbequemlichkeiten. Ferner nimmt das Instrument durch seine Länge viel Platz weg, und wäre es daher vielleicht ratsam, es mit einem Knie zu bauen, so daß es wie die Klarinette nach unten, statt nach der Seite gehalten werden könnte. Das sind technische Fragen, die durch Versuche sicher gelöst werden können. Doch sind die Vorteile des neuen Instrumentes auch jetzt schon deutlich genug erkennbar. Die zweigestrichene Oktave , die der Tonreihe  der gewöhnlichen Flöte entspricht, ist hier voller im Klang, wie bei dieser. Man wird daher imstande sein, dem Flötencharakter Melodien und Passagen in dieser Lage anzuvertrauen, wozu man bisher der geringeren Tonkraft wegen ein anderes

Instrument wählte. Den bedeutendsten Vorteil stellen jedoch die wundervollen tiefen Töne unterhalb des c der gewöhnlichen Flöte dar. Es ergeben sich durch Benutzung dieser orgelartigen, im pianissimo gespensterhaft wesenlosen Klänge eine Fülle von Kombinationen für den fantasiebegabten Komponisten. Akkorde wie diese

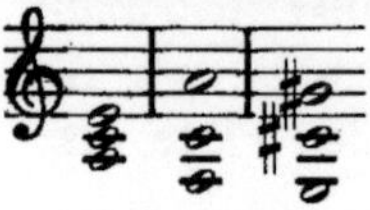

können fortan ausschließlich durch Flöteninstrumente ausgeführt werden. Ferner sind zahlreiche neue Verbindungen mit anderen Instrumenten möglich. Man denke sich z. B. 3 Fagotte, 2 Flöten und 1 Altflöte einen düsteren A-moll-Akkord intonieren. Die Fagotte hören auf zu blasen und die Flöten bleiben als schattenhaftes Echo zurück.

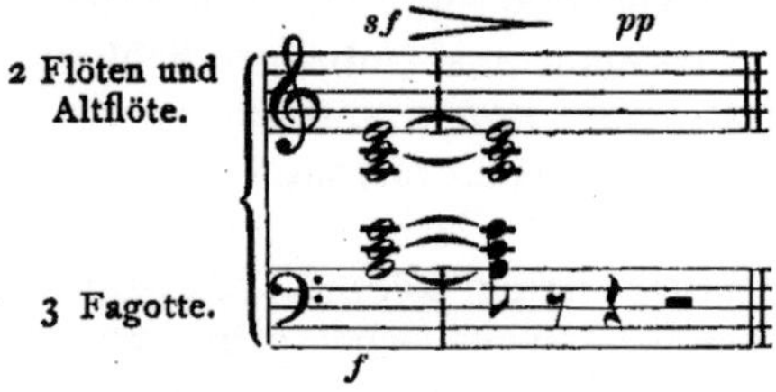

Dies ist ein Beispiel für viele andere.

Ich habe in meiner symphonischen Dichtung »Das Gefilde der Seligen« und in der düsteren Hades-Szene meines Bühnenwerkes »Orestes« die Altflöte verwendet. Einige andere Komponisten sind meinem Beispiel gefolgt. Ein schönes Instrument hat Herr Schwedler in Leipzig konstruiert. Die von Böhm erbaute Altflöte steht nur eine Quarte tiefer, unterscheidet sich daher etwas weniger von der gewöhnlichen Flöte, als die in der tieferen Quinte stehenden Instrumente.

Es wäre zu wünschen, daß die Instrumentenbauer der Altflöte in der Quintlage ihr Interesse zuwendeten und daß dafür geschrieben wird, wenn der Charakter eines neuen Werkes die Verwendung gestattet.

Humoristische Erlebnisse.

Bureau des Stadttheaters in Danzig: Ich schlage dem Direktor vor, Fidelio zu geben. — »Fidelio?! — das ist wohl wieder so ein Schund, für den man Tantiemen zu zahlen hat?« ...... »Aber, für Fidelio werden doch keine Tantiemen gezahlt. Außerdem muß ich Sie doch bitten, über Meisterwerke in anständigem Ton zu sprechen.« .. »Wenn Sie frech mit mir sind, werden Sie entlassen.« .. »Meinetwegen!« .. Ich will mich entfernen; der Direktor ruft mir nach: »Wann ist denn der Komponist von Fidelio gestorben?« .. »1827.« — »Also gut, geben wir Fidelio.«

Stadttheater in Hamburg. Vorstellung »Tristan und Isolde«. Kapellmeister Sucher hat einige Striche beseitigt, wodurch sich die Dauer der Vorstellung etwa um eine Viertelstunde verlängerte. (Damals war es nämlich noch nicht Mode, Wagners Werke ungestrichen zu geben.) Nach der Vorstellung stürzte Direktor Pollini wütend auf Sucher zu. »Warum dauert's heute so lange? Sicherlich haben Sie Striche aufgemacht?« — »Jawohl.« — »Sie machen mir das Personal kaputt! Sie musizieren mir das Publikum aus dem Theater!« — »Jawohl.« — »Wollen Sie vielleicht das bezahlen, was der »Tristan« heute an Gas mehr kostet? —« — »Nein.« — »Also, warum haben Sie Striche aufgemacht? Sie wissen, daß ich das nicht will!« — Nach kurzer Pause antwortet Sucher mit unerschütterlicher Ruhe: »Ja, wissen's, die beiden Begriffe »Tristan und Isolde« und »Direktor Pollini« waren halt bei mir niemals identisch.«

Hof- und Nationaltheater in Mannheim. Ein adeliger »Intendant« war an die Stelle des bürgerlichen Komitees getreten. Dieser erklärte mir baldigst, die Extralöhne für die Tubenbläser in den »Nibelungen« nicht mehr zahlen zu wollen; ich müsse diese »Opern« ohne Tuben dirigieren. Auf meine dringenden Vorstellungen wurden die Extralöhne aber schließlich doch bewilligt. Nach dem ersten Akt der »Walküre« stürzt der Intendant mit allen Zeichen der Verzweiflung auf die Bühne. »Aber, liebster Kapellmeister, nun zahle ich diesen Tubisten sechs Mark pro Mann — und sie blasen nicht einmal immer mit!«

Moskau. Ich probiere ein Stück von mir, in dem Baßtrompete vorkommt; ein besonderer Bläser ist dafür engagiert. Ungefähr in der Mitte des Stückes hat die Baßtrompete während starken Wechsels der Taktarten eine kleine Stelle zu blasen, die der betreffende Spieler trotz aller meiner Bemühungen nicht bringt. Endlich reißt mir die Geduld. »Aber sagen Sie nur,« rufe ich ihm zu, »warum Sie gerade die paar Noten nicht bringen, während alles übrige ganz gut herauskommt?« — Der Angerufene, ein Pole, erhebt sich und antwortet mir mit verschmitztem Lächeln: »Jo, Härr Kabählmeister, blosen gann ich, aber zählen gann ich nicht!« ..... Ich übertrug hierauf die verhängnisvolle Stelle dem ersten Hornisten.

Ulm. In einem Konzert des Kaim-Orchesters dirigiere ich das Siegfried-Idyll, als plötzlich während des zartesten

Pianissimo in nächster Nähe ein schneidiges Trompetensignal ertönt, das sich kurz darauf wiederholt. Auf meine entsetzte Anfrage erfahre ich, daß dieses Signal auf dem Kasernenhof geblasen wurde, der an den Konzertsaal grenzt. »Bitten Sie doch vor unserem nächsten Konzert den Oberst, daß er das Signal anderswo, oder gar nicht blasen läßt«, sage ich zu einem der Veranstalter des Konzertes. — »S'isch net notwendig,« antwortet mir der freundliche Ulmer, »mer hören's bei jedem Konzert und sind's gewohnt.« — »Ah so!« — Vor dem nächsten Konzert wandte ich mich aber doch selbst an den Oberst, der das Signal für diesen Abend in liebenswürdigster Weise abstellte.

Nochmals Stadttheater in Hamburg. Ich probiere das Finale des ersten Aktes der »Meistersinger« und ersuche die Meister, ihre Einwürfe zunächst in gedämpftem Ton, quasi parlando, zu beginnen, da Walthers Gesang die Hauptsache sei. Aber der Darsteller des Walther, ein Österreicher, tritt an die Rampe und ruft mir beleidigt zu: »Warum lassen's die andern denn nit brüllen? I brüll's ja doch alle in Grund und Boden!« —

Berlin, Opernhaus. Ich dirigiere die »Vltava« von Smetana und hierauf eine Symphonie von mir. Aus dem Parterre wird mir folgendes berichtet. Zwei Herren halten die »Vltava« infolge der zahlreichen programmatischen Überschriften offenbar für ein mehrsätziges Stück, denn noch nach den Sätzen meiner Symphonie ergehen sie sich in Lobeserhebungen der melodiösen Musik des »göttlichen« Smetana und applaudieren heftig. Ein Nebensitzender macht die Herren endlich aufmerksam, daß dies ja gar nicht mehr Smetana, sondern schon längst meine Symphonie sei. Großes Erstaunen. Inzwischen hatte ich mit dem Finale begonnen. Als der letzte Akkord verklungen ist, sehen sich die beiden Enthusiasten verlegen an. Endlich rafft sich der eine auf und ruft: »Sehr unbedeutend!« und der andere stimmt ihm bei. Applaudiert haben sie auch nicht mehr.

Nochmals Berlin. Auf dem Repertoire stand »Figaros Hochzeit«; ich hatte eine Probe dafür angesetzt, da die Oper lange nicht gegeben worden war. Plötzlich erhielt ich die Nachricht, die Figaro-Probe sei abgesetzt, weil an diesem Tage eine Probe zur 50. (vielleicht auch 100.) Aufführung der »Cavalleria rusticana« stattfinden müsse. Beim Herrn Generalintendanten machte ich nun geltend, daß die »Cavalleria«, die immerfort gegeben worden war, kaum eine Probe brauche, während »Figaro« eine solche dringend nötig habe, erhielt aber folgende Antwort: »Die Cavalleria-Probe bleibt, denn ein Werk, das so viel Geld eingebracht hat, muß man ehren!«.... Armer Mozart!

Immer noch Berlin. Ein berühmter Musiker hatte ein auswärtiges Konzert geleitet und auf meine Frage, wie's gegangen sei, antwortete er: »Ganz gut; nur mußte ich leider die C-dur-Symphonie von Schubert dirigieren, und mit dem ‚alten Schinken' ist ja nichts anzufangen.« — Wenige Tage später dirigierte ich eines meiner Opernhauskonzerte, im ersten Teil Novitäten, im zweiten obbesagten »alten Schinken«, die C-dur von Schubert. Ein anderer berühmter Musiker, der dem Anfang des Konzerts beigewohnt hatte, verabschiedete sich von mir nach dem ersten Teil. »Den Schubert wollen Sie nicht hören?« frug ich etwas erstaunt. — »Nein, ich mag das Stück nicht. Die viele Melodie ist mir zuwider.« Armer — reicher Schubert!!...

München. Ich hatte ein Kaim-Konzert auswendig dirigiert. Beim Ausgang hörte ich nachher eine Dame zur anderen sagen: »Der Weingartner gibt sich doch gar keine Mühe mehr. Nicht einmal eine Partitur legt er sich auf das Pult.« — Seit dieser Zeit lege ich mir stets eine Partitur auf das Pult, auch wenn ich auswendig dirigiere.

Einem angehenden Komponisten ins Stammbuch.

Zunächst, mein Freund, will ich dir raten,
Willst du des Ruhmes Leiter rasch erklettern,
Erzähle viel von künft'gen Taten
Begeist'rungsbasen und Gesinnungsvettern.

Sag ihnen, daß du reformieren
Die Kunst der Töne willst in jeder Wendung,
Und daß sich grausam wird blamieren,
Wer Zweifel hegt an deiner höh'ren Sendung.

Spring auch dazwischen ans Klavier,
Greif ahnungsbange, grause Harmonien,
Und fauche, brülle wie ein Tier,
Dem man die Haut von seinem Leib will zieh'n.

Und frägt man dich, was dies bedeute,
So melde kühn: »'ne Ahnung habt ihr schon,
Wie ich euch laben will, ihr Leute,
Mit Klängen aus der vierten Dimension.«

Bald streckt man aus nach dir die Hände,
Und alles ruft: »Gebt Achtung, ein Genie!«
Vom Beifall widerhall'n die Wände,
Hyster'sche Damen kriegen Paroxie.

Schon ziert dein Haupt der Glorienschimmer,
Eh' dir ein Nötchen aus der Feder rollt,
Und was du stöhnst und klimperst immer,
Bei deiner Clique gilt's für echtes Gold.

Doch endlich — o Notwendigkeit! —
Mußt was Geschrieb'nes du zusammendrechseln,
Denn, währt Geduld auch lange Zeit,
In Taten will man einmal Worte wechseln.

Drum such dir einen stolzen Titel
Von ganz vertrackten Wahnbegriffen aus,
Und schreib dahinter ein Kapitel
Aus hochmodernen Dichtungen heraus.

Doch kein »Programm« gib deinem Stück,
Denn, zieht man vor der Art auch noch den Hut,
Die neusten »Töner« geh'n zurück,
Und tönen schauderhaft — doch absolut.

Nur, weil es nötig, daß man spürt,
Was du dir hast gedacht keim Komponieren,
Da sonst kein Mensch das Zeug kapiert,
Mußt du's geschickt ins Publikum lancieren.

Füg' denn in jene Abschrift ein
Recht viel Erklärungen, ganz krumm und kraus,
Und auch verworr'ne Nötelein,
So daß kein Mensch kann werden klug daraus.

Zwar keine Spur von Komposition,
Doch weitaus wichtiger als solch Geschmier,
Den »Leitefaden« hast du schon;
Der wird dir zum Berühmtheits-Elixier.

Im voraus schon dein Werk zu krönen,
Zu einem geh', der stets im »Fortschritt« wühlt.
Ihm mußt du schmeicheln, ihn versöhnen,
Bis er sich als dein hoher Gönner fühlt.

Den Leitefaden laß begucken,
Enthülle ihm dein allertiefstes Sehnen,
Und auf die Hand mit Demutsducken
Laß rollen ihm viel glühend heiße Tränen.

Der schneid'ge Mann wird freundlich schmunzeln,
Daß angenehm ihm dein Vertrauen sei.
Dann mahnt er dich mit Stirnerunzeln:
»Vor allem meiden Sie die Melodei!

Zwar preis' ich sie mit Glanz und Glut,
Doch kommt sie, nenn' ich sie banal und roh,
Denn niemals darf ich finden gut,
Was je gefallen könnt' dem Publico.

Doch, was abscheulich jeder find't,
Das setz' ich auf mein kritisch Lob-Vehikel,
Und — weil Sie, scheint's, gelehrig sind,
Schreib ich für Sie 'nen großen Leitartikel.«

Nun ist dein Weg mit eins gebahnt,
Das übrige ist eitel Spaß und Spiel:
Kauf Notenpapyros ein Quant,
Schreib wenig Instrumente oder viel,

Die Noten aus dem Leitefädchen
In Wiederholungen bring' ohne Zahl,
Dreh' sie herum als wie ein Rädchen,
Und ob es stimmt, das sei dir ganz egal.

Setz' neben und auch über'nand
Die Tönefetzen, die man Themen schilt,
Bis du erreicht das Auseinand,
Das heute als die feinste Tonkunst gilt.

Bist endlich du beim Strich des Schlusses,
So reich das nette Partitürchen ein,
Mitsamt dem Lob des Kritikusses,
Beim »Allgemeinen Dissonanz-Verein«.

Kein Mitglied darf da opponieren,
Sonst fliegt's, zu ewigem Memoriam.
Mit Jubel wird man dich traktieren
Ad majorem Kakophoniae gloriam.

Die schöne Königin.

Ein Märchen.

Es war zur Faschingszeit. Mehrere junge Musiker waren der Einladung eines Freundes zu einer Punschbowle gefolgt und saßen oder lagen um den Tisch herum, auf dem das kräftig duftende Getränk stand, dem sie mit Behagen zusprachen. Wenn Musiker zusammenkommen, so wird in der Regel gefachsimpelt, d. h. über musikalische Angelegenheiten gesprochen, und so geschah es auch diesmal. Eine Menge Tagesfragen waren bereits aufgerollt: ob der Programm- oder der absoluten Musik die Zukunft gehöre, ob »Elektra« ebensoviel Tantiemen einbringen werde wie »Salome«, ob bald eine Rückkehr zur Einfachheit bevorstehe, ob man bei Wagner Striche machen dürfe usw., als einer der Freunde aufstand und meinte, des ernsten Zeugs sei nun genug geschwatzt. Jetzt sei

Karneval, und da möge denn jeder versuchen, seine Ansichten, Hoffnungen und Wünsche in eine humoristische Form zu kleiden und so zur allgemeinen Fröhlichkeit beizutragen. Der Vorschlag wurde mit großem Beifall aufgenommen, und bald hallte das Zimmer statt von erregten Disputen von ausgelassenem Lachen wider. Die jungen Leute besaßen genug Bildung, scharfe Anspielungen, mit denen die verschiedenartigen Vorträge gewürzt waren, einander nicht übelzunehmen. Nur einer der Freunde, nennen wir ihn Alfred, saß nachdenklich in seiner Ecke und verzog sein Gesicht nur selten zu einem vorübergehenden Lächeln. »Was ist dir denn?« frug ihn endlich sein Nachbar, indem er ihm gemütlich auf die Schulter klopfte, »du siehst ja aus, als ob du gar nicht zuhörtest.« »Ich höre jedes Wort«, erwiderte der Angeredete, »und finde eure Vorträge ganz vortrefflich, aber — verzeiht mir — ich kann nicht so lustig sein wie ihr. Den Weg, den die Musik heutzutage nimmt —« »Ach, geh! Schon wieder die alte Philisterei!« unterbrachen ihn einige andere. »Willst du uns wohl gar Jeremiaden vorsingen? Was ist es denn mit dem Weg, den die Musik heutzutage nimmt, daß du so seufzest? Schreitet sie nicht vorwärts zu immer neuen, immer höheren Zielen, wie sie es vor hundert Jahren getan hat und nach hundert Jahren hoffentlich auch noch tun wird? Freu' dich darüber und laß dich vom großen, rauschenden Strome der Zeit dahintragen, statt abseits in deiner Ecke zu sitzen und Trübsal zu blasen.« »Zwischen Trübsal und ernster Stimmung ist ein großer Unterschied,« antwortete Alfred. »Gerade eure heiteren Reden und Reime stimmen mich ernst, weil ich in der Musik, die ihr fortschrittlich nennt, einen Krebsschaden so tief eingewurzelt finde, daß man nicht darüber leichthin scherzen, sondern ihn durch tiefe, strenge Erkenntnis- und Reinigungsarbeit zu heilen versuchen sollte.« »Halt!« riefen nun die anderen, »das Theoretisieren ist für heute abgeschafft. Willst du uns was sagen, so sag's in einem poetischen oder satyrischen Bilde, so wie wir's getan haben.« »Am liebsten spielte ich etwas auf dem Klavier,« sagte Alfred, und seine Augen leuchteten auf, »aber seit unser Gastgeber sein Instrument auf Vierteltöne eingestimmt hat, kann ich es nicht mehr benutzen. So will ich euch denn ein Märchen erzählen, das ich jüngst in einem alten Buche gelesen habe. Aber verzeiht mir, wenn es nicht so lustig ist wie eure Vortäge.« »Maskenfreiheit, Vortragsfreiheit! Uns ist alles recht,« riefen die anderen, setzten sich erwartungsvoll zurecht, und Alfred begann:

»Es war einmal eine Königin. Man nannte sie nur die Schöne. Sie war aber auch wirklich so schön, daß man sie gar nicht anders nennen konnte. Nicht nur jeder Zug ihres Gesichts, jedes Glied ihrer Gestalt waren von idealer Vollkommenheit, sondern alle diese Vorzüge standen untereinander in so seltener Übereinstimmung, daß, wer sie sah, gar nicht wußte, was eigentlich an ihr am schönsten war und wodurch sie am meisten bezauberte, sondern sich nur der wunderbaren Harmonie ihrer Erscheinung hingab und sein Schicksal pries, ihr begegnet zu sein. Ihrem eigenen Werte entsprach der ihrer Umgebung. Größe war ihre Vertraute, Adel ihr Marschall, Wahrhaft, Weise und Gut hießen die Vasallen. Ihr Hofnarr aber — ein solcher durfte damals an keinem Hofe fehlen — war Humor. Nicht nur die heilige Freude, das göttliche Lachen vermochte er zu erwecken, er besaß auch noch eine andere unschätzbare Fähigkeit, die er ungestraft ausüben durfte, und durch die er der Königin half, unnachsichtlich streng gegen sich selbst zu sein:

er sagte ihr nämlich zur rechten Zeit gründlich seine Meinung.

Das Land, das so glücklich regiert wurde, war das fromme Pilgerziel solcher, deren Seelen die Schwingen, die sie der Gottheit entgegenzutragen vermochten, im Gedränge der aufdringlichen Lebensnöte noch nicht abgestumpft hatten.

Eines Tages wurde der Besuch eines fremden Fürsten gemeldet. Er stamme aus einer Gegend, so munkelte man, wo alles anders sei, wie in der Heimat. Sein Name war Interessant. Man hißte Fahnen auf, errichtete Blumenpforten, traf Vorbereitungen für eine prächtige Illumination, und auch die Ehrenjungfern durften nicht fehlen, denn damals schon war es Sitte, seltene Gäste in seltener Weise zu empfangen. Als der große Tag gekommen war und der Erwartete erschien, da scheuten die Hochrufe, die aus tausend Kehlen emporzujauchzen bereit waren, in ihre Verstecke zurück und blickten blöde zwischen geöffneten Zahnreihen hindurch, und die wohlgerundeten Verslein der Ehrenjungfern, die auf leichten Gespannen dahinfahren sollten, waren plötzlich auf ungefügige Karren versetzt, die ein blindes Maultier über einen holperigen Weg zog. Der Fremdling war aber auch eine zu sonderbare Erscheinung. Auf kurzen Beinen mit Füßen, die so klein waren, daß sie den Boden zu stechen schienen, saß ein hagerer Körper mit langen Armen und Händen, deren Finger scheinbar unaufhörlich etwas ergreifen wollten, das nicht da war. Aus dem unverhältnismäßig großen Kopf schoß eine geierschnabelartige Nase hervor, die den gekniffenen Mund halb zudeckte, und die kleinen Augen blickten so scharf, als wollten sie alles, was sie ansahen, in Stücke schneiden.

Als ihn die schöne Königin erblickte, wurde sie vom

Grauen erfaßt, aber gewohnt, sich zu beherrschen, begrüßte sie ihn mit freundlicher Würde und ließ sich seine Bewirtung angelegen sein. Der abstoßende Eindruck verminderte sich allerdings, als der Gast zu reden begann, denn er führte eine gewählte Sprache, und sein Organ hatte einen so einschmeichelnden Wohllaut, daß man ihm gerne zuhörte. Er bediente sich freilich nicht einer geraden, einfachen Redeweise, wie sie im Lande der schönen Königin üblich war; im Gegenteil, er drückte sich oft recht gewunden aus, aber die Art, wie er seine Gedanken in Worte umsetzte, war trotzdem für ihn einnehmend und bestach auch dadurch, daß sie die Gedanken nicht völlig erschöpfte, sondern dem Verstande noch etwas zu erraten aufgab, wodurch die Neugier, was etwa wohl gar hinter den Worten stecken möge, in hohem Grade geweckt wurde.

Im Gefolge des Fürsten Interessant war ein seltsames Männchen mitgekommen, von zwerghaftem Aussehen, mit teils verschlagenen, teils unterwürfigen Mienen. Ohne sich viel bemerklich zu machen, war es überall dort zu sehen, wo der Fürst sich aufhielt. Es stand dienstbeflissen an seiner Seite, wenn er sich mit der Königin unterhielt, trug ihm bei festlichen Anlässen die Mantelschleppe, und beim Mahle lag es zusammengekauert zu seinen Füßen. Es sprach niemals, wohl aber hatte es stets kleine Blättchen Pergament bei sich, auf die es mit unheimlicher Schnelligkeit die Worte des Fürsten nachschrieb. Niemand kümmerte sich zuerst um ihn. Man meinte, es sei im Lande des Gastes eben so Sitte. Da fanden eines Tages mehrere Bürger solche Blättchen in ihren Wohnungen. Wie sie dahin gekommen waren, wußte niemand. In zierlichen Lettern standen Aussprüche, Bemerkungen, Antworten des Fürsten und auch ihre Auslegungen darauf verzeichnet. Die Bürger waren natürlich nicht wenig stolz, schwarz auf weiß zu besitzen, was sie bisher nur durch spärliche Gerüchte erfahren hatten, und auch gleich recht gescheidt darüber reden zu können, weil die Erklärungen gleich so bequem dabeistanden. Sie säumten nicht, mit dem kostbaren Schatz zu den Nachbarn zu eilen, mit ihnen und ihren Weibern eifrig die Köpfe zusammenzustecken und die Blättchen immer und immer wieder zu lesen, bis sie sie auswendig hersagen konnten. Bald wußte die ganze Stadt um dieses Ereignis, und die Spannung wuchs, als man nach einigen Tagen in anderen Häusern wieder neue Blättchen fand, deren Herkunft ebenso dunkel war. So ging es eine Weile. Um den fremden Fürsten aber drehten sich bald alle Gespräche.

Und wie sah es bei Hofe aus? — Eine unverbürgte Nachricht dorther verkündete, daß Größe, die langjährige Vertraute der schönen Königin, einen Urlaub erbeten habe, solange Fürst Interessant zu Besuch blieb. Man wollte nicht daran glauben, denn man hielt die Königin und ihre Vertraute für unzertrennlich. Und doch war es so. Größe war nicht mehr zu sehen und wurde vertreten von einem schmiegsamen Weib mit nebelhaft verschleierten Augen, das, wie man erzählte, aus dem Lande des fürstlichen Gastes zugereist war und Romantica hieß; doch wußte man darüber nichts Gewisses, da sie es liebte, sich verschiedenartig wechselnde, mysteriöse Namen beizulegen.

Nun frug man sich, wann wohl Interessant abreisen und Größe wiederkehren werde. — Man frug und frug, aber die Antwort blieb aus. Das Grauen, das die schöne Königin anfänglich empfunden hatte, war einer unerklärlichen Zuneigung gewichen. War es die trotz des abstoßenden Äußern fesselnde Persönlichkeit des Gastes? War es vielleicht gerade das Widerspruchsvolle in seiner Erscheinung, das die Königin gefangen nahm? — Wer vermöchte zu erklären, was in den Tiefen dieser weiblichen Seele vorging? Tatsache war, daß die Abreise Interessants, wenn auch einmal von ihr die Rede war, immer wieder verschoben wurde. Endlich wußte man ganz genau, daß die Königin selbst ihn zum Bleiben bewog. Daß das wundervolle Weib einen starken Eindruck auf den Fürsten machte, begriff jedermann; die Sympathie der Königin aber begegnete dem größten Erstaunen, obwohl sich, dank der geschickt verteilten Blättchen, bereits eine kleine Partei gebildet hatte, die nicht höher schwur, als auf den Fürsten Interessant.

Eines Tages traten die Räte der Krone zu geheimer Sitzung zusammen. Nie war ihnen früher der Gedanke gekommen, daß die schöne Königin auch einmal sterben und das Reich verwaist zurücklassen könnte. Nun plötzlich tauchte diese Besorgnis auf, ohne daß einer der Räte sagen konnte, woher sie kam. Ein dumpfes Gefühl, daß kein Zustand auf dieser Erde, scheine er auch noch so fest gegründet, ewig währe, lag über allen, und eiliger als sonst war der Kronrat zusammengetreten. Nach langer Debatte beschloß man, der Königin die Bitte zu unterbreiten, sich mit einem durch Verdienst und Erscheinung ausgezeichneten Untertanen zu vermählen, um die Möglichkeit zu schaffen, dem gesegneten Lande einen würdigen Erben zu geben. Als die schöne Königin die Botschaft vernahm, die ihr die Ältesten des Kronrats in feierlicher Deputation überbracht hatten, erschrak sie heftig und verschloß sich, ohne ein Wort zu sprechen, lange in ihre Gemächer. — Nach einiger Zeit verkündete sie ihren Entschluß: sie sei gewillt, den Wünschen des Kronrats nachzugeben und sich zu vermählen, doch nicht auf einen Untertan, sondern auf den Fürsten Interessant sei ihre Wahl gefallen. Die Bestürzung war groß, trotzdem manche diesen Ausgang gefürchtet hatten und den Kronrat darob tadelten, daß er seine Bitte um Vermählung der Königin gerade zur Zeit vorgebracht hatte, als der Fremdling noch am Hofe weilte. Doch nun war nichts mehr zu ändern. Der Fürst schuf einigermaßen Beruhigung dadurch, daß er feierlich zusagte, sein Ländergebiet mit dem der Königin zu vereinigen; diese aber hatte ihren Bescheid mit solcher Bestimmtheit ausgesprochen, daß nichts anderes übrig blieb, als die Vermählung zu rüsten.

Im Hofstaat vollzogen sich Veränderungen. Größe suchte ihre dauernde Pensionierung an, die ihr gewährt werden mußte, da es der Bräutigam so wünschte. Desgleichen behauptete der Hofnarr Humor, sich in die neuen Verhältnisse nicht schicken zu können und dankte ab. An seine Stelle trat ein junges Bürschchen, Witz genannt, das durch seine drolligen, oft frechen Einfälle zwar die Lacher auf seiner Seite hatte, aber Unwillen dadurch erregte, daß ihm nichts, nicht einmal die Person seiner Königin mehr heilig war. Auch er mußte geduldet werden. Die Königin schmerzte zwar der doppelte Verlust, doch ihre rätselhafte Neigung, die sich jetzt zu einer heftigen Liebe ausgewachsen hatte, ließ sie alles überwinden. Adel, der Marschall, und die drei Vasallen, Wahrhaft, Weise und Gut, schlossen einen stillen Bund und schworen, was auch geschehen möge, treu zu ihrer Herrin zu stehen.

Das unscheinbare Männchen, das immer so dienstbeflissen die Worte des Fürsten niederschrieb, hatte jetzt Genossen gefunden. Sie taten aber gar nicht mehr heimlich, sondern verbreiteten ihre Blättchen in großer Anzahl und ganz offen. Endlich bauten sie sich ein Haus, stellten eine Maschine darin auf, die jedes solche Blättchen tausendfach vervielfältigte und verkauften dann die Zettel um billiges Geld. So konnte jeder Bürger der Stadt und des ganzen Landes nicht nur alle Vorgänge erfahren, sondern auch seine eigene Meinung darüber sehr schön gedruckt lesen. Man fand es nämlich allmählich überflüssig, über die Ereignisse selbst nachzudenken, sondern überließ dies dem gedruckten Zettel, den man sich jeden Morgen ins Haus bestellte, und der das Nachdenken mühelos besorgte. Man las auch bald, daß dem Lande durch die Einbeziehung des fremden Fürstentums reiche Einnahmequellen erwachsen würden, infolgedessen mancher arme Teufel sich bereits als Krösus sah, die Arbeit an den Nagel hängte und Luftschlösser baute. Auch eine Wahrsagerin erschien, die prophezeite, der Ehe würde ein Kind entwachsen, das die Schönheit der Mutter mit dem Geist des Vaters vereinigen, somit ein wahrer Ausbund bisher nie geahnter Vollkommenheit sein werde, was wesentlich zur Hebung der Stimmung beitrug. Schließlich war überall eitel Frohlocken und man begann, den Tag zu preisen, an dem Fürst Interessant, nunmehr König und Mitregent, den Boden der Heimat betreten hatte. Mit exotischer Pracht wurde die Vermählung gefeiert.

Nach Jahresfrist gebar die Königin ein Mädchen. Die weise Frau hätte es vor Schreck beinahe zu Boden fallen lassen. Die Königin weinte bitterlich, und auch ihr Gemahl erschrak heftig. Das Mädchen war nämlich ganz verwachsen und auch sonst von geradezu entsetzlichem Äußern, so daß man meinte, es sei eine Mißgeburt. Die weise Frau meinte zwar, gerade so abscheulich aussehende Neugeborene gäben später die schönsten Kinder; aber niemand wollte recht daran glauben. Als die Königin es an sich nahm, um es zu stillen, biß es sie so heftig in die Brust, daß sie laut aufschrie, und ein Arzt geholt werden mußte, um die Wunde zu verbinden, die nur langsam und unter großen Schmerzen heilte. Man suchte überall nach Ammen, aber keine konnte das Kind behalten, da es alle biß. Nicht einmal mit gewöhnlicher Milch konnte es aufgezogen werden, weil es sie ausspuckte. Nur stark gepfefferte Speisen, an denen ein anderes Kind gestorben wäre, nahm es mit sichtlichem Behagen an und gedieh dabei. Je älter es wurde, desto mehr strafte es alle Prophezeiungen Lügen. Prinzessin Häßlich nannte man es im Volk. Leider war es nicht nur in Beziehung auf das Äußere das gerade Gegenteil seiner schönen Mutter. Es wollte nichts lernen, hatte weder vor Alter noch vor Verdienst Ehrfurcht, kratzte und schlug seine Gespielen, beschimpfte die, die ihm wohlmeinten, und log und verleumdete, wo es nur konnte. Dabei war es nicht etwa klug, sondern dumm zum Erschrecken, ungelenk und roh; kaum, daß es einigermaßen die Sprache begriff. Nur einen gewissen Spürsinn besaß es, gerade das herauszufinden, was ihm nützte. Beim Spielen verstand es sich meisterhaft aufs Betrügen, umhüllte dies aber so geschickt mit dem Schein des Rechtes, daß ihm niemand den Betrug vorwerfen konnte, obwohl alle wußten, daß Unrecht dabei war. Kam eine Schüssel auf den Tisch, die ihm mundete, so wußte es durch ekliges Betragen den andern den Appetit zu verderben, daß sie nichts genießen wollten, worauf es alles allein hinunterschlang. Kein vornehmes Kind verkehrte gerne mit ihm, jedoch verband es eine dicke Freundschaft mit den Sprößlingen jenes Männchens, das die Worte seines Vaters dienstfertig aufgezeichnet hatte und seine Nachkommen jetzt zu ähnlichen Geschäften erzog. So kam es, daß in den gedruckten Zetteln, die in keinem Hause mehr fehlen durften, sich so manche Stimme für

Prinzessin Häßlich erhob, um sie gegen die harten Urteile der Bevölkerung zu verteidigen. Vor allem wurde hartnäckig hervorgehoben, daß sie ein »Original« sei, daher nicht mit dem Maßstab anderer gemessen werden dürfe; bei ihr gelte noch als Vorzug, was man gewöhnlichen Sterblichen nicht verzeihen könne. Die ehrsamen Bürger zuckten die Achseln, sagten »so so?« und »na na!«, schwatzten aber endlich auch diese Weisheit nach. —

Prinzessin Häßlich war 18 Jahre und somit nach den Gesetzen des Landes großjährig geworden. Die Etikette verlangte, daß dieser Tag festlich begangen werde, um so mehr, als die Prinzessin als einzige Tochter des Königspaares die Thronerbin war.

Am Morgen des Festtages war die Königin verschwunden. Man suchte überall, im Schloß, in der Stadt, — vergebens. Das Fest wurde abgesagt. Man sandte Boten durch das ganze Land und noch weiter hinaus, doch man fand sie nirgends. Niemandem war es verborgen geblieben, wenn man auch nicht laut darüber sprechen durfte, daß der Kummer über ihr mißratenes Kind der schönen Frau sehr nahe gegangen war. Noch trug sie das Haupt ungebeugt, und die Jahre vermochten ihrer Herrlichkeit nichts anzuhaben. Doch die Wangen waren bleich, die Gestalt überschlank geworden, und wer ihre zarte, durchsichtige Hand küssen durfte, bemerkte ein leises Zittern. Die Augen aber strahlten einen so überirdischen Schimmer aus, daß es schien, als wohne darin schon eine Ahnung jenes himmlichen Lichtes, das den Auserwählten dereinst beschieden sein wird. Schon in den letzten Jahren hatte sie sich wenig mehr öffentlich gezeigt. Nun war sie ganz fort, und niemand wußte, wohin. Immer mehr verbreitete sich das Gerücht, sie sei freiwillig in den Tod gegangen. Es wurden Hochämter zelebriert, Trauerreden gehalten, wohltätige Stiftungen in ihrem Namen gegründet, aber nur ganz wenige betrauerten sie wirklich. Die meisten, trotzdem sie Falten in ihren Gesichtern zur Schau trugen, hatten keine Ahnung von dem unermeßlichen Verlust. Die Ereignisse der Gegenwart drängten zu rasch vorwärts, als daß man sich bei der Vergangenheit hätte lang aufhalten können. Nicht lange nach dem Verschwinden der Königin starb König Interessant. Er war allmählich altersschwach geworden. Sein scharfer Verstand verlor sich in spitzfindige Klügeleien, auf die nur noch glatzköpfige Stubenhocker achteten, und stumpfte endlich ganz ab. Sein ohnehin schwächlicher Körper verfiel. Der Verlust seiner Gemahlin gab ihm vollends den Rest. Somit war Prinzessin Häßlich Königin des Landes.

Als ihr die Krone überbracht wurde, streckte sie die Zunge heraus, und dem Zepterträger wandte sie die Rückseite zu. Dann nahm sie beides. Von da ab galt sie für ein »Genie«. Ihre erste Tat war, der Mutter ein Denkmal zu setzen, zu dem ihr Hofschneider, den sie »Michelangelo« nannte, das Modell verfertigt hatte. Bei der Enthüllung hielt sie eine Rede, kraft derer sie ihrer Vorgängerin das Prädikat »Die Klassische« verlieh, selbst aber den Beinamen »Die Moderne« annahm. Als darob großes Gelächter entstand, und man sie nach wie vor Prinzessin, oder vielmehr Königin »Häßlich« nannte, erließ sie ein Edikt, wonach Todesstrafe auf diese Benennung stand. Einige Vorlaute nannten sie trotzdem noch so, wurden aber stante pede geköpft. Nun fügte sich alles; man pries die Königin als die »Moderne«, oder nannte sie glattweg die »Schöne«, wie man ehemals ihre Mutter genannt hatte. Ja, viele behaupteten sogar, sie sei noch viel schöner, als jene es war.

Der Hofstaat wurde nun vollends umgestaltet. Die

Vertraute Romantica war noch zu Lebzeiten der früheren Königin, halb gegen ihren Willen, durch Frau Theatralica ersetzt worden. Jetzt mußte auch diese verschwinden, und ein geschickter Bankier nahm ihre Stellung ein. Adel, der Marschall, der treu bei seiner Herrin ausgeharrt hatte, wurde durch jenes schreibeifrige Männchen ersetzt, das einst, kaum bemerkt, mit seinem Herrn eingezogen war, jetzt aber in Samt und Seide einherstolzierte, einen prächtigen Palast bewohnte, das große Wort in allen Angelegenheiten führte und unangemeldet bei der Königin eintreten durfte. Die Vasallen hießen nicht mehr Wahrhaft, Weise und Gut, sondern Verlogen, Schlau und Böse. Witz, der Hofnarr, wurde abgedankt; für das Amüsement sorgte nunmehr ein breitmäuliges, feiles Frauenzimmer, die Zote. Allmählich hatte sich herausgestellt, daß der verstorbene König und sein Gebiet keineswegs reich, sondern tief verschuldet waren. Dadurch, daß seine Gemahlin in ihrer unerschöpflichen Güte für alles eingestanden war, dem Lande aber eine tüchtige Regierung fehlte, griffen Not und Proletariat immer weiter um sich. Nur die Königin und ihre Gesellen bereicherten sich und wurden immer übermütiger. Trotzdem spielten sie sich von Zeit zu Zeit als die unschuldig Verfolgten auf, weil ihnen dies unter beschränkten Leuten neuen Anhang schuf. Die Hochgesinnten aber, die ehemals voll Andacht zur schönen Königin gepilgert waren, mieden das Land, in dem Verrücktheit und Heuchelei ihr Wesen trieben. —

Ein älterer Mann, er hieß Einsam, lebte seit vielen Jahren in der Stadt. Die Zeiten und ihre Ereignisse hatten gewechselt; er war derselbe geblieben. Die Polizei belästigte ihn öfter, da er beharrlich dabei blieb, die neue Königin nicht zu grüßen, wenn er ihr begegnete. Da man ihn aber deshalb nicht ernstlich strafen konnte, ignorierte man ihn und begnügte sich, gelegentlich auf ihn zu schimpfen. Er war der einzige, der steif und fest behauptete, die frühere Königin lebe noch. Er wollte sogar hier und da mit ihr gesprochen haben, wenn sie, begleitet von Größe und Humor, unerkannt die Stätten der Bedürftigen aufsuchte. Doch niemand glaubte ihm. Als er nun gar versicherte, sie sei nicht etwa gealtert, sondern prange in jugendlicher Frische, seit sie der Sphäre des jetzigen Hofes entrückt sei, erklärte man ihn für geistesschwach. Also schwieg er fortan gänzlich.

Eines Abends saß Einsam in tiefe Gedanken versunken auf seinem Zimmer. Da klopfte es an der Türe, und herein trat ein breitschultriger Mann mit strengen, etwas derben, aber edlen Gesichtszügen. »Ich bin Wahrhaft,« sprach er, »der frühere Vasall. Sage mir offen, glaubst du, daß Königin Schönheit noch lebt?« — »Ja,« war die Antwort. — »So komm mit mir!« — Sie verließen zusammen die lärmende Stadt, die mit ihren elektrischen Lichtern allmählich den Blicken entschwand, bis sie zu einigen stillen Landgütern kamen. Dort wohnten Adel und die drei abgedankten Vasallen. Die Beratung war kurz und der Entschluß bald gefaßt: »Es geht so nicht weiter. Wir wollen uns aufmachen und die Verschwundene suchen!« — Die fünf Männer rüsteten sich mit dem Notwendigsten, dann schritten sie entschlossen und schweigend in die nächtlichen Gefilde hinaus. Strahlend wölbte sich der Himmel über ihnen. Der Firn der fernen Berge glänzte im Lichte des aufgehenden Mondes — — —«

Alfred schwieg. »Nun, was weiter?« frug man allgemein. »Hier waren einige Blätter aus dem alten Buche ausgerissen,« antwortete der Erzähler mit leiser Stimme. »Denkt euch das übrige!« — Die Freunde waren enttäuscht. Einige meinten, er hätte aus eigener Fantasie den Schluß dazu erfinden müssen; das Abbrechen mitten drin wirke ungünstig. Andere fanden das Märchen tendenziös und rieten, es nicht in weiteren Kreisen zu verbreiten, da es dem Erzähler mehr Feinde machen könne, als er ohnehin schon besitze. Eine dritte Gruppe rief, Alfred sei und bleibe Reaktionär. Er könne das ja halten, wie er wolle, hätte eine lustige Gesellschaft aber nicht mit einer so sentimentalen Geschichte langweilen sollen.

Der Hausherr hatte inzwischen die Punschgläser neu gefüllt und zu einer Fortsetzung der Vorträge eingeladen, deren einige folgten. Dann setzte er sich selbst an sein Vierteltonklavier und trug eine neue Komposition vor. Während er spielte, verließ Alfred unbemerkt das Zimmer. Nur ein Freund folgte ihm. Es war eine klare Winternacht. Die beiden gingen durch die von lärmenden Maskengruppen belebten Hauptstraßen, bis sie in eine ruhigere Gasse einbogen. »Der Himmel ist heute so strahlend, wie am Schluß deiner Erzählung,« sagte der Freund zu seinem schweigsamen Genossen. Sie gelangten zur Stelle, wo sie sich trennen mußten. »Weißt du, was von jetzt ab mein tägliches Morgen- und Abendgebet sein wird?« fuhr er fort, als sie sich zum Gutenacht die Hände reichten. — »Nun?« — »Daß wir die schöne Königin wieder finden möchten!«...

Einige Antworten auf Rundfragen und zwei Gedichte.

Frage: Wodurch nützt die Presse am meisten und wodurch schadet sie am meisten?

(National-Zeitung, Berlin.)

Antwort: Wodurch die Presse am meisten nützt? — Sie unterrichtet uns rasch über wichtige Vorgänge. Indem sie Geistesgrößen zu Worte kommen läßt, fördert sie die Bildung.

Wodurch sie am meisten schadet? — Sie macht es uns zu bequem, mit fremden Köpfen zu denken, anstatt mit unseren eigenen.

Frage: Worin liegt das Wesen der Kunst?

(Karlsruhe.)

Antwort: An einem wunderschönen Januarmorgen fuhr ich von Castelvetrano in Sizilien nach Calatafimi, um von dort aus den Tempel von Segesta zu besuchen. Die Sonne stand noch schräg und beleuchtete eine kleine Ruine, die sich auf einem Hügel von mäßiger Höhe erhob. Mit herrlicher Klarheit und Schärfe trat jede, auch die feinste Einzelheit hervor, und wie Klippen vom tiefblauen Meere, so hoben sich die oft fantastisch verwüsteten Umrisse des Mauerwerks von der Luft ab. Die an sich nicht hervorragende Ruine war so zu einem Objekt geworden, von dem ich den staunenden Blick nicht abwenden konnte. Wie *zeichnet* die Natur und wie verteilt sie *Licht* und *Schatten*! — Nach meinem Gefühle liegt ein nicht geringer Teil des Wesens jeder Kunst in der Empfänglichkeit für diese Fähigkeit der Natur.

Frage: Wie ist Ihr persönliches Verhältnis zu Goethe?

(Berlin.)

Antwort: Wie wäre es möglich, mein persönliches Verhältnis zu Goethe mit wenigen Worten auszudrücken? Goethe ist kein Einzelner, sondern eine Welt; ein Wunder aber ist es, daß die Natur eine solche Welt doch wieder in einem Einzelnen verkörpern konnte.

Zu Schillers hundertjährigem Todestag (1905).

Marmorleuchtend schaut sein Bildnis
Von hoher Halde hinaus in die Welt.

Zwerglein thronen am Sockel und künden
Gewichtiger Miene Gedankenspähne
Tiefgründiger, aller-ur-eigenster Prägung.
»Ach geh',« spricht der eine, »wer dichtet heute
Wohl noch Tragödien in Versen?« — Der zweite:
»Hieß Schiller er nicht und Klassiker auch,
Wer dächte des faden Posa-Marquis
Und gar der orleanistischen Jungfrau?« —
»Ein Schwärmer ist er, ein Idealist,«
Verächtlich lacht es ein dritter, ja,
Ein Schnauzbart, größer zwar als die andern,
Verschlagener auch und gefährlicher, blähte
Sich auf und schmäht' ihn: — Moral-Trompeter —.

Vom Eifer der hitzigen Rede gestachelt,
Erraffen mit krabbelnder Hand sie Klümpchen
Von Sand und schleudern sie gegen das Bildnis,
Doch kraftlos in schwächlichem Flug zerstieben
Die Kugeln, kein Körnlein erreichte sein Antlitz.

Bestürzt verschwinden die Zwerge im Busch. —

Ein Strahl der Sonne, ein Gruß der Götter,
Umleuchtet das edle, das heilige Haupt;
Vom Erdentale aber entsteiget
Der Menschen Schar und kränzt es mit Blumen.

Zu Mozarts hundertfünfzigstem Geburtstag (1906).

Mozarts Herkunft.

Schönheit schwebte lustwandelnd einher im Garten der Götter.
Heller leuchtete auf die blaue Luft, da die Hehre
Sie durchschritt und wärmer strahlte die Sonne. Trunkenen Auges,
Jegliches Ding wie ein Wunder erschauend, gläubigen Frohsinn,
Spielende Lust im kindlichen Sinne, achtete sie nur
Wenig der Wege, die des Olympos ragende Burgen
Breit umsäumen, und gaukelte achtlos seitwärts zum Steiglein,
Das erst sacht, dann steiler zum Lande der Menschen hinabführt.
Höher hoben die Blumen die Häupter und dufteten stärker,
Und ein Sturm, der herbeischoß, wandelte sich zu sanftem
Säuseln und schmiegte sich kosend um die Tritte der Holden.
Unbekümmert schritt sie vorbei am ewigen Grenzpfahl,
Der die Erde vom Himmel trennt, nicht sah sie die Runen,
Die mit bebender Hand zur heiligen Warnung schon mancher
Wandrer dort eingrub, der denselben Weg war gegangen.—
Plötzlich scholl aus dunklem Gebüsch ein donnerndes »Halte!« —
Vor ihr stand ein hagrer Gesell mit verwilderten Haaren,
Düstere Glut im Auge. Mächtigen Griffes umfaßt er
Beide Hände der Göttin, die, vergeblich sich windend,
Nimmer vermag, der furchtbaren Arme Fessel zu brechen,
Und die herb geschnittenen, bleichen Lippen bewegt er

Strenge zum Spruch: »Verfallen ist mir ohne Erbarmen,
Wer in mein Reich fürwitzig aus Höh'n oder Tiefen sich waget.
Geb ich auch später ihn frei, den Grenzzoll muß er bezahlen.« —
»Schrecklicher, was begehrst du?« stammelt das herrliche Weib.
Er erwidert: »Der Wächter bin ich der irdischen Welten.
Kinder und Greise, Toren und Weise, keiner entflieht mir,
Keinen verschon' ich. Man nennt mich den Schmerz. Mit dem Leichtsinn,
Der euch Himmlischen eigen, verließest du deine Heimat;
Sühnend mußt du nun selbst dich mir ergeben, du Schöne.« —
Krampfhaft zog ihr Herz sich zusammen, aufstöhnte sie schluchzend,
Da des Gewaltigen Blicke tief ihr die Seele durchdrangen,
Und der ersten Tränen unaufhaltsame Fluten
Trübten die sonnigen Augen. An sich riß sie der Wilde. —
Schon erstrahlten goldene Sterne, als fliegenden Atems
Keuchte ein Weib am Grenzpfal vorbei, hinauf über's Steiglein
Kaum den olympischen Garten erreichte; dort sank sie zu Boden.

Von unzähligen Tagen einer war wieder vergangen.
Nacht bedeckte die Erde, während hoch auf Olympos
Höh'n fahl rötliches Licht noch dämmerte. Aus einer kleinen
Seitentüre der Burg trat Polyhymnia. Sachte
Schreitend trug sie ein jugendlich Leben, in duftiges Linnen
Sorgsam gehüllt, und zärtlich klang ihre gütige Stimme:
»Armes Seelchen, das noch meiden muß uns're Auen,

Weil halb göttlich du nur, zu den Menschen will ich dich tragen.
Läutre, was irdisch an dir, in irdischen Daseins Nöten,
Steige befreit zu neuem seligen Leben dann aufwärts.
Mühsal wird des Gemütes Leuchten dir nimmer löschen,
Neidisch Gekläff niemals das herrliche Lied übertönen,
Das zum Geleit ich dir singe. Und was himmlische Schönheit,.
Was der Schmerz verlieh deinem Wesen, du wirst es verwandeln,
Freudig bewußt, daß ich es bin, die treu dich bewahrte,
Zu der klingenden Töne wundersamen Gebilden.
Wer sie erlauscht, dem zaubern sie deine Heimat ins Herze;
Auf des Olympos Höhen wähnt der Sel'ge zu wandeln,
Hört er deine Musik.« — Polyhymnia sprach es.
Bergend ihr köstliches Gut in sorgsam wärmenden Armen,
Flog im Bogen ausweichend, täuschend den grimmigen Wächter,
Still sie zur Erde hinab. — Ein Städtlein erspähend, das lieblich
Säumt die Ufer des Flusses im Kranze grünender Berge,
Hielt sie ob einem Haus, wo redliche Leute ihr dienen.
Liebessegen murmelnd weihte sie leise das holde
Seelchen dem trefflichen Paar; und ihm ward Mozart geboren.